高等院校经济学管理学系列教材

GAODENG YUANXIAO JINGJIXUE GUANLIXUE XILIE JIAOCAI

图书在版编目(CIP)数据

会展项目管理/武邦涛,柯树人编著.—北京:北京大学出版社,2010.3
(高等院校经济学管理学系列教材)
ISBN 978-7-301-16585-0

Ⅰ.会… Ⅱ.①武…②柯… Ⅲ.展览会-项目管理-高等学校-教材
Ⅳ.G245

中国版本图书馆CIP数据核字(2010)第030433号

书　　名:会展项目管理
著作责任者:武邦涛　柯树人　编著
责 任 编 辑:杨丽明　朱梅全　王业龙
标 准 书 号:ISBN 978-7-301-16585-0/F·2436
出 版 发 行:北京大学出版社
地　　址:北京市海淀区成府路205号　100871
网　　址:http://www.pup.cn　电子邮箱:law@pup.pku.edu.cn
电　　话:邮购部62752015　发行部62750672　编辑部62752027
　　　　　出版部62754962
印　刷　者:三河市北燕印装有限公司
经　销　者:新华书店
　　　　　730毫米×980毫米　16开本　14.75印张　280千字
　　　　　2010年3月第1版　2013年2月第2次印刷
定　　价:28.00元

会展项目管理

HUIZHAN XIANGMU GUANLI

武邦涛 柯树人 ⊙编著

北京大學出版社
PEKING UNIVERSITY PRESS

目　录

第1章　会展产业现状及趋势

1.1　会展产业概述

1.1.1　会展以沟通为本质

一场会展活动正要开锣,你要参加吗?

你正坐在舒适的椅子上,桌上的论文集散在一旁,台上的讲师正在卖力地说明新的营销理念,power-point 的投影不时闪动,几个外国人士拿着同声传译耳机,正在轻声交谈……(场景一)

宣传单斜搁在展示架上,对照着礼仪小姐手中的名片及折页。展台上的投影仪有规律地打出生动的产品照片。旁边的小圆桌旁坐着三个英语不甚流利的西班牙买家,正在讨论新模具的价格。隔壁展台的青春舞者,随着有节奏的音乐舞动着,吸引着匆忙走过的参观群众……(场景二)

这些场景可能出现在四川九寨沟会展中心,也可能在昆明天恒酒店的会议室;可能出现在德国莱比锡会展中心内,也可能在美国纽约华尔道夫酒店。这些场景你可能见过,甚至可能是场景中的主角。这些正是世界各地数百万场次会展活动的写照。

是的,你所知的会议、展览及活动早已成为人类每天生活的一部分,也是人们用来沟通的重要方式。人类社会形成伊始,就有各种类型的会议、展览及活动的模式产生,不论是为了突显科学研究的成果、接受新知识、解决双方问题、联谊交流、协调谈判、交换意见、扩大市场份额、宣传建立形象、教育培训或是提升地位,也不论是用什么样的名称(如研讨会、博览会、展示会、联谊餐会、新闻发布会、论坛峰会、学术讲座会、奥运会、谈判协商会、艺术文化节庆),也不论会展范围是地方性、区域性、全国性、国际性或世界性,更不论是何种产业(如医学、科技、工业、农业、商业或服务业等)或跨专业(如环保与经济发展、农业与历史等),或是何种类型专业(如网络出版、地方艺术或儿科心脏学等)。这些会展活动的召开举办,都主要以"沟通"(communication)为目的,这一直是人类交流的基本需求,更是建立彼此认知了解的"桥梁"(bridging)或"平台"(platform)的重要方式。

会展活动就是因为扮演着相互交流、影响及认知的功能,所以在它的诸多形成因素中,有五个特别关键的重点,我们不能忽视,那就是:

(1) 团体(发起者),即具有明确目标及资金的团体:公司、政府、社团、组织等。

(2) 公众(参与者),即有某种期望或需求的参加人士。

(3) 主办人(组织者),即提供开展这些会展活动所需的专业、支援及信息的主要实践者。

(4) 协调人(支援者),提供各项会展活动的周边需求及服务的技术。

(5) 举办做法(时程、场地),协调会展活动的举办召开时间、地点、所需器材环境及节目内容的全套做法。

从这五项会展活动召开的关键因素看,举办会展并非是一个独立的过程,而是综合各种主客观因素,统筹办理的管理科学和技术。例如,会展内容就与举办方式和地点有很大的关联。一个研究海洋生物的学术研讨会,基本上不会选择在撒哈拉沙漠中的酒店召开;一场纪念性质的展览,如果放在休闲度假村举办,其意义就不是很大。又如,一场生态旅游的峰会,肯定会安排参观生态保护规划完整的景点节目,但绝不会安排鱼翅盛宴或是赠送珊瑚项链当做大会礼物。

会展活动要能成功举办,尤其需要了解"沟通"的本质:

- 参与者希望得到什么效果?
- 场地选择该重视什么?
- 是否考虑要分组讨论?
- 展览得如何统筹才有好的效果?

……

这些需要发起者、参与者、组织者、支援者以及举办做法诸要素之间有很好的沟通,以寻求圆满成功。

1.1.2 会展产业应市场需求而生

会展活动,特别是国际性的会展活动,是知识社会中的主要交流模式。它聚集了各国各类人士,讨论各种主题,展示各类商品,促成各类型交易,促进感情交流。但是,这是否能有效地达到预期效果,发挥预定的影响力,以及能否在预估的成本内圆满完成这项活动?那就特别需要在每项筹备办理环节、工作重点以及联系效益上,掌握一定的管理技术、组织能力和专业执行力,这样才能达到举办会展活动的品质要求。

由于全世界每年有近千万场次大小不一的会展活动连续举办,寻求特色服务的需要日益增加,因而提供各种相应的专业会展服务的厂商或机构(如提供设计、搭建、住宿、餐饮、交通、印刷、旅行、通关、议事及秘书行政工作等会展活动服务的相关企业)成倍地增加。因此,在既有需求,又有供给,有资金投入和服务产出,有策划理念和实践执行,有人力和竞争,有机制和配合支援等环境因素影响下，形成了会展产业（Convention Industry）。仅仅在短暂的四五十年间，会展产业蓬勃发展，快速成长，更重要的是各国各地都预见这项产业的巨大发展潜力，因而投入更多的人力与物力。

会展产业在逐渐茁壮成熟之时，已有新的代名词可以说明它的基本产业范围。全球许多地区以“MICE［Meetings（会议）、Incentive Travel（奖励会展旅游）、Conventions（大型展会）、Events（大型活动）］Industry”作为会展产业的称呼。

Meetings 指的是各类型国际、地方和区域的学术会议，研讨会、论坛和训练会议都可归于此类，如亚太经合组织大会（APEC Annual Meeting）。

Incentive Travel 指的是奖励会展旅游。也有人认为，旅游是纯粹在玩，与会展关联性不大，应将其改为“奖励会展差勤”，主要指的是组织或单位为奖励个人或小组团队，而安排与本身产业较相关的会展，派员参加并顺道到附近各胜地旅游。

Conventions 指的是搭配有大型展览和展示活动的会议或年会，如世界工程师大会（World Engineers Convention，WEC）就包含论坛、大会和展示活动。

Events 指的是各类地方性、国际性的特殊节事活动或庆祝纪念类大型聚会，如杭州西湖博览会、巴西里亚的嘉年华会（Carnival）。

由此看来，会展产业包含多种范围，也具有多元复杂性，参加人数可以由数十人到数万人，因此会展产业的市场面相对地愈来愈广，商机也愈来愈大。以下一些会展活动的案例可供读者广泛参考，如西班牙番茄节、美国拉斯维加斯电脑展、德国电子影音科技展览会、2008 年北京奥运会、2010 年上海世博会、世界麻醉医学大会（澳洲·悉尼）、法国戛纳电影节等等。

1.1.3 会展产业发展趋势分析

总体而言，产业与社会之间的互动影响情形，正在急速改变之中，个人能否敏锐地掌握内、外环境的变化，是否因为忽视变化而无法掌握机会与威胁，是否了解产业的大趋势，进而得以确认、分析而发现机会、制造效益，都是值得从事产业研究与实践的工作者努力去了解的。由于趋势是可预期且持久的①，因此，研究分析趋势可以对未来可能发生的情景预先掌握。未来学家 Faith Popcorn 认为，趋势是有重心的，各种市场区域与消费者的活动是可以加以观察的，而且它与正在发生的现象具有一致性的指标。因此，几项影响会展产业的重要因素都会在本节中阐述说明。

根据另一位著名的未来学家约翰·奈思比（John Naisbitt）在他的《大趋势》（Mega-trends）一书中所提及的，世界的科技愈发达，人们愈希望见面。近百年来会展产业的形成与改变，正一步步地证实了这些未来学家的理论。任何产业

① 所谓趋势，意指从过去曾发生过的、重大的且具有持续性的一连串事件中可略知的发展方向。

的形成及改变，都受其背景环境（人口、经济、自然、科技、政治、文化及社会等）、市场变化、成熟度、未来性等总体环境因素影响，会展产业自不例外。

为了分析会展产业环境，对会展产业的分类与定义、影响参与因素、国际化品质标准、市场区隔、产业供应链、买方与卖方、中介商与供应商关系、环境考量、增长衰退分析、管理模式、服务作业流程、会展产业发展形态、购买力分析、场馆投资等，应该进行科学性与系统性的交叉研究分析，以期获得较客观的趋势研究结果。我们在相关的研究中，整理出三个比较实质的影响市场环境的因素，即经济、科技与社会因素。

（1）经济因素。会展产业从形成发展开始，一直都是持续稳定地增长，每年以8%—12%的增长率向上攀升①，但当2002年全球经济面临不景气及盈利下滑时，还是间接造成举办会展次数减少，参加展览厂商数下降，主协办会展单位亏损，商务旅游及住宿餐饮的收入急速下滑的情况发生②。针对此种现象，欧洲、美国的各个策展单位、供应商以及相关会展投资商开始采用更多元弹性的营销手法、更积极的宣传策略以及不同的变革管理方式，以应对经济的潜在不稳定性所带来的风险。从2002年的相关调查③中可以发现，200个英国会展中心中有57%的成员有意在2003年在营销、广告、公关及文宣等方面加大投入，以期获得更多的会展收入。在产业趋势中，影响会展产业经济因素的原因有很多，特别是流行病症的传染如SARS，以及中东地区的战争、油价攀升、物价上涨、失业率上升等，都会造成会展取消或延迟举办；而航班停飞、旅途经费提高则降低了与会者与会参展的意愿。

（2）科技因素。影响会展的另一个因素是科技的进步。科技改变了会展活动传送知识、信息的方式及效率，更改变了组织策划会展的各项作业方法和营销方式。几乎没有会展策划单位不配备电脑、网络和较先进的展示、视听器材以及各项软件，否则能否进行计划都成问题。为了增加筹组及策划工作的效率，增加市场的接受度，方便联系工作及掌握进度，便于宣传及营销等，有愈来愈多的会展主办单位、专业会展服务公司（Professional Conference Organizer，PCO，或Professional Exhibition Organizer，PEO，或Destination Management Company，DMC）都开始采用e化解决方案适应会展产业的市场需要。e化指电子订单（预定房间住宿、预定交通航班及座位、预定会展空间及位置）、电子票证（出入胸牌识别、报名资料及节目安排等）、在线论文系统（经由网络机制去征选、审核及编排）、在线报名（包含在线收款等机制）、无线高速传送系统或设备④等的运用，使得会

① 各国情况或有不同。

② 根据世界旅游组织统计资料显示。

③ 参见大卫谭纳观光旅游业公关及营销研究中心报告。

④ 如信息传输、网络系统设定、网络转播、视频会议。

展产业工作者可以更有效地与客户沟通、增加交流，达到预期目标，更重要的是节省了预算支出。

(3) 社会因素。从各种社会人口学(Demographic)的评估了解会展产业的发展趋势，可以发现由于高龄化社会时代的来临，工作的时间延长，因而更需要人们持续参加会展活动，以加强工作的专长认知及经验汲取，这些使得会展活动规划必须考虑供应的食物材质、适当的联谊活动及旅游安排等。例如，根据对与会者资料的分析，欧美各国目前参加各项会展的女性代表已经愈来愈多，单身的占大多数，同时和与会代表一起参加的眷属成员持续增加，全家旅游与会展活动结合等现象出现，会展策划者可据此规划更有趣的眷属活动或适合各种与会代表的社交节目。在英国伦敦的一场国际会议，甚至安排了一些受过训练的保姆照顾与会代表的小孩，并安排了特别的儿童参观行程。

从以上三个影响因素看，在现代服务理念影响愈来愈大之际，会展产业的发展趋势不仅是策划会展活动的重要参考，更是实际进行会展项目管理的必要作业重点及考量。

1.2　会展产业基本结构及供应链

1.2.1　会展产业基本结构分析(如图1-1所示)

会展产业的主要结构包括社团(各类型的社会团体，如农业、工商业、科技、文化、宗教、体育等组成之社会团体)、政府机构(包含各级政府及其下属机构，如信息建设、科技、商务、交通、卫生等部委组织机构)、公司(包含大、中、小型公司，国际、跨国企业，合资、内资、外资企业)、产业(包含各类行业单位、工会、协会等，如土地、烘培、海事、房产等)、学研机构(包含公、民营之学校、研究机构等)及公众和个人七大类型。这些机构可以单独举行会展活动，也可能综合共同举办。作为组成会展牵动引擎的这些组织，通常在取得一定的资金支持、有着相当大的主题发展空间，以及有确实能够带动某种产业发展或深入开发的机会时，就会启动，相对地为当地的某些发展创造新的契机。单就上海2010年世博会的带动效应来说，一个上海市连接着长江三角洲，再辐射到全国及近邻亚洲各国。《世博会对上海的影响和对策》(同济大学出版社2004年版)一书在联合国人类发展指数的基础上，提出了衡量上海生活质量的指标框架，分析世博会影响上海生活质量的可能方面，为具体的实证研究提供框架。具体来说，世博会对上海经济有如下四个影响：

(1) 世博会通过为上海经济增长提供增量刺激因素，对上海经济生活质量有重要影响。

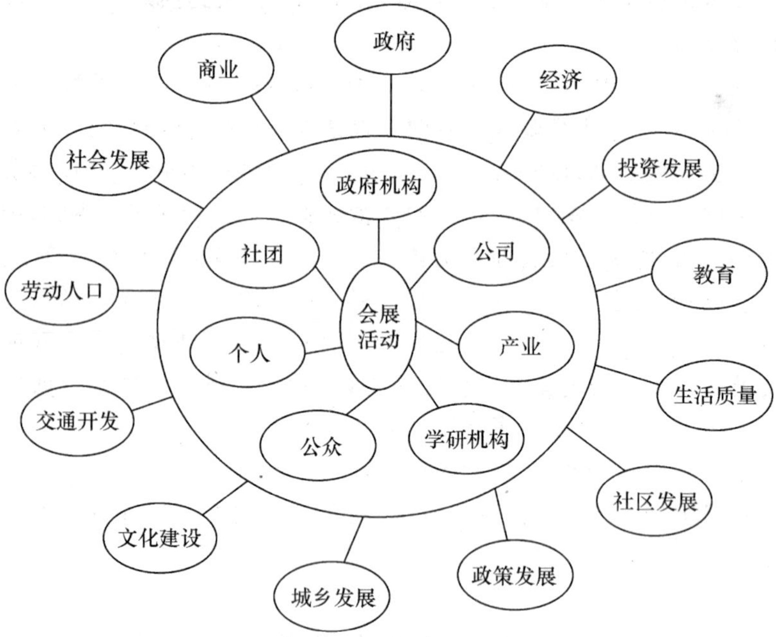

图 1-1 会展产业结构

(2) 世博会为优化上海大都市的生态环境提供新动力,将对上海环境生活质量的进一步改善带来明显影响。

(3) 世博会对健康生活质量中与公共卫生相关的方面有强烈的影响,但对人均预期寿命等没有直接的影响。

(4) 世博会对教育质量的某些方面,如会展相关人才的培养,有强烈的影响,但对人类发展指数计量的高等教育毛入学率没有直接影响。

同样地,世博会在对上海商业、会展业、旅游业、房地产业、交通产业、社会发展、社会稳定、就业、外来人口管理、医药卫生、文化建设、人口发展、城区发展定位、水资源、都市发展空间结构、高速铁路网、政府采购、长江三角洲区域经济等议题上,都提出了影响发展的见解。这些见解基本上都具有正面的影响和重要的参考价值。

从会展活动的长远影响看,各地都积极推动会展产业的发展,主要就是因为会展活动为该地开了一扇窗。面对国际社会的目光及焦点,产业及城市的投入,换来了极大倍数的宣传效果,而这些是用有限的金钱不容易买到的,更何况对该地民众的国际观、世界观、声誉地位及生活质量都有较大的提高,这些正是会展活动召开的"最大附加价值"。

1.2.2　会展产业的相关供应链(如图 1-2 所示)

根据国际知名的会展组织国际会议展览协会(ICCA)的统计,2003 年的会展产业经济总值据保守估计已达 2800 亿美元,而较乐观估计已达 4000 亿美元的规模。会展产业是个新兴产业,很难计算出其直接收益、周边收益和间接收益,但是根据会展产业的相关供应链或许可以看出其虚实。会展产业包括:会展场地、旅馆、交通公司、旅行社、航空公司、会议顾问公司、旅游业者、风景名胜、会展办、文化业者、供应厂商、翻译业者、餐饮业者、广告媒体、印刷公司、礼品业、展览业者、金融业者、科技业者、海关、环保、卫生单位及其他政府单位等。

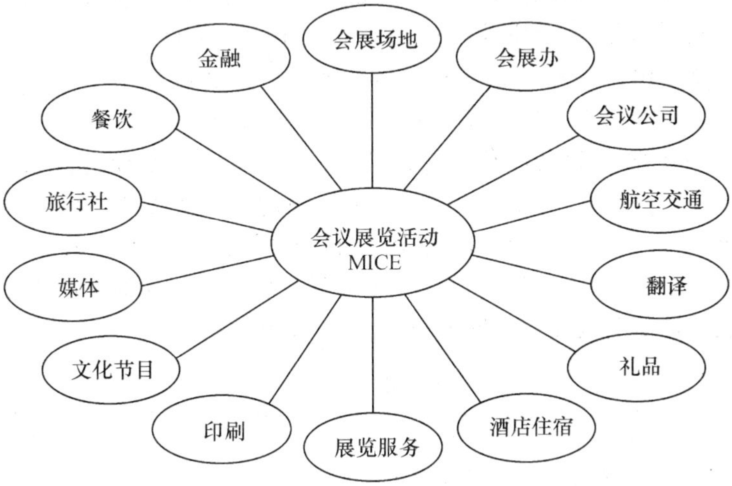

图 1-2　会展产业供应链

上述示意图仅仅说明了会展产业供应链最直接的一层,其他如安全警卫、司仪、表演者、导游或是出租车司机等都未列入,这是因为一场大型会展活动一旦召开,其所产生的直接与周边影响力,都是相当令人吃惊的。以 2010 年世博会为例,上海预计在 6 个月的世博会展览期间,可以吸引 7000 万人次的来访,而这至少要消耗 5 亿瓶以上的饮料,这个收入是很难记入会展产业的整体收益中的。依照美国经济分析局的统计,单单在美国一地,2002 年全美会展产业的直接产值收入就已经达到 1260 亿美金,会展产业总产值排行高居第 22 位。由于单以经济收益和付出社会成本相比较,会展是一项"无烟"又"绿色"的产业,成了世界各大城市的最爱。因为它直接收益高,能提供更多的工作岗位,产生更多的周边效益,社会成本低,没有污染,没有工业损耗,更重要的是它成为当地文化传播的最佳平台,也开拓了城市居民的国际视野。

这项充满商机的产业,越来越受到世界各国的重视,欧美国家的表现可为世界表率，亚太各国也已急起直追。以德国汉诺威2000年世博会为例，虽然当年的观众流量大大少于预期值，但也有1810万的实地游览观众，整个经济总值达到14.3亿德国马克（约合人民币68.635亿元）。

1.3 会展产业经济及产业规模

1.3.1 会展动机和影响因素

随着人口愈来愈多，社会发展环境愈加复杂，人类不可能只在自己的领域范围之内解决问题、纷争或寻求了解。对此，传统上有两种解决方式，即"用剑"或"用口"（西谚的说法为：with the sword or with the mouth），当然最好的方式是用口，用英国前首相丘吉尔的话来说就是"谈谈总是好过战争"（即"jaw is better than war"，jaw原意是下颚、口部，实际是指讲道或说法）。

人们为了沟通等目的而参加会议。会议的形式有很多种，如技术发表会、学术研讨会、产品说明会、政策宣传会、联欢会、纪念会、颁奖会、法规研究会、表扬大会、新闻发布会等。无论男女、年龄大小、头衔高低、属于什么社团或组织代表、专业水平如何，都可以参加会议。通过荷兰会议中心在数年前所作的一项问卷调查，可以发现人们参加会展的原因，如表1-1所示。

表 1-1

• 大会主题及讲师的价值高	32%
• 可以交流咨询、获取新知识和理念	30%
• 因为商业的原因	16%
• 与老朋友或新朋友见面	15%
• 可以改变一成不变的作息	4%
• 参观展览（了解新事物）	3%
总计	100%

注：这项调查是针对18个国际会议及展览，共1512份回收问卷，回答者中79%是男性，21%是女性，大部分是介于35到55岁之间。

这项结果透露出人们之所以要参加会展活动，特别是国际性的，主要是想吸收和学习新的事物和理念。在知识社会的今天，要想吸引人们参加你筹办及策划的会展，可参考下列建议，如表1-2所示。

表　1-2

议程节目及讲师安排或展览主题	是最重要的 * * * * *
会展举办的地点	有重要性 * * * *
会展举办的日期	不太重要 * * *
会展的费用(会务注册费)	最不重要 * * (但要合理)

上面的建议对于未来想召开会展的策划人员而言,应认真考量。将来的会展势必要从会展主题是否有未来性及市场性,讲师的品质、专业及受重视的程度是否够高这些方面考虑。过去,大部分人都以为用最低廉的价格(会务费或展览注册费)就可以争取比较多的人来报名参加,在此证明并非完全正确,人们真正在意的是高品质、专业性强的会展,而且愿意支付费用(但是要在合理的范围内)。

在前面的问卷中,有个问题需要特别注意,那就是有 4% 的回答是为了改变一成不变的作息生活。这意味着许多教授、研究人员、科学家、工程师、律师、医师、机关领导或是公司中高层干部,平日工作大都相当忙碌,而开会,到外地开会,特别是到国外开会,自然可以是生活的一种调节剂。因为开会正是一种充电激励,学习又休闲的好方式。在我们谈到 MICE,也就是会展产业时,I 是指 Incentive Travel(奖励旅游),就是结合会议与休闲旅游的新做法。这一旅游方式,既可让会展顺利召开,也可让参加者借此机会游览当地,放松身心。未来这将会在旅游市场占据重要分量和较大份额。

对于会展参与者参加会展的各种动机,我们也作了简单的分析,如表 1-3 所示:

表 1-3　29 种影响参加会展的动机原因

排名	参加会展的动机	评比分数
1	议程内容或展示内容	92
2	演讲者演示品质	90
3	新课题讲座或新展示商品	88
4	视听演示的品质	87
5	议程运行的准时性	85
6	会展中与同行见面	85
7	会议论文完整性	83
8	是否有专业会展服务	82
9	会展设施品质	82
10	主办城市的交通状况	80
11	参与相同研讨会的机会	79

（续表）

排名	参加会展的动机	评比分数
12	参与会展的旅行交通费	77
13	会展中心是否邻近	75
14	主办城市治安情况	73
15	旅馆住宿质量	73
16	报名费(会务费)多寡	72
17	主办城市消费水平是否太高	70
18	主办城市的文化传统	70
19	主办城市的形象	68
20	是否有搭配展览	66
21	参加会展的路途时间	64
22	主办地的天气情况	62
23	至少有两种以上官方语言	62
24	有安排工程参观(技术参观)	62
25	第一次来此开会	62
26	是否有丰富的夜间娱乐	60
27	会议与住宿在一起	58
28	是否安排大会旅游	56
29	是否有购物的机会	56

从这些评比结果看,要举办会展,特别是国际性的,就要以会展内容及演讲者为重(1—9 项),尽可能邀请既专业又具有前瞻性的讲师。而在 10—19 项的评比中,有许多要点是会展参与者非常在乎的,如治安、交通、物价、住宿品质、文化传统,甚至城市形象,这也是为什么“9・11”之后美国的国际会议召开次数受到影响的原因。

简单分析国际性会展,会务注册费的来源如表 1-4 所示:

表 1-4

1）我的公司、单位的支持	占 62%
2）我自己交费	占 20%
3）我所参加的社团/基金会的支持	占 7%
4）我的机构或高校出资	占 6%
5）我的政府出资	占 5%
总计	100%

由以上数据可见,大部分不是由与会者本人付费,更有许多医生或教授的注册费是由厂商支付的。但是会展策划人也应注意,缴会务费的人基本上都不希望会务费用过高。更重要的是,不要把开会当成一种“牟利工具”,提供质优价美的会展,争取提升知识及专业水平才是开会最重要的目的。召开及筹划国际

会议的目的,如果仅仅是牟利,通常会不符期望,但是如果考虑到以下目的:

- 提升社团与国际接轨的经验
- 创造新的发展空间
- 宣传专业及研究成果
- 扩大与会者认识交流的信心
- 吸取国际新知的精华

则会提升会议的知名度及影响力,吸引更多人与会,也更容易创造商机。

1.3.2　会展产业经济及市场规模

了解会展产业的经济规模,首先要了解其计算方式。对于国际会议,由于判别的基础标准不同,得出的结论也不同。国际协会联盟(Union des Associations Internationales,UAI)的标准是:(1) 300 人以上;(2) 3 天以上;(3) 至少有 5 个以上国家与会;(4) 40% 以上是外国人士;(5) 各地巡回举办。而国际会议展览联盟(International Congress and Convention Association,ICCA)的评定标准则是:(1) 会议必须是定期召开的;(2) 至少在 3 个国家巡回召开;(3) 至少有 50 人参加。比较这两种基础标准,差距很大,不过各有优劣点。UAI 是以国际协会及社团为主,并不包括商业型及奖励旅游会议;[①]而 ICCA 有 5800 多个会员,这些会员只要一年召开 10 场会议,数量就足够惊人。

2003—2004 年国际会议市场若从各大洲看,美国的国际会议次数高居世界榜首(有 225 场),而西班牙(117 场)、英国(151 场)则分别位居二、三名;但若是以城市会议的排名看,第一名首推巴塞罗那(Barcelona),次之为哥本哈根(Copenhagen),第三名则为斯德哥尔摩(Stockholm),第四、五名分别为维也纳(Vienna)和里斯本(Lisbon),第六名为布达佩斯(Budapest)。可见,全球会议城市的排行榜前六名全被欧洲囊括了。这些城市积极努力,力争前茅,当然是因为会议,特别是国际会议带来的经济效益极为可观和社会形象能大为提升。

下面作一些数学计算:参加会展会花多少钱? 一般平均标准的会展费要交多少钱? 在开会期间的餐饮、住宿和相关费用,如交通费、购买礼品的花费等是多少? 大会主办单位在开闭幕仪式、视听灯光、同声传译、大会论文资料印刷、展览摊位、参观活动、场地布置、资料袋及赠礼,以及受邀讲师的机票、食宿及营销宣传媒体费用等方面的花费又是多少? 以一场在北京召开的国际会议,450 人参加,其中国外人士 200 人,国内参会者 250 人,会期 4 天,参观一天及展览展位 80 个为例对此进行说明,如表 1-5 所示:

① 目前,该组织已有 50000 个团体社团会员,有的每年召开会议,有的隔 2—5 年召开。根据它们的标准及评估调查,2002 年在 180 个国家召开了 9124 场国际会议。

表 1-5

专案/说明	国际会议/(美元)
(1) 会务费(注册费) • 根据 ICCA1995—2002 年的统计看,每人每天平均会务费是 100 美元,四天是 400 美元	国外人士 400 美元×200 人=80000 美元 国内人士 250 美元×250 人=62500 美元
(2) 食宿及基本费用 • 根据 ICCA1995—2002 年的统计看,每人每次开会的平均花费(如住宿、用餐及市内交通等)是 1605 美元	国外人士 1600 美元×200 人=320000 美元 国内人士 100 美元×250 人=25000 美元
(3) 大会展位 80 个标准摊位 • 含场地费、搭建费、运输货品费、印刷费、布置费等	5000 美元 × 80 摊位 = 400000 美元
(4) 与会人士交通费(往返) • 以平均值来计算,飞机、火车、汽车为主(轮船比较不常见)	国外人士 1200 美元×200 人=240000 美元 国内人士 200 美元×250 人=50000 美元
(5) 大会仪式: ——开闭幕典礼 ——接待酒会 ——文化晚宴 ——表演节目等	450 人×100 美元=45000 美元
(6) 同声传译 4 天,2 人一组,3 组	15000 美元
(7) 场地租金+视听音响 4 天,3 个分会场	60000 美元
(8) 大会论文资料及相关资料印刷	20000 美元
(9) 场地布置 (含各主会场、分会场、秘书室)	30000 美元
(10) 讲席邀请及相关条件 15 人为计算	60000 美元
(11) 参观活动及交通费用 共有 400 人参加	20000 美元
(12) 资料袋、礼品及相关费用	10000 美元
(13) 会议宣传费用	15000 美元
(14) 人力费用	20000 美元
(15) 总计	1472500 美元 约为 150 万美元

综上,可得出150万美元的国际会议直接收益及消费,由此可真正地发现会展的惊人经济效益。当然,这些国内外的与会人士及代表,总是会买些礼物或到处逛逛,而这些附带消费,尚不含在150万元的直接消费中。

所以真正来说,将会展产业的全球产值定为4000亿美元是保守估计,而且这只是直接收益,衡量周边的间接创收利益,更是惊人,地陪、导游、百货公司、出租车司机、桑拿、卖水及电池的小店,全都与"国际会议"沾边,而这些是可以看得见的消费,再加上参展的通关费、运输费、现场翻译人员费用等不易计算的相关花费,总额是非常可观的。

1.3.3　各地会展旅游城市的崛起

世界各地的城市为了突显其特色,争取更多的商机,都不断着手为自己的城市"增色补妆",塑造一个全新的"会展旅游城市"。放眼全球,无论美洲的华盛顿、纽约、洛杉矶、西雅图、拉斯维加斯、波士顿、圣地亚哥、多伦多、温哥华、蒙特罗,以及墨西哥城、里约热内卢、布宜诺斯艾利斯等,欧洲的雅典、法兰克福、柏林、米兰、汉诺威、维也纳、哥本哈根、马德里、布拉格、巴塞罗那、伦敦、巴黎、里昂、阿姆斯特丹、海牙、斯德哥尔摩、日内瓦、赫尔辛基、里斯本、莫斯科、布达佩斯、爱丁堡等,亚洲的北京、上海、香港、首尔、东京、京都、曼谷、新加坡、大阪、伊斯坦布尔、新德里等,非洲的开罗、约翰内斯堡等,澳洲的悉尼、珀斯、墨尔本等,只要是你能想到的城市,似乎都在前百名的"会展旅游城市"之列,这些城市几乎都举办过奥运会、博览会、世界性会议及活动。

对于这些城市,可以清楚地描述出其特点和个性。当然,前面这些被评为"世界百大会展旅游城市"(该排名由国际会议展览联盟ICCA 2000—2004年评估选出)的,更是有其特别的因素,吸引了众多的会展活动来此举办。同时,这些城市也聚集了成千上万的观光游客。但这些优势并不是一日形成的,这里我们来研究一下一个"会展旅游城市"需要具备哪些基础元素。城市的吸引力和良好形象,不是在于人口多,不是在于房舍盖得好,而是取决于以下因素:

(1) 交通便利快捷。空运、海运、水运、陆运的便捷和完整性,是相当大的决定因素。例如,阿姆斯特丹、新加坡这两个城市的海港及航空运输都极其发达。

(2) 文化景观丰富。拥有世界级文化遗产或特殊文化背景及景观的城市,会吸引更多的会展参与者。例如,开罗(金字塔就在旁边)、京都(金阁寺是日本幕府时期的代表作)、北京(万里长城驱车可达)、雅典(希腊文化的神殿所在)。

(3) 商务活动频繁。许多城市由于其周围的资源相当充沛,形成货物及人群的聚集要点,进而促成会展的兴盛。例如,纽约、上海、法兰克福、香港及斯德哥尔摩等。

（4）历史背景深刻。无论是在世界历史或是国家历史上曾经作为一个具有代表性的城市，都是会展旅游的选择重点。例如，华盛顿、柏林、布达佩斯及莫斯科等。

（5）学术气息浓厚及协会组织多。许多国际会议选择具有高水平的学术殿堂以及国际大型组织所在地举办，同样地，这也为会展镀层金装，提升了该国际会展的知名度。例如，日内瓦、伦敦、爱丁堡及洛杉矶等。

（6）旅游资源丰沛。许多城市因为周边的自然景观、生态环境或是休闲景致的完美规划，吸引了许多国际会展活动来此举办，例如，巴塞罗那、悉尼（自然、生态及休闲兼备）、温哥华（周边的国家公园景色宜人）、布拉格（自然欧陆平原风光，春天最美）。

（7）服务质量优良。许多会展旅游城市强调24小时的便利服务、城市安全质量的保证。例如，曼谷（婉约又贴心的服务，如兰花清香）、西雅图（《西雅图不眠夜》的浪漫爱情电影场景）、维也纳（欧陆驿站的重镇）。

（8）可以享受美食，休闲、有趣。会展旅游城市大都具备特别令人回味的美食及休闲活动，这些是旅游观光客的最爱，也是人气聚集的因素。例如，巴黎（去香榭丽舍大道喝杯法国咖啡）、首尔（韩国烤肉配上真露好酒）、里斯本（葡萄牙的著名海鲜饭和海边休闲）、墨西哥城（墨西哥的辣豆及薄饼配着 Corona 啤酒）。特殊风味难忘，许多会展旅游城市有其无法取代的特色。例如，拉斯维加斯的赌城设计，带动了不可忽视的巨大收益；伊斯坦布尔身处欧亚大陆的交界，走过大桥就意味着从亚洲走到欧洲，再加上历史文化特色，令人惊艳；火奴鲁鲁（夏威夷）有着土著居民的文化风情，使得来此开会的人印象特别深刻；罗马更是结合人文、历史、艺术、观光旅游及意大利美食特色的综合体。

（9）城市规划完整。许多会展城市具备多功能、多目的的“会展中心”，不仅规划完整、功效特殊，更成为城市的精神地标，再加上相关设施、住宿旅馆宾馆的等级水平高，物价便宜，具有创意及民族风味的商品，高科技网络及通讯系统，健康又卫生的供水品质，安全的社会环境，都成为品牌“会展旅游城市”的形成要素，例如，芝加哥、赫尔辛基、墨尔本、吉隆坡等。

我国许多城市是有其深厚的背景及潜力去进军“百强”或“百佳”会展旅游城市的，但是需要为这些城市资源及规模去定位，并制定出以 MICE（会展产业）为基础的战略思维，这不但要有硬件方面（良好、合适的会展场馆）的资源，更要有软件方面（服务品质、文化特色及特殊风景等）的配合以及积极持续的推动态度。以下一些题材，可供参考确认此城市是否有发展会展旅游产业的可行性：

- 有多功能的会展中心吗？
- 这个或这些会展中心已委托给专业人士经营吗？

- 建造多元目的的会展中心已先作可行性评估吗?
- 这些会展中心有专业的经营顾问吗?
- 城市营销包括各种针对特定目标(或族群)而设计的宣传材料吗?
- 有争取任何未来五年会展活动(国际性或全国性)的策略做法吗?
- 希望会展活动是国际接轨的吗? 向国外招商吗?
- 有多少景点可以提供给游客和与会参展商?
- 有多少可以达到国际品质的旅游资源?
- 有多少旅游人才具备国际接轨的经验?
- 有召开国际会展的经验吗?
- 需要培训会展策划人员吗?
- 有完整的计划去组织或争取竞标国际会展吗?
- 相关的旅游及会展配套设施是否完备?
- 希望知道其他会展城市的成功经验吗?
- 会展旅游战略应如何制定?

……

会展旅游城市的纷纷崛起,是因为会展产业达到了相当的经济规模,同时经济的力量促使更多的投资与投入,从而更广泛地推动会展产业,这对城市、居民、国家及政府都产生了相辅相成的成果。

1.4　世界会展产业发展现状

1.4.1　欧洲会展产业发展现状分析

欧洲的会展产业一直被认为是现代国际会议的起源①,更是会展产业最具规模、最具分量的产业领袖。全球几乎超过 50% 的会展经济及市场在欧洲。会形成这样的经济及市场规模,与其本身的国家多元性、地理位置、历史背景、经济及生活质量、交通便利性以及社会化成熟程度有着极其重要的关系,而且其中的几个国家和城市更是不遗余力地投入资金及专业研究资源,推动会展产业的发展,创造其特殊的竞争实力。

依据世界各个重要的国际会议组织,如 ICCA、UAI(都是设在欧洲)的相关统计及评估,全球前十名的社团会议(Association Meetings)会展中心城市(2000—2004 年)分别是:(1) 巴塞罗那(西班牙);(2) 哥本哈根(丹麦);(3) 斯德哥尔摩(瑞典);(4) 维也纳(奥地利);(5) 里斯本(葡萄牙);(6) 布达

① 参见 2002 年 ICCA 资料。

佩斯(匈牙利);(7)新加坡(新加坡);(8)首尔(韩国);(9)爱丁堡(英国);(10)赫尔辛基(芬兰)。其中八个城市都位于欧洲,可见其发展的实力,确实让人不敢小觑,几个会展大国如英国、德国、法国、意大利、西班牙、瑞士和葡萄牙等都足以作为欧洲的具体代表。对于社团性会议,特别是国际社团会议,欧洲主导着相当大的市场。

在讨论各种会展经济规模时,应了解各个国际性社团组织的发展状况:

- 总部的地点
- 会议召开的频率
- 在各大洲召开会议的市场规模及数量
- 国家召开会议的次数
- 城市召开会议的次数
- 参加国际会展的人数
- 场馆与供应商
- 召开会展的季节和月份
- 会展的期间
- 会展的主题
- 会务费用
- 与会代表的消费金额

奥地利人宣称现代第一场国际会议是1815年在奥地利的维也纳举办的。2002年ICCA资料显示,其所统计的国际组织共有5824个,65%的国际组织的总部及秘书处设在欧洲,与前些年相比略为降低;以洲际区分看,59%的国际会议选择在欧洲召开;从与会及参观展览的人数而言,欧洲的人数占了57%。西班牙是出席会展人数排名全球第二的国家,而德国则是排名第四。

近些年来,虽然面临全球经济不景气问题,会展产业的利润下降、成本升高,但是作为会展领袖的欧洲各国,却仍然运用更多的高科技投资,进行e化改革,即大量运用客户关系管理的电子化(CRM,Customer Relationship Management),如在线预定系统,创造更人性化的服务理念,以及工作流程标准化等做法,减少各种经济困境所引发的会展产业损失。而这些努力,为欧洲几个会展重镇,如德国(展览)、英国及法国(会议展览)、西班牙及意大利(节庆)等保住其盟主的地位发挥了重要作用。

根据德国贸易展览协会(AUMA)的统计资料显示,截至2001年1月,欧洲超过10万平方米以上的展览馆有24个,超过20万平方米的展馆有7个(分别是德国的汉诺威、法兰克福、科隆、杜塞尔多夫,意大利的米兰,法国的巴黎,西班牙的瓦伦西亚)。目前世界较大型的展览馆绝大多数集中在欧洲,在欧洲举办的专业展览会占世界总量的60%以上,展出效果、参观人数、参展外商比例、展场规模、展商规模等均居世界之首。

目前,欧洲有三大展览大国(展览总面积超过230万平方米):

(1) 德国号称世界展览王国,有23个大型展览中心,每年要举办400多个国际展会,在全球影响较大的210个专业展览会中近2/3的展会在德国举办。不仅如此,为了保持德国品牌展览的领先地位,德国在世界各地设立展览机构办事处,高达386个,这确实形成了全球化展览网络。迄今,德国知名的会展城市,不但以品牌开创了高知名度,更以城市的特殊产业开发其特色,如法兰克福书展、纽伦堡玩具展、杜塞尔多夫印装展、汉诺威工业博览会、柏林旅游展和莱比锡国际车展等。

(2) 英国近年来全力开发展览产业。公认的第一个世界博览会是在英国伦敦召开的,英国更希望能在欧洲展览列强环绕的局面中开创出一条自己的道路。1999年英国举办了900场展览会,但多为国内展览,也以中小项目为主,其规模及影响力均不及其他国家。然而,英国培育出的励展集团(Reed Exhibition)、蒙哥玛利展览公司,却是世界知名的跨国展览公司。英国近年来全力开发国外市场,已经在整体规划投资中,获得相当大的投资回报,目前较成功的会展城市有伦敦、伯明翰、爱丁堡及格拉斯哥等地。

(3) 法国在全球展览业方面一直是最发达的国家之一,在每年1500多场的展会之中,国际性或全国性的展览有175个。其主要优势是具有综合性的展览,虽然近年来其发展势头有所减缓,但法国在开发专业的展览会上的努力已渐有成效,如其航空展、时装展及设计展等。法国拥有超过160万平方米的展馆,广泛分布在法国80个城市。巴黎依旧是法国的展览重镇,近一半展览选择在巴黎。另外两个主要的区域是里昂附近的隆纳-阿尔匹斯区(Rhone Alpes)和科戴阿祖省(Provence Alpes Cofe d'Azur)。

1.4.2 美洲会展产业现状分析

美洲主要包括北美洲的美国、加拿大及中南洲的墨西哥等国,但主要的市场规模及经济力量,是在美国和加拿大。根据美国会展评议会(Convention Liaison Council,CLC)、美国最大的会展专业国际组织(Meeting Planners International, MPI)及美国的重要展览周刊(Trade Shows Week, TSW)等的评估资料显示,北美的会展产业虽然比欧洲起步晚,但是北美地区近些年来,经济及对外贸易迅猛发展,会展产业借以不断发展壮大。从近几年美国在UAI的排名及ICCA的排名看,美国均是会议召开次数最多的国家,加拿大则名列全球第九。这表明,美加地区举办展会数量不断增多,规模不断壮大,展览面积更是不断增加,会展设施及建设方兴未艾。更多的会展中心城市如芝加哥、纽约、华盛顿、拉斯维加斯、圣地亚哥、旧金山及多伦多、温哥华等陆续形成。目前,在东西两岸,展览中心、会议中心或会展酒店的场所近五千家,全美会展产业的生产总值,与各行业相比较,达到了第22名(1994年CLC经济衡量资料显示)。另外,美国展览产业研究中心(Center for Exhibition Industry Research,CEIR)的资料显示,会展直接收益应已高达1200亿美元以上(保守估计)。在美加地区,仅在2000年一年内,就有13185场次的展会活动举办,而且使用的会场面积超过5亿平方英尺(约为15240平方米),同时产生约104亿美元的毛利润,并且吸引了4400万位买主参观或参加会展,比原先所预估的展会产值,几乎扩增了一倍。比较美加两国,每年在美国举办的会展有11094场,而加拿大为其1/5(为2091场),而且美国仅有15%是属于消费类展览,其他大都为专业性展会,而加拿大则是49%大都是国内、消费型展览。美加地区的展会大都集中在通讯、科技、工业、重机业等方面。

在2001—2004年间,美加地区受到全球经济不景气、"9·11"恐怖袭击事件、伊拉克战争、利率下滑、SARS及油价高涨等因素影响,各行各业都受到了相当大的冲击,会展产业亦不例外,多项会展指标值下降,如67%的会展旅运和旅行都受到影响,利润大幅降低30%,但为了保持会展居冠的态势,美国国会通过了一项法案,将投入5000万美元开发美国国际市场,包括旅游观光、会展及活动等措施。当然,高科技的发展,服务理念的再提升,会展品质的改善都为美加地区的会展业带来了生机。

美国各类产业对国内生产总值的贡献和美国会议产业消费分布如表1-6和1-7所示:

表1-6 美国各类产业对国内生产总值的贡献

排名	产业	国内生产总值(亿美元)
1	不动产	7185
2	零售贸易	5924
3	经销贸易	4131
4	医疗服务	3894
5	商业服务	2416
6	营建业	2342
7	交通服务业	2079
8	金融业	1985
9	其他不动产	1851
10	电力、瓦斯及卫生服务	1815
11	通讯产业	1698
12	其他服务业	1632

（续表）

排名	产业	国内生产总值(亿美元)
13	电信服务	1426
14	化工及相关产业	1170
15	工业机械用品	1077
16	农渔业	1073
17	食品及相关产品	1059
18	保险业	1041
19	电子产业	933
20	法律服务	921
21	矿业	894
22	会议展览(MICE)	807
23	印刷出版	803
24	货运仓储	799
25	农场	753

表 1-7　美国会议产业消费分布

产业	直接消费(Direct Spending)	所占比例(%)
旅馆及会议中心	$26.89	32.5
航空	$19.26	23.3
餐饮	$9.98	12.1
商业服务	$5.49	6.6
地上交通	$7.20	8.7
零售贸易	$5.54	6.7
娱乐服务	$3.76	4.5
广告服务	$0.21	0.3
器材租赁	$0.52	0.6
杂项支出	$2.43	2.9
未特定产业	$1.01	1.2
海上运输	$0.29	0.4
宣传	$0.23	0.3
合计	$82.81	100

资料来源:Convention Liaison Council Economic Impact Study,1994。

1.4.3 亚洲会展产业现状分析

亚洲地区在会展产业的推动和发展上，越来越见其进步的成绩，会展经济规模及市场份额呈现扩大的趋势。从 ICCA 的统计看，全球国际会议市场份额中，欧洲占 58%，美洲占 17%，亚洲占 16%，大洋洲占 6%，非洲占 3%，如图 1-3 所示：

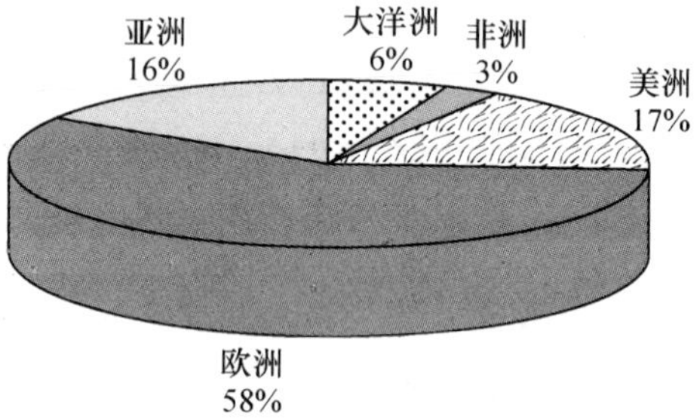

图 1-3 全球国际会议市场份额

亚洲会展产业总额及水平虽大大低于欧洲，并略次于美洲，但各国发展速度却较快，而且发展水平也相对较高，目前以新加坡、日本、韩国及泰国、马来西亚、菲律宾等表现较佳。当然，我国会展产业的发展有其特殊之处，而且有相当的潜力，这将在 1.5 节中另行介绍。以下将对几个重要的亚洲会展国家作重点介绍：

（1）新加坡

新加坡会展产业起步于 20 世纪 70 年代中期，从政府对会展产业的重视，提出建设“世界会议之都”的目标，即可知其用心。2000 年，UAI 评选新加坡为世界第五大会展城市，并连续 17 年将其评选为亚洲首选会展城市。新加坡每年举办的国际性会展活动达 3200 场，2001 年会展总产值达 15 亿新币。另外，新加坡设有展览会议局（Singapore Exhibition and Convention Bureau, SECB），负责所有场馆的建设、主办或协助举办各项国际展会等事宜。

根据 UAI 的统计调查，新加坡在 1989 至 1999 年这 10 年间举办的国际会议次数在亚洲都市之中独占鳌头。1999 年排在巴黎、伦敦之后，位居世界第五位。而经由国际展览业协会（Union des Foires Internationales, UFI）认定之下的国际展览，亚洲共有 40 场，其中有 19 场是在新加坡举办的。1995 年，新加坡国际会议及展览中心（SICEC）开幕，并在同一地区兴建了办公大楼及大型购物中心，附近的饭店接待客户达 6000 位之多。

据德国会议产业杂志 TW 在 1997 年 12 月刊所公布的统计数据显示，1992 年新加坡共举办了 582 个国际会议，共有 34000 位与会者；1995 年则增加至 673 个国际会议，56000 位与会者。若从整个会展产业市场看，1992 年共有 382000

位与会者到新加坡,1995年则增加至397000人。由于它本身的地理位置优越、通讯设施完善,秉持着"国际会展之都"名号,越来越朝着所预期的方向发展。

(2) 日本

日本是亚洲地区经济最发达的国家,对于能够创造高知名度、高影响力及高收益的会展产业,更是不遗余力地去开发相关市场。例如,日本东京国际展览中心(Tokyo International Exhibition Center)展览面积达80660平方米,10个展厅除了设有两条直通会展中心的地铁外,还有汽艇专用线、机场专用线、首都高速公路等便捷的交通网络。这是在1996年4月,由政府投资了19亿美元盖建的。

1964年的东京奥运会是一大盛事,表明每一位日本市民在战后以世界公民的心态重返国际社会的决心。1965年,由于国际会议产业的需求,在日本国际观光振兴会中,设置了日本集会活动事务局。

1970年的大阪世界博览会共有77个国家参加展出,历时6个月之久,参观人数为6400万人(外国参观者有128万人),创造了高达3兆日元(约合人民币2190亿元)的经济成效。

1981年3月,由会议顾问公司、旅游业、饭店及航空公司等产业联合成立了国际会议事业协会。同年,神户以创造"海洋的文化城市"之名,举办了港湾之行活动,吸引了1600万人参加。此次活动最主要特色是由神户市政府一手策划,创造出了特有的文化形态。

为了提振经济,1983年千叶县提出了新产业的三角构想,在填海的522公顷土地上构建了一个具有研究、商业、教育、居住等综合机能的集会活动都市。经过数年的努力,幕张展览馆建成,该展馆有430万平方公尺的展览场和可容纳9000多人的多用途广场,以及拥有15间会议室的国际会议厅。其最重要的特点就在于把大规模的展览场、国际会议厅、多用途活动广场建造在同一座大型会议中心之内,能从容应对5000—6000人的大型会议;而且又有大型饭店在旁,宴会场地相当充足,停车位多达6000个,成为日本以会议产业造镇的最佳范例。

80年代至90年代中期,日本会展产业创下了辉煌的成绩。根据日本国际观光振兴会的统计,1995年日本举行的国际会议场数达820次,外国与会代表人数达76313位。其中幕张的世界能源会议、横滨的世界兽医学会及大阪的亚太经合组织会议等,海外与会者多达2000人以上。

(3) 其他亚洲国家

马来西亚的会展重镇,如普特拉世贸中心(Putra World Trade Center)和玛尼会展中心(Mines Convention & Exhibition Center)等都努力结合观光、商业及美食的特色开创会展市场。

泰国的会展产业几乎与旅游观光业划上等号。诗丽吉皇后会议中心、震撼会展中心(Impact Exhibition Center)、曼谷国际贸易展览中心(Bangkok International Trade Exhibition Center,BITEC)及百余家会展酒店都齐心协力为泰国会展业的发展努力。

韩国的会展产业起步较晚,但仍然有相当的支持及资源,如韩国展览中心(Korea Exhibition Center,KOEX)就有相当多的政府支持的专业展览及会议在此召开。

菲律宾的会展产业早已形成,但由于经济一直不景气,致使会展相关产业,如航空业及酒店业都无法开拓更好的市场。菲律宾国际会议中心(Philippine International Convention Center,PICC)建成已超过20年,但仍然是会展举办者最重要的选择。

印尼的观光旅游业向来有其特色及民族风味(如巴厘岛),但会展产业的发展却深受几年前的爆炸案影响。较大型的会展中心有雅加达会议中心(Jakata Convention Center)和可玛悠诺斯中心 (Kemayorras Center)等。

1.5 我国会展产业发展及趋势

1.5.1 我国会展产业现状分析

1951年,我国组织代表团参加德国春季博览会,成为我国会展业发展的开始。1952年成立了中国贸易促进会,在商品展示、增进各国之间的友谊和相互了解方面发挥了重要的作用。1956年举办的中国出口商品展览会,后更名为"中国出口商品交易会",是我国举办展览的开端。20世纪70年代末,随着改革开放,全国各省市纷纷建立了贸促会的分会,出现了一批专业展览公司,在国内组织带有会展性质的国际会议和对外经贸洽谈会。进入90年代后,会展业发展突飞猛进,展馆建设出现高速发展势头。2002年是我国会展旅游年,展会数量从2001年的2000个增长到2500个。同年,全国新展馆如雨后春笋般涌现,全国展览场馆近150个。据2004年最新资料统计,展馆已达213个,净增展馆面积150万平方米。会展业以年均20%左右的速度递增,展会数量和规模逐年增加,形成了一定规模的行业经济效益。

(1) 展会数量的增加

近年来,我国举办经贸展览会的数量逐年增加,总量已经相当可观。1997年,我国全年举办的各类展会数量第一次达到1000个。2006年,这一数字跃升为3800个,到2007年已接近4000个。这些展览大部分分布在北京、上海、广州、深圳、成都、大连等地。这些城市也在逐渐成为国内的"会展中心城市"。

（2）展会国际化、专业化水平逐渐提高

在展会数量增加的同时，展会也日益向国际化、专业化、规模化方向迈进。1996 年以来，国内举办国际性展览会的规模不断扩大，同时专业展日渐形成。例如，北京国际机床展、纺机展，上海冶金铸造展和印刷展，大连服装节，深圳模具展等已进入 UFI 的国际名牌展行列，已被列入全球行业展览计划，参与全球行业展览竞争。截至 2004 年 9 月，在 UFI 认证的全球 629 个展会中，我国有 34 个（其中 14 个在香港地区）。

（3）会展场馆规模日益扩大

表 1-8　国内部分主要展览场馆的规模状况

会展场馆	规模状况（万平方米）
香港国际会展中心	建筑面积 24.8 可用面积 6.43
上海新国际博览中心	室外展馆面积 12.65 室内展馆面积 10
上海展览中心	占地面积 9.3 建筑面积 8
上海国际展览中心	展览面积 1.2
北京中国国际展览中心	室内展览面积 6 室外展览面积 0.7
北京经开国际汽车会展中心	主展厅建筑面积 7.5 室外展场面积 2
中国出口商品交易会展览馆	总建筑面积 17
深圳中国国际高新技术成果交易会展览中心	占地面积 7 建筑面积 5.4 展览面积 3.6
武汉会展中心	规划建筑面积 12.7 展厅面积 5
武汉科技会展中心	规划建筑面积 5.5 展厅面积 3
大连星海会展中心	展场面积 2
重庆技术展览中心	占地面积约 2.4 建筑面积 4.5
天津国际经济贸易展览中心	展馆面积 1
陕西国际展览中心	建筑面积 4.2
西安国际会展中心	占地面积 13 万 室内展览面积 2.6 万

（续表）

会展场馆	规模状况（万平方米）
苏州国际会议展览中心	展馆面积 1.5 万 展览广场 5 万
昆明国际贸易中心	占地面积 9 万 建筑面积 15 万 展场面积 7 万
厦门国际会议展览中心	占地面积 47 万 建筑面积 15 万 展场面积 3.3 万
南京国际展览中心	建筑面积 10.8 万

从表 1-8 数据可以看出，除被誉为国际会展之都的香港外，国内其他地区主要场馆的实际展览面积达到 5 万平方米的较少。但在欧洲国家，中等规模的展览场馆一般在 20 万平方米左右，加上室外面积，共有 30 余万平方米。目前，上海七大展馆的展览面积几乎都在 2—3 万平方米左右（上海新国际博览中心除外），展览总面积有 15.8 万平方米，主要位于浦东、虹桥、徐家汇三个区。2009 年在上海新国际博览中心举办的国际车展，使用上海新国际博览中心全部 11 个室内展馆及室外临时展馆，总规模达 17 万平方米。

随着我国展览业逐渐与国际化标准接轨，届时一般中等规模的博览会面积都将在 20 万平方米左右，专业性展览都将超过 10 万平方米，甚至达到 15 万平方米的规模，许多单项内容的展览会也会有 5—10 万平方米的规模，展览面积将明显不能满足需求。

（4）香港会展产业现况

我国香港地区与新加坡并驾齐驱，其航空交通畅通、饭店林立、灵活的金融活动及购物、美食街等魅力，是吸引国际会议展览的最佳利器。

香港旅游协会于 1957 年成立，并在 2001 年 4 月改组为香港旅游发展局。2004 年，香港旅游发展局宣布成立香港会议及展览拓展部（Meetings and Exhibitions Hong Kong，MEHK）。

1989 年 9 月，占地面积近 1.8 万平方米的香港会展中心（如图 1-4 所示）展览馆建成之后，大大提升了举办各种会议及展览的机会。与会展中心紧邻的有香港君悦饭店、万丽海景饭店，满足了会议展览活动的各种宴会及住房要求。1997 年完成了扩建至维多利亚港的三层新馆，会议及展览的面积再大幅扩增一倍以上，新馆也就是 1997 年香港交接典礼的会场，之后世界银行年会在香港会展中心圆满举行。

图 1-4　香港会议展览中心

国家也对香港的会展业发展给予了极大帮助，香港会展业获优惠待遇就是一个很好的证明。《关于建立更紧密经贸关系的安排》(Closer Economic Partnership Arrangement，CEPA)签署之后，零关税政策大大刺激香港企业来内地办展的积极性。对于香港会展业而言，绝对是个"利好"：根据协议，香港展览公司可以在内地设立全资子公司，也可以单独承办内地政府批出的展览合约，这意味着港资公司今后可以名正言顺地来内地切分会展业这块"蛋糕"了。香港公司享受到了与内地展览公司同等的优惠待遇，两地会展业也有了更为灵活、广阔的合作空间。

1.5.2　我国会展产业的发展现状探讨

会展业是市场经济发展到一定阶段的产物，作为新兴产业，会展业在发展的初期离不开政府的扶持和政策的支持，对各项发展问题的探讨将有助于把握整个产业发展的脉络。

(1) 我国会展产业的行政管理现状

会展政府审批制一直是我国会展非市场化运作的集中表现，中央有中国贸促会、外经贸部门等部委审批，地方还有工商部门、经贸部门审批。拥有审批权的有各级政府管理部门及其所属公司以及各行业协会，还有其他各组织，而且各审批部门之间不干涉对方审批的会展项目。根据现行的展览管理办法，国务院各部委，中国贸促会及其行业分会，地方政府或省市级外经贸主管部门、展览场馆、境外展览机构等都能举办展览会。

例如，根据国务院办公厅《关于对在我国境内举办对外经济技术展览会加强管理的通知》的相关规定，以国务院部门或省级人民政府名义主办的国际展览会、博览会等，须报国务院审批；国务院部门所属单位主办的对外经济技术展览会须报对外贸易经济合作部审批；地方其他单位主办的对外经济技术展览会，由所在省、自治区、直辖市外经贸主管部门审批，并报对外贸易经济合作部备案；

以科研、技术交流、研讨会为内容的展览会,由科技部负责审批等。

(2) 我国会展产业管理体制问题

总体来说,我国会展业的管理体制相对滞后,这种按主办单位的隶属关系进行的分渠道和分级审批,客观上造成了多层次、多渠道办展的局面。政府管理缺乏准确的定位,在会展业管理中存在严重的越位现象,很多管理方式和方法不但不能适应"入世"后的要求,甚至落后于其他行业的改革步伐。这一点对会展业的发展有严重的制约作用,影响了会展业发展的速度。

我国目前尚没有一个全国性的统一的管理机构即会展行业协会,这无疑给会展产业的整体协调发展和展会信息的有效沟通带来了极大的困难,也造成了重复办展等严重的资源浪费现象。有个别会展业发展较快的城市建立了各自的区域性的行业协会,如北京国际会议展览协会。

(3) 我国会展产业管理体制的新发展

随着会展产业的进一步发展以及经济作用的不断加强,政府也认识到了会展管理体制的弊端,并且正在采取措施改进。由于展览业目前的管理体制是由几个部门根据各自分工,对不同类别的展览分头管理,因此要改变我国展览业现有的分散管理体制,需要由这几个部门统一意见、协调行动。改革方向首先是采用统一的管理体制,用法规管理代替行政审批,政府主要用法规、标准等进行规范引导,实行主办单位资格认证和会展举办的备案制;其次要成立权威性的行业协会,要依靠全国性的行业组织制定行规行约以及其他游戏规则,使我国的展览业得以规范、健康地发展。

(4) 我国会展审批制度的取消

2002 年 10 月,原国家经贸委牵头制定的《专业展览会的等级划分及认定》通过专家认证,这是我国第一个关于会展的评估标准。与此同时,国家经贸委正式取消国内展览会的审批制度。为有效避免重复办展,保护品牌展会,减少展览的无序竞争,深圳市采取国内展在市经贸局备案制度;广东东莞市也正式宣布取消会展审批,实行展会备案制度。取消行政审批,对会展业有积极推动作用,从政府管理到行业自律,显示出我国会展业向国际化市场迈出了一大步。

(5) 市场混乱亟须成立展览行业协会加以整顿

目前,外商到我国举办的展览或国际展览会具有一定规模或相当水平的并不多,而且展览市场存在不少问题:首先,展览规模小、国外参展商少。由于规模小,不能形成良好的经济效益和社会效益,导致展出效果差、水平低。其次,存在重复办展、多头办展的混乱现象。由于利益的驱动,办展风险小,各城市各行业都在办展,从中获取短期收益等。目前,多头审批获取办展资格和展览立项比较容易,出现了展览市场的混乱。最后,办展质量不高,很多应有的服务项目都未实现。由于目前许多主办单位办展都是短期行为,草台班子很多,办展人员素质不高，因此存在许多问题，表现为收了参展费却不提供应有的服务。例如，对展览会没有应有的新闻广告宣传的费用投入，对客户邀请组织工作不力，声势不大，效果差，组办单位与参展商之间产生矛盾和冲突。这些主要是因为缺乏全国性和权威性的展览行业协会对之加以规范、协调和管理。

北京、深圳、上海、湖南、山东虽已成立了地方展览业协会，但有其地区局限和业务推广上的困难。近几年来，展览业界强烈呼吁尽快成立全国性的"中国展览行业协会"，为展览业进行协调、咨询、培训、科研、评估、监督、审批，以规范展览行业，使展览业进入有序竞争、良性发展阶段，从而不断提高展览水平。展览业者认为，"入世"后，应该尽快改变目前办展的混乱和低水平局面，应借鉴欧洲发达国家的经验，改变目前展览市场的体制，提升展览管理水平，成立展览协会已到了迫在眉睫的时刻。

（6）会展场馆科技含量与智能化水平有待提升

在科技迅猛发展的今天，运用现代高新技术对会展场馆进行智能化设计，创造舒适、安全、便捷的展览环境，已成为会展场馆建设的内在要求和必然趋势。在当前的国内会展场馆设计中，科技含量与国际先进水平相比有较大差距。以网络通讯服务设计为例，它是会展场馆科技化与国际化的重要体现。然而，我国到2001年5月仅有上海国际展览中心首家推出电脑上网宽带接入FTTB + LAN业务。总投资超过5.6亿元人民币的南京国际展览中心也是屈指可数的智能化会展场馆之一。该展览中心机电设备投资1.5亿元，智能系统投入超过4500万元人民币，约占总投资的8%，具体包括计算机网络系统、通信系统、卫星有限电视系统、消防报警系统及智能集成管理等。2006年，上海新国际博览中心招标，在8—13号馆构建基础架构，计划提供600 MHz的实用宽带。

（7）筹展单位霸王观念导致不公平竞争现象

目前，各地展览业存在两类办展机构：一类是政府部门办展单位，基本上是靠机关批任务，政府捐款或补助，靠政策吃饭。政府办展容易身兼运动员和裁判员，从而加大会展产业不公平竞争因素，制约展览行业质的提高和量的发展。现今，随着行政机构改革，精简人员，财政拨款的减少或财政拨款用途的调整，将取消全额拨款补助，势必将这部分人员推向市场竞争的领域，形成优胜劣汰。另一类是属于公有制的国有展览公司。这些公司现在有一定的优势，靠场馆、靠政策吃饭，经济效益较好，因此缺乏危机感和竞争意识。但现在全国参加展览工程竞争的公司有四百多家，竞争非常激烈，利润率急剧下降。国有公司开支大、成本高，处于劣势地位，因此只有加强内部管理，降低成本，保持价格优势才能吸引客户。在办展单位资格审查方面，由于多个部门、多种渠道审批，形成办展混乱的局面，展会声誉下降，伤害了参展企业的积极性。

（8）“名牌展”和“专业展”尚未成为大气候

近年来全国举办的展览会中有2/3为专业展，专业展占主导地位。就整体而言，目前举办的展览会种类、数量、面积、涵盖范围还是偏少或偏小，与发达国家相比还有很大的差距。因此，展览界的大多数人认为，今后应加强展览的开发，加强国际招展的能力，加强展会的宣传，加强国内和国际横向合作，逐步树立有国际影响的名牌展，把外国展商和贸易观众吸引到我国来。而我国目前国际展的性质界定没有规范，也没有相应的机构去实施鉴定，对外国参展商和海外观众也缺乏准确的统计。一般，外国展商参展面积达到20%即可成为国际展。

（9）一窝蜂从事会展行业将造成泡沫经济

一般预期“入世”后，会给展览业市场带来繁荣的局面，因而我国的中西部地区也急着想抢搭“入世”列车，以多举办展览会加速中西部地区的发展。其中，一些是盲目办展，增加展览项目和场次，结果出现了展览市场的混乱、招展困难和举办水平不高的局面。另一些则是各地政府出现兴建会展中心热潮，因为意识到会展经济对地方发展确实有好处，对城市建设也有一定的里程碑作用。因此，投入1—20亿元人民币，兴建1—20万平方米的会展中心比比皆是。但是，我国许多地区的展览业仅是处于起步阶段。目前，北京、上海举办最大的展览会在5万平方米的项目极少，一般都在1—2万平方米，而在其他城市举办的展览规模则更小，总体来说，市场容量小。另外，有些城市扩建、改建或新建的大型会展中心缺乏科学论证，单凭一股热情一哄而上，盲目立项。现在还有些省市建了大型展馆，但却是大部分时间都无展可办，造成了资源极大的浪费。这些单位都忽略了展馆高额的折旧费，以及平时的维修和管理费用支出，以至于入不敷出，难以维持，终成亏损单位。

第2章　成功的会展与项目管理

会展的成功不仅仅指本次会展取得了多大的经济效益，为本公司带来多大的利润，还包括为参展和与会者带来的效益和收获，以及会展在提高城市形象和拉动城市经济发展方面所作的贡献。由此可见，一个成功的会展是有百利而无一害的公众盛事，因此举办成功会展所需要的专业知识就显得尤为重要。本书从项目管理这一目前的主流管理理念入手，把会展作为一个项目并按项目管理的理念和规划流程进行组织和策划。

2.1　会展项目定义

项目是为完成某一独特的产品或服务所作的彼此相互关联的任务或活动的一次性过程。顾名思义，会展项目就是为完成会议和展览这一活动所作的彼此相互关联的任务或活动的一次性过程。其实说“一次性过程”是不完全恰当的，因为这次会展的成功会对下次的会展有连带效应，这次会展的客户和与会者可能也是下次的重要资源，这在第7章中会详细介绍。会展项目可以在组织的所有层次上进行，它一般要涉及成千上万人，如果是会议的话，涉及的人员数目视会议规模而定，普通公司开会可能只有十几个人或者几十个人，但如果是国际性的合作会谈等大型会议，不仅会涉及各国各种肤色的与会者，更会涉及数以万计的人员。会展项目费用一般数目较大，甚至可达数千亿人民币。例如，北京2008年奥运会项目总投资超过3000亿人民币。会展项目一般不可能只涉及组织中的一个单独部门，而大多以联营体和合伙的形式跨越多个组织。会展项目普遍地存在于人们的生产和生活之中，遍布各行各业的每一个企事业单位、政府机构和社会团体。

2.2　会展项目管理定义

会展项目管理是在相应的环境下，通过参与会展各方干系人的合作，应用各种资源，实现本次会展的目标，使参与会展各方干系人的需求和期望得到不同程度的满足的过程。

2.2.1 会展项目管理的基本要素

会展项目管理的基本要素包括会展项目的环境、与会各方干系人、可利用的资源、要达到的目标、需求和期望：

(1) 会展项目的环境：一次会展的成功举办通常需要对其所依存的大环境有着敏感的认识和正确的理解。会展项目及其管理在通常情况下对环境有着极大影响，但同时也被环境所制约。会展项目设施环境包括实施过程中的内在环境及外在环境。

(2) 与会干系人：指积极参与会展或其利益在会展执行中或成功后受到积极或消极影响的组织和个人，其中会展项目当事人具有法律角色和责任。

(3) 资源：资源的概念十分丰富，可以理解为一切具有现实和潜在价值的东西，包括自然资源和人造资源、内部资源和外部资源、有形资源和无形资源，诸如人力和人才、原料和材料、资金和市场、信息和科技等。此外，专利、商标、信誉以及某种社会联系等，也是十分有用的资源。特别是在走向知识经济的时代，知识作为无形资源的价值更加突出。资源轻型化、软化的现象值得重视。我们不仅要管好用好"硬"资源，也要学会管好用好"软"资源。

(4) 目标：会展项目要求达到的目标可分为两类，即必须满足的规定要求和附加获取的期望要求。规定要求包括会展项目实施范围、质量要求、利润或成本目标、时间目标以及必须满足的法规要求等。期望要求常常对开辟市场、争取支持、减少阻力产生重要影响。

(5) 需求和期望：会展要求达到的目标是根据需求和可能确定的。一次会展的各种不同干系人有各种不同的需求，有的相去甚远，甚至互相抵触。与会各方干系人的需求往往是笼统的、含糊的，他们有时缺乏专门知识，难以将其需求确切、清晰地表达出来。与会各方干系人在提出其需求时，未必充分地考虑了其实现的可能性。与会各方干系人的需求在会展项目进展过程中往往还会发生变化，而需求的变化将引起会展项目目标、范围、计划等一系列相应的变化。

2.2.2 会展项目质量管理

(1) 会展项目质量

会展项目质量表现在两个方面：一是会展实施过程质量；二是会展取得的成果质量。无论未能满足两个方面中的哪一个，均会对会展产品、部分或全部与会各方干系人造成消极后果。在会展需求分析过程中要考虑会展项目质量的"明确需求和隐含需要"，会展项目范围管理计划的一个重要方面是把隐含需要转变为明确需求，不能明确的需求会给质量管理带来风险。会展项目质量的实现是管理者的职责，要求参与项目的组织的各级人员都对质量作出承诺，并要对各自相应过程和产品负责。

（2）会展项目质量管理

会展项目质量管理包括为了保证会展满足目标要求，指导、组织和控制关于质量的相互协调的活动的过程。它涵盖了全面管理职能的所有活动，这些活动是确定质量方针、目标和职责并在质量体系中通过诸如编制质量计划、质量控制、质量保证和质量提高使其实施的全面管理职能的所有活动。良好的会展项目管理过程是取得令人满意的会展成果、会展产品或服务的保证。

（3）会展项目质量策划

会展项目质量策划是指确定本会展项目应达到的质量标准和达到这些质量标准的工作计划与安排。会展项目质量管理是从对会展项目质量策划开始的，是形成会展项目质量计划的前提和基础。质量策划涉及的两个关键问题是：

- 确定适当的会展项目质量标准
- 确定可靠地完成会展项目并达到适当的质量标准的途径

质量标准的基本原则是"适其所用"，满足设计规范、法律要求、财务报告书。质量策划的环节见图2-1所示：

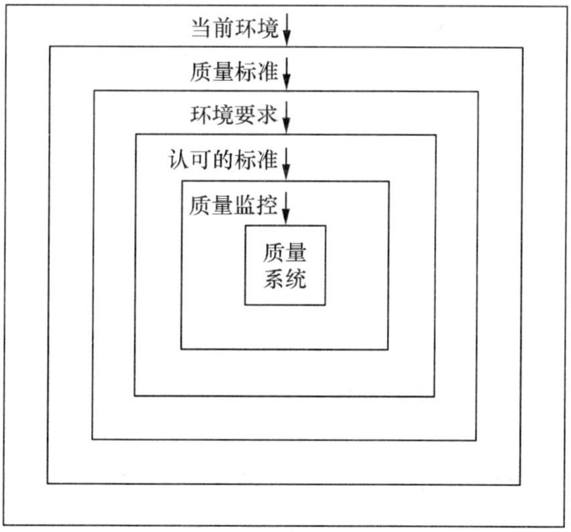

图2-1　质量策划的环节

① 识别与会展项目相关的当前的环境标准

- 考虑与会展项目相关的法规运作的要求
- 考虑外部监督系统或程序的规则等

② 识别会展项目质量标准

- 设定质量目标
- 识别谁是顾客

- 确定顾客需求
- 开发反映顾客需求的产品特征
- 开发能生产具有这种特征产品的过程
- 设定过程控制，并将由此产生的计划转换成操作计划

已经通过 ISO 质量认证的会展公司也需要根据会展项目的特征，重新定义会展项目的质量标准。因此，在识别会展项目过程中，会展项目团队还需要与所有与会干系人建立一种良好的工作关系，并明确理解他们明确和隐含的需求，即顾客的质量观，包括：满足顾客需求的特征，不在顾客期望之内但对顾客有益的特征，障碍或事故发生的概率等。会展项目团队需要对会展项目产品性能、进度和成本作出调整，以满足与会干系人的需求和期望，如图 2-2 所示：

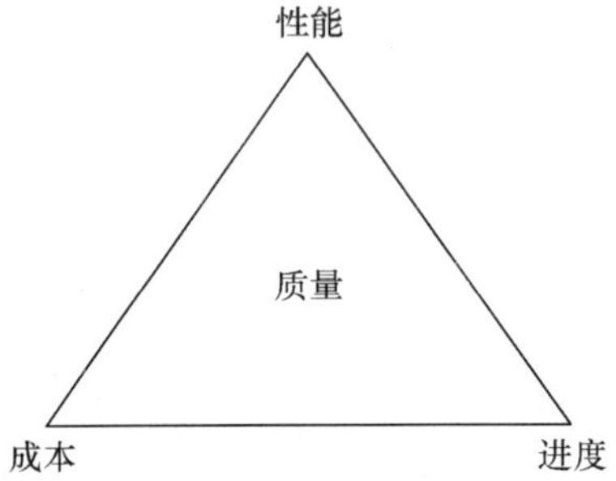

图 2-2　质量三角形

③ 环境要求

重新考虑企业、社会对会展项目质量的要求，修正已识别的会展项目质量标准。

④ 认可的标准

- 所有的部门和个人都须了解现行的会展项目法规
- 所有的合作都应按照会展项目约定的标准运行

⑤ 质量监控

- 对组织的会展活动持续地监控和评估
- 建立一笔降低风险和增强应变能力的基金
- 会展项目成员应当清楚自己的职责
- 质量监控应和相关的投资人联合进行，并且清楚如何进行质量的跟踪核查

⑥ 质量体系

- 建立满足外部需求和会展项目目标的质量体系
- 质量体系的改善是一个由内到外和由外到内相互结合的过程

2.2.3　制订质量管理计划

（1）质量计划制订

质量管理计划没有模板，因为它的内容和复杂性会随着组织的实际情况而发生变化。然而，一些质量管理的基本方面应该在所有会展项目中有所体现，如图 2-3 所示：

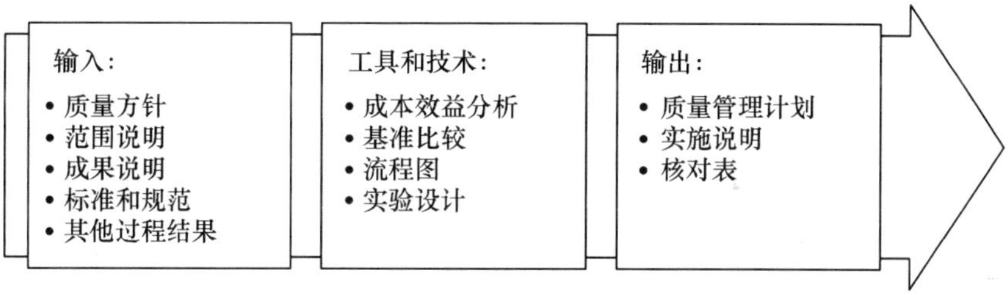

图 2-3　质量计划的制订

① 不论有无质量控制部门，管理质量都是会展项目经理的职责。履行这种职责可能需要建立检测、评价和修正系统，可能包括授权质量控制部门，或者招集一些做质量管理工作的人分配到项目中。在这种情况下，无论谁管理质量都和其他的人一样，是一名团队成员。

② 会展项目管理人员一定要认识到质量管理的目的是要满足客户提供的（质量）说明书。在会展项目管理过程中，应注意质量和等级含义的区别。等级是对功能用途相同但质量要求不同的实体所作的分类和排序。低质量是须解决的问题，低等级则不是。例如，软件产品可以是高质量（无明显性错误、可读性好的文件）和低等级（有限的功能）；或是低质量（许多故障、组织差的顾客手册）和高等级（大量功能）。确定和传达所需的质量和等级标准水平是会展项目经理和相应队伍的责任。

③ 典型的质量管理包括检测问题和解决问题。质量管理计划一定要预示会展项目将要处于何种过程，这种过程就是检测偏离质量说明书的瑕疵、问题和其他偏差，也详细说明欲如何在项目中解决哪些问题。质量管理计划也应证明项目将如何确保客户说明书不因问题出现频率高而受到影响。

质量管理计划的确定是保证会展成功的过程之一，应当同会展项目其他计划制订过程结合起来。事先不计划，指望在会展项目实施过程中靠检查和督促保证其质量是不行的。

（1）质量管理计划的输入

① 质量方针。质量方针就是会展项目实施组织领导层就质量问题明确阐明的所有打算和努力方向。例如，某会展企业提出“向用户提供最佳的产品和

服务”的质量方针,而该企业中的某项目班子提出的质量方针是“为下一道工序提供的可交付成果无可挑剔”。该企业之前若没有正式的质量方针,或者该会展要求多个组织参与(如合资的会展项目),则项目班子应为该项目单独提出一个质量方针。不管出于谁手,会展项目班子均应将此方针通知所有的干系人。

② 范围说明。会展项目的范围说明不但规定了会展的主要成果,而且也规定了会展所要达到的目标,是质量规划的关键依据。

③ 成果说明。成果说明是对范围说明书中的会展主要成果的进一步说明,包括技术问题及可能影响质量规划的其他问题的细节。

④ 标准和规范。会展项目管理班子必须考虑对该次会展可能产生影响的任何应用领域的专用标准和规范。

⑤ 其他过程的结果。除了范围说明和成果说明之外,其他知识领域过程的结果,也可能同质量规划有关。例如,采购规划就有可能包括对承包商提出的各种质量要求,因此也应当编写在综合质量管理计划中。

(2) 质量管理计划的工具和手段

① 成本效益分析。质量管理计划过程必须权衡成本与效益。效益指会展各项工作做得好,满足质量要求,提高效率,降低成本,提高与会干系人的满意程度。而成本指开展项目质量管理活动所需要的开支。项目质量管理应努力使效益超过成本,提高质量,降低成本,实现资本增值盈利最大化,这是企业和项目管理的一项重要任务和经营目标。

第一,质量成本定义。

质量成本是指为保证和提高(包括开发)质量所花费的全部费用,及因质量保证和提高(包括开发)而带来的直接经济损失,具体包括预防成本、鉴定成本、质量提高成本、故障处理成本和外部质量保证成本。

预防成本是为保证质量达到预定目标而采取的各种预防性措施所需要的全部费用。

鉴定成本是检查、评定产品质量、工作质量、工序质量、管理质量是否满足规定要求和标准所需的费用。

质量提高成本是为改进和提高质量而支付的全部费用。

故障处理成本是对因质量问题而引起的故障进行分析处理而发生的费用。

在合同环境下,由于质量保证的要求,顾客经常提出特殊的附加的质量保证要求,为此供方企业必须证明和验证其产品的质量保证能力,并向客户提供客观依据。因这些证明和验证活动所发生的费用就是外部质量保证成本。

第二,一致性成本和非一致性成本。

企业为确保产品质量而支出的预防费用和检验费用是主动性质量过程的成本,称为一致性成本,因未达到质量标准而发生的内部损失和外部损失是控制失效的损失，称为非一致性成本。由一致性成本和非一致性成本构成的质量成本，是会展产品成本的重要组成部分。

会展产品质量水平与质量成本中的一致性成本呈现相同方向的变化。增加一致性成本开支，加强日常预防性质量管理工作，产品质量水平就会相应提高，非一致性成本就会大大减少，质量成本下降，导致产品成本降低；反之，减少一致性成本支出，产品质量水平就会相应下降，但非一致性成本会大大增加，质量成本上升，导致产品成本增加，如表2-1所示：

表2-1　一致性成本与非一致性成本

一致性成本（主动）	非一致性成本（失误）
规划	报废
培训和灌输	返工修理
过程控制	附加材料或存货
产品设计确认	维修和服务
过程确认	申诉处理
检测和估价	责任判断
质量稽查	产品收回
维护和校准	野外勤务
检查	突击处理
实地实验	

（3）质量管理计划的输出

质量管理计划结束时应当提交如下成果：

① 质量管理计划。质量管理计划应当说明会展项目管理班子将如何实施其质量方针。用ISO9000的话来说，就是要说明“项目质量体系”、实施质量管理的组织结构、责任、程序、过程和资源。会展质量管理计划为会展项目总体计划提供了依据。

② 实施说明。该说明要非常具体地说明各种问题的实际内容以及如何在质量控制过程中加以衡量。举例而言，仅仅说明符合计划进度要求不行，还必须指出各会展活动是必须准时开始，还是只需按时完成就行；或者指出各会展活动是全都需要测量，还是只需测量某些可交付成果就行，如果只测量某些可交付成果，则应指明是哪些可交付成果。

③ 核对表。核对表对于会展来说必不可少，其用途是检查和核对某些必须采取的步骤是否已经付诸实施。核对表是一种有条理的工具，可简可繁，口气可以是命令式，“开始招标”；也可是询问式，“招标工作已经完成了吗”。国外许多组织都编有标准的核对表，以便保证经常进行的活动使用一致的做法。某些专业团体如协会或咨询公司也会对外提供核对表格式，如表2-2所示：

表 2-2 项目管理质量核对表

项目计划阶段	谁负责制订项目计划？他们的职责是什么？ 项目计划应该包括哪些内容？ 制订项目计划需要哪些信息？从何处获取？ 项目计划的输出文档是什么？谁应该得到这些文档？ 项目管理过程将会用到哪些工具和技术？ 项目管理将用到哪些资源？（如人员、设备、资金、材料、信息、软件等） 哪些部门会受到项目的影响？这些部门的职责是什么？
项目实施、跟踪、控制阶段	如何进行交流和沟通？ 如何激励员工？ 如何评估项目的进展？ 如何获取项目进展的数据？需要哪些数据？ 什么时候展开项目会议？如何确定议题？ 项目的文档如何分类？由谁保存？ 如何评估项目的变更？谁来批准？ 如何汇报项目执行情况？由谁汇报？如何处理各种冲突？

2.3 会展项目风险管理

人们对“风险”这个词非常熟悉，从事会展项目管理的人，首先必须充分理解会展风险、会展项目风险，才能比较有效地进行风险管理。

2.3.1 风险和项目风险

(1) 会展风险

会展风险是由于不确定性的存在，使得在给定的情况下和特定时间内，可能发生的结果之间产生差异，差异越大，则风险越大。由于风险是不确定的，风险既可能是危险，也可能是机会，即造成的差异可能是不利的，也可能是有利的。

风险中包含不确定的成分，这类问题可使用概率计算。同时，由于失败引起的后果和灾难也必须加以考虑。每个风险事件的风险可定义为不确定性和后果的函数。总的来说，不确定性和后果的严重性增加，风险就加大。

风险中另一个重要因素为风险原因。某个事物或某个事物的缺乏引起风险，在会展项目管理中，一般称为风险源。特定事故能通过对事故的了解和采取必要的措施而最大限度地得到避免。会展风险来源可划分为自然、社会和经济三种来源，也可以划分为组织或会展项目的内部来源和外部来源，还可以划分为自然的来源和经营的来源等。

(2) 会展项目风险

会展项目的一次性使其不确定性要比其他一些经济活动大许多,因而会展项目风险的可预测性较差。重复性的生产和业务活动若出了问题,常常可以在以后找到机会补偿,而会展项目一旦出了问题,很难补救。

会展项目风险贯穿整个会展的生命期,会展项目的不同阶段会有不同的风险。风险大多数随着会展项目的进展而变化,不确定性一般会逐渐减少。最大的不确定性存在于会展项目的早期,早期阶段作出的决策对以后阶段和会展项目目标的实现影响最大。会展项目的各种风险中,进度拖延往往是费用超支、现金流出以及其他损失的主要原因。为减少损失而在早期阶段主动付出必要的代价要比拖到后期阶段才不得已采取措施要好得多。

2.3.2　会展风险成本

会展风险事故造成的损失或减少的收益以及为防止发生会展风险事故采取预防措施而支付的费用,都构成了会展风险成本。例如,承包商向保险公司缴纳的保险费,就是项目业主和承包商风险成本的一部分。

会展风险成本包括有形成本、无形成本以及预防与控制风险的费用。

(1) 会展风险损失的有形成本

会展风险损失的有形成本包括会展风险事故造成的直接损失和间接损失。

① 直接损失:指财产损毁和人员伤亡的价值。

② 间接损失:指直接损失以外的它物损失、责任损失以及因此而造成的收益的减少。

例如,输变电工程在施工过程中发生人员高空坠落,直接损失包括受伤人员的医疗费、休养费、照开的工资等;间接损失包括因人员抢救、停工、延误工期等发生的费用。

(2) 会展风险损失的无形成本

会展风险损失的无形成本指由于风险所具有的不确定性而使会展项目或其他经济活动主体在风险事件发生之前或之后付出的代价。主要表现为会展风险损失减少了企业的机会。由于对风险事件没有把握,不能确知风险事件的后果,会展项目或其他经济活动的主体不得不为可能的损失事先作出准备。这种准备往往占用大量资金,这些资金不能投入再生产,不能增值。由于风险事件的发生,有时会对会展项目主体的声誉产生不利的影响,从而会使会展项目主体以后运营项目产生更多的成本。

(3) 风险预防与控制的费用

为了预防和控制会展风险损失,必然要采取各种措施,如向保险公司投保,向有关方面咨询,配备必要的人员,购置用于预防和减损的设备,对有关人员进行必要的教育或训练等。这些费用既有直接的,又有间接的。

会展项目风险管理是要付出代价的,一般来讲,只有当风险事件的不利后果超过为会展项目风险管理而付出的代价时,才有必要进行风险管理。

会展项目风险成本不只由会展项目或其他经济活动的主体负担,在许多情况下,与这些活动有关的其他方面,客观上也要负担一部分风险成本。项目或其他经济活动的主体负担的那部分风险成本叫个体负担成本,其他有关方面负担的那部分风险成本叫社会负担成本。

2.3.4 项目风险管理的组织

一般而言,一个会展项目需要设立一个专门的项目风险管理组织,对于大中型的会展更是如此。会展项目风险的管理组织主要指为实现风险管理目标而建立的组织结构,即组织机构、管理体制和领导人员。没有一个健全、合理和稳定的组织结构,会展项目风险管理活动就不能有效地进行。

会展项目风险的管理组织具体如何设立、采取何种方式、需要多大的规模,取决于多种因素。其中,决定性的因素是会展项目风险管理的对象——风险在时空上的分布特点。会展项目风险存在于项目的所有阶段和方面,因此会展项目风险管理职能必然是分散于会展项目管理的所有方面,管理班子的所有成员都负有一定的风险管理责任。但是,如果因此而无专人专职对会展项目风险管理负起责任,则项目的风险管理就要落空。所以,会展项目风险管理职能的履行在组织上具有集中和分散相结合的特点。

此外,会展项目的规模,技术和组织上的复杂程度,风险的复杂和严重程度,风险成本的大小,会展项目执行组织最高管理层对风险的重视程度,国家和政府法律、法规和规章的要求等因素都对会展项目风险的管理组织产生影响。

会展项目风险管理组织结构的顶端应该是会展项目经理。会展项目经理应该负起会展项目风险管理的全面责任。会展项目经理之下可设一名风险管理专职人员,帮助项目经理组织和协调整个会展项目管理班子的风险管理活动。

2.3.5 会展项目风险识别

会展项目风险识别就是查明举办会展的不确定性因素和风险来源、各风险之间的关系和风险的后果,确定哪些因素对会展项目构成威胁,哪些因素可能带来机会。其过程可以用图 2-4 表示:

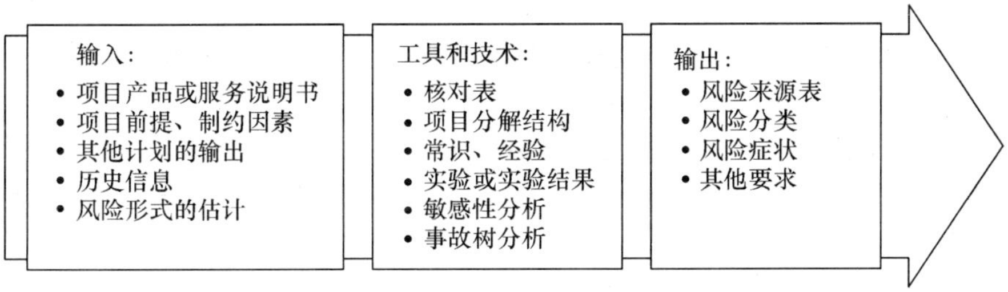

图 2-4　项目风险识别

风险识别可分三步进行：首先，收集资料；其次，估计项目风险形势；最后，根据直接或间接的症状将潜在的风险识别出来。

为了识别会展项目的所有风险，首先要有目的地收集有关会展项目本身及其环境的资料和数据。资料和数据能否到手，收集之后是否完整都会影响会展项目所受的风险损失大小。哪些东西能够提供有关迹象，帮助我们识别风险，要视会展项目的具体情况而定。一般而言，这些资料应该包含有关会展项目本身、项目环境以及两者之间关系的内容，具体包括：

（1）会展项目产品或服务的说明书

会展项目完成之后，要向市场或社会提供产品或服务。会展项目产品或服务的性质涉及多种不确定性，在很大程度上决定了会展项目会遇到的种种风险。例如，图纸和设计说明规定了建筑物应该使用的材料。如果规定使用商品砼，但施工地点同砼搅拌厂距离遥远，或者运送商品砼的必经路线交通拥挤，那么浇灌到建筑结构中的商品砼就难以保证质量。这样一来，我们就可以从建筑物的图纸和设计说明（即建设项目产品的说明书）中发现该建设项目施工阶段可能有的风险。因此，要识别项目风险，可从识别项目产品或服务的不确定性入手，而项目产品或服务的说明书则为此提供了大量信息。一般而言，在所有其他因素相同的情况下，需要成熟技术的产品遇到的风险要比需要创新和发明的产品少。

（2）会展项目的前提、假设和制约因素

不管会展项目管理班子和其他有关各方是否意识到，项目的建议书、可行性研究报告、设计或其他文件一般都是在若干假设、前提和预测的基础上作出的。这些前提和假设在项目实施期间可能成立，也可能不成立。因此，会展项目的前提和假设之中隐藏着风险。

任何一个会展项目都处于一定的环境之中，受到许多内外因素的制约。其中许多都是会展项目活动主体无法控制的，如法律、法规和规章。例如，对于某个收费公路项目，政府规划部门规定了公路线路，要求施工时不得破坏沿线自然环境，收费标准必须报请批准，投资者的资本金必须超过项目预算的 40%，雨季不能施工等。这些都是项目的制约因素，但都不是项目管理班子所能控制的，其中隐藏着风险。

为了找出会展项目的所有前提、假设和制约因素，应当对会展项目其他方面的管理计划进行审查。例如：

① 范围管理计划中的范围说明书可能揭示出会展项目的成本、进度目标是否定得太高，而审查其中的工作分解结构，可以发现以前或别人未曾注意到的机会或威胁。

② 审查人力资源与沟通管理计划中的人员安排计划，可能会发现哪些人员对会展项目的顺利进展有重大影响。例如，某个软件开发项目的项目经理听说被安排参加系统设计的某人最近常去医院，而此人掌握着其他人不懂的技术，从而发现该项目潜在的威胁。

③ 会展项目采购与合同管理计划中有关于采取何种计价形式的合同的说明。不同形式的合同，将使项目管理班子承担不同的风险。一般情况下，成本加酬金合同有利于承包商，而不利于项目业主。但是，如果预测表明，项目所在地经济不景气将继续下去，则由于人工、材料等价格的下降，成本加酬金合同也会给业主项目管理班子带来机会。

(3) 本项目可与之类比的先例

以前同本项目类似的会展项目及其经验教训对于识别本项目的风险非常有用。甚至以前的会展项目财务资料，如费用估算、会计账目等都有助于识别本项目的风险。会展项目管理班子还可以翻阅过去项目的档案，向参与本项目的有关各方征集有关资料，这些人手头保存的档案中常常有详细的记录，记载着一些事故的来龙去脉，于本项目的风险识别极有帮助。

信息资料是进行风险识别以及整个风险分析的基础，因此，能否收集到完整可靠的信息资料是确保风险识别和分析成功的关键。任何一条信息，其不确定性若未达到可接受的水平，使用时都要有所保留。

2.3.6 会展项目风险形势估计

会展项目风险形势估计是要明确会展项目的目标、战略、战术以及实现该目标的手段和资源。这样做有助于确定会展项目及其环境的变数。例如，产业政策、原材料价格、项目的参与者、项目规模、费用、时间和质量等。

会展项目风险形势估计还要明确会展项目的前提和假设。有些前提和假设，在制定项目规划时，常常没有被意识到。明确了项目的前提和假设可以减少许多不必要的风险分析工作。

会展项目的目标若含混不清，则无法测定项目目标何时或是否已经达到，也就无法激励人们制定实现会展项目目标的战略。会展项目目标要量化，目的是便于控制会展的进展、及时发现问题，当不同的目标出现冲突时便于权衡利弊，判定会展项目目标是否能够实现以及在必要时改变项目的方向或及时果断地中断之。

对于会展项目而言,预算资金和时间是主要的手段和资源。彻底弄清项目有多少可以动用的资源,对于实施战术,进而实现战略意图和项目目标是非常重要的。

会展项目风险形势估计应依据以下因素:会展项目计划、会展项目预算、会展项目进度等。

(1) 会展项目及其分析

① 为什么要从事这个会展项目,本项目的积极性来自何方

② 本项目的目标说明

③ 将本项目的目的同会展项目执行组织的目的进行比较

④ 研究本项目的目的

- 明确项目目标:经济的;非经济的
- 说明本项目对项目执行组织的目标的贡献
- 说明本项目的主要组成部分:明显的规划约束和机会;假设

⑤ 说明本项目同其他项目或项目有关方面的关系

⑥ 说明总的竞争形势

⑦ 归纳项目分析要点

(2) 对行动路线有影响的各方面考虑

对于每一个因素,都应说明它对本项目的进行会产生怎样的影响。

① 总的形势

② 项目执行过程的特点

- 一般因素:政治的;经济的;组织的
- 不变因素:设施;人员;其他资源

③ 研究会展项目的要求

- 比较已有资源量和对资源的需求
- 比较会展项目的质量要求和复杂性
- 比较组织的现有能力
- 比较时间和预算因素

④ 对外部因素进行评价

- 查明缺乏哪些信息资料
- 列出优势和劣势
- 初步判定已有资源是否足够

(3) 分析阻碍会展项目的行动路线

① 阻碍会展项目成功的因素

- 列出并衡量妨碍会展项目实现其目标的因素

- 衡量妨碍因素发生的相对概率
- 如果妨碍目标实现的因素发生作用的话,估计其严重程度

② 会展项目的行动路线

- 列出会展项目的初步行动路线
- 列出会展项目行动路线的初步方案
- 检查会展项目行动路线和初步方案是否合适,是否可行,能否被人接受
- 列出保留的会展项目行动路线和初步方案

③ 分析阻碍会展项目的行动路线

以下步骤可反复进行,每次反复都经过这四步。

- 采取之后可能会促进上述阻碍会展项目成功的因素出现的行动
- 当上述阻碍会展项目成功的因素出现时,为了实施上述行动路线项目仍然必须采取的行动
- 因上述两种行动而发生的行动
- 针对上述行动的可能后果作出结论,以此为基础判断上述行动路线是否可行,能否被人接受,并将其优点与其他行动路线相比较

(4) 会展项目行动路线的比较

① 列出并考虑各优点和缺点

② 检查会展项目行动路线和初步方案是否合适,是否可行,能否被人接受

③ 衡量各相对优点并选定会展项目的行动路线

④ 列出会展项目的最后目标、战略、战术和手段

2.3.7 会展项目风险识别的结果

会展项目风险识别之后要把结果整理出来,写成书面文件,为会展风险分析的其余步骤和风险管理作准备。会展项目风险识别的成果应包含下列内容:

(1) 会展风险来源表

在风险表中应列出所有的风险,尽可能全面,不管风险事件发生的频率和可能性、收益或损失、损害或伤害有多大;对于每一种风险来源,都要有文字说明。说明中一般包括:

① 风险事件的可能后果

② 对预期发生时间的估计

③ 对该来源产生的风险事件预期发生次数的估计

2) 会展风险的分类或分组

会展风险识别之后,应该将各种风险进行分组或分类。分类结果应当便于进行风险分析的其余步骤和风险管理。例如,对于常见的建设项目,可将风险按项目建议书、可行性研究、融资、设计、设备订货和施工以及运营等几个阶段进行

分组。每一组或每一类风险还可以根据需要进一步细分，施工阶段的风险分类见表 2-3 所示：

表 2-3　施工阶段的风险

业主风险	承包商风险
征地	工人和施工设备的生产率
现场条件	施工质量
及时提供完整的设计文件	人力、材料和施工设备的及时供应
现场出入道路	施工安全
建设许可证和其他有关条例	材料质量
政府法律规章的变化	技术和管理水平
建设资金及时到位	材料涨价
工程变更	实际工程量
	劳资纠纷
业主和承包商共担风险	**未定风险**
财务收支	不可抗力
变更令谈判	第三方延误
保障对方不承担责任	
合同延误	

每一组或每一类风险还可以根据需要进一步细分。

(3) 风险症状

风险症状就是风险事件的各种外在表现，如苗头和前兆等。如会展项目管理组成员不及时交换彼此间的不同看法，就是会展项目进度出现拖延的一种症状；会展现场混乱，设备、资料随便乱放，无人及时回收整理等也是安全事故和会展项目质量、成本超支风险的一种症状。

(4) 对会展项目管理其他方面的要求

在会展风险识别的过程中可能会发现项目管理其他方面的问题，需要完善和改进。例如，利用项目工作分解结构识别风险时，可能会发现工作分解结构做得不够详细，因此会要求负责工作分解结构的成员进一步完善；再如，当发现项目有超支的风险，但是又无人采取防止超支的措施时，应当向有关人员提出要求，让其采取适当的措施防止项目超支。

第3章　做个出色的会展项目经理

3.1　出色的会展项目经理的必备素质

成功的会展是由出色的会展项目经理策划和领导的。项目经理是项目之魂。从狭义上看,项目管理与其他管理的功能是相同的,即计划、调度、激励和控制。由于不同的需要,有各种类型的经理,其中项目经理面对的是正常组织中临时的、非重复性的活动和频繁出现的独立行为,会展项目经理也不例外。

会展项目经理被期望按照会展的各种时间安排、预算、技术规范等一系列要求配置资源,完成整个会展从立项策划到成功举办后收尾等各个环节的工作。他需要直接与各种干系人联系,并且必须在干系人的期望值与什么是可行的、什么是不可行的之间进行协调。由于会展项目团队常常是由隶属于其他功能部门部分时间参与项目工作的成员和团队组成,会展项目经理必须对项目团队提供指导、协调和整合。会展项目经理担负着整个会展项目实施的责任,同时又常常面临权力过小、资源紧缺的尴尬。他必须确保交替使用时间、成本和履行项目的需求。总之,不像其他部门的经理,会展项目经理通常需要在仅仅掌握不完全的技术知识时作出对整个公司有利的决定。他必须要在正确的时间,提出正确的问题,作出正确的结论,去诱导正确的人员完成项目。显然,会展项目经理是一个非常具有挑战性的职业。

在会展项目生命周期的各个阶段,项目管理各项工作的内容有着巨大的差异。会展项目识别、评估、计划、财务批准这些过程有其内在的逻辑性。但当涉及实施和完成项目时,这种逻辑性就消失得无影无踪,会展项目经理会陷入一个从早到晚不连续的解决冲突与矛盾陷阱之中。成功的项目经理必须能够应对这种工作局面。

在会展项目实施阶段,项目经理常常面临的工作局面是,他必须到处“救火”,恢复秩序,使项目按计划进行。同时,项目经理还需要创新和开发新的更好的工作方法。他要着眼全局,看项目是否适合于企业的整个战略,有时必须进入到项目工作和技术的具体问题之中,干涉下属的工作,解决僵局,解决技术问题和坚持与下属不同的方法。但同时,项目经理也必须能够坐在一旁让员工自己解决问题。项目经理必须对发生在项目中的事件采取适应的、灵活的方法,同时在别人都想放弃时,能够坚持下去。

在维持团队合作时,项目经理必须能够激励和诱导员工;在对待项目成员时，项目经理必须保持公正性，做到鼓励个人但向团队施加压力。项目经理必须能够建立一支团结的、相互激励的团队，但又必须能够避免由于过度团结而产生的各个“山头”对外界思想联合抵制的倾向。项目经理不仅要培养员工对团队的忠诚，还要培养其对企业的忠诚。

处理好这些相互矛盾的问题，要求项目经理具备敏捷和平衡的能力。敏捷是指能够在互相对立的行为模式之间游刃有余。项目经理有时需要充当独裁者，作出决定性的单方面的决定。平衡能力指认识事情做得极端的危险。例如，很多经理都倾向于把最有压力的、最困难的任务派给最出色的下属。这会使被选中的人产生不满：为什么总是让我做最难的工作？这也使能力较弱的下属没有机会得到锻炼。

项目经理不仅要监督项目进展的每一方面，而且要把所涉及的各个方面联系起来，处理项目进程中出现的各种局面。项目经理对问题的处理能够决定项目的成本、完成时间和对人力资源的利用效率。因此，选择项目经理就显得非常重要。

项目经理所需要具备的能力包括：领导能力、沟通能力、组织能力、激励能力、决策能力、综合能力、领导能力。

领导能力是项目经理应具备的最重要的能力。项目经理必须具备相当的个人技能，辅以经验和专业知识。管理项目最为困难的方面之一就是保证项目团队能齐心合力去实现既定的目标。与不同的人，包括高级管理层、同级职员、下属交往，需要运用不同的人际交往的技能。项目经理必须对项目采取一种全局的而不是局部的管理方式。全局的思考者应该考虑项目的各个因素共同相互作用对项目成果的影响，而不是把项目分成单个的部分，仅仅管理各个部分。项目经理在领导别人之前应先领导和管理自己，牢牢地树立自己的信念。这种内在的力量可以使其承受项目生命期的起伏，赢得职员的信任。另外，时间是一个经理最宝贵的资源，项目经理必须能够迅速明智并根据优先顺序分配自己的时间。

项目经理应该参与项目的策划和执行，分析出现的问题，制定解决问题的方案，保证项目如期完成并且符合要求，同时赢得职工的尊重。

（1）领导能力

1）影响他人的技能

要影响他人必须具备：

① 良好的说服技能；

② 经受过考验的历史背景；

③ 具有展示控制团队的个人权威的能力；

④ 逻辑思维清晰；

⑤ 以身作则的工作作风，成为职工的榜样；

⑥ 忍耐力。

2）委派任务的技能

委派任务必须具备的能力包括：

① 能够发动和影响别人开始工作，在团队内明确规则和职责；

② 敢于授权，如允许任务负责人行使许可的管理职权；

③ 分派任务和纠正问题而不产生个人冲突；

④ 能够承认发生的错误；

⑤ 保持对团队的支持；

⑥ 能与团队成员商议问题。

3）谈判技能

项目经理应具有消除分歧达成一致或使项目向前运行的知识和技能；具有在两方或多方之间进行谈判的才能，必须能和各种人打交道，赢得他们的支持和对项目的协助，在不违背事实的情况下说服别人项目的优点。

（2）沟通能力

项目经理是全体职工的中枢，也是团队沟通的中枢。他应具有向职员阐明目标的能力，阐明团队具体作用和职责的能力。项目经理的职责要求他平易近人，能与全体职工及各种人有效地沟通。项目经理要善于适时清楚地发出口头或书面信息，表达自己的意图；要善于接受信息，不管是项目工作人员还是项目的委托人，项目经理应清楚他们对如何完成工作的想法，在他们面前应是一个专注的听众，善于捕捉对方所要表达的真实意思，要使团队形成一个整体，还要善于倾听各种不同的意见并善于回答信息，适时对信息作出答复。

（3）组织能力

项目经理管理面对的是为完成项目临时组建的团队。他们组织的活动是非重复性的独立行为。这对项目经理的组织才能提出了挑战。管理项目最为困难的方面之一就是保证项目团队能齐心合力去实现既定的目标。项目经理必须能够建立一支团结的、相互激励的团队，避免各自为政。由于项目团队常常是由隶属于其他功能部门部分时间参与项目工作的成员和团队组成，项目经理必须对项目团队进行指导、协调和整合。项目经理应善于推动和监控项目进程，要把所涉及的各个方面联系起来，处理项目进程中出现的各种局面。同时，应主动采取措施避免小问题升级扩大。他应把大部分时间花在自己的影响范围之内，而不停留在自己所不能控制的地方。

（4）激励能力

没有动力激励，项目就不可能完成。项目经理应是乐观的，可以感染职工。幽默感和对任何事物都感兴趣的态度也常常是项目经理感染职工的力量。他应该平衡自己和别人交往的时间，使任何职工都感觉自己不被忽视。要想所有参与项目的人对所负责的工作认真对待，领导风格就非常重要。要激励员工努力工作，领导需要具备下列素质：

① 领导的性格

领导的性格非常重要，尤其是当他和各种不同性格的人打交道的时候。团队领导应当具备想象力、自信心和鼓舞团队士气的能力。团队领导应当能和各种人以公平的方式和谐地工作。项目经理应与各层职员建立良好的人际关系。

② 管理的风格

领导可以根据所做的项目采取不同的管理风格，可采取独裁的、民主的或自由的方式，让团队的成员根据自己的步调进行工作。各种风格都有其优点和不足。独裁风格，优点是告诉每个人该做什么并且毫无疑义地予以执行，它以一种类似于生产线式的方式完成工作；缺点是员工感觉没有参与决策，这会导致不满、士气低落和缺乏激励。民主风格，优点是通过在整个团队内部进行讨论作出决策，因此团队中的每个人都以某种方式参与到项目中，这会使员工有高度的满意感和激励感；缺点是当需要在现场立刻作出重要决定时会没有时间进行团队讨论，这种方式会导致项目延期，从而损失时间和效益。自由主义方式，优点是让全体员工以自己的步调进行工作，它最不容易产生冲突；缺点是可能对项目所需要的缺乏理解，并导致项目拖延工期和超出预算，这种方式就工期和资金而言不是好方法，当需要作出明确的决定并予以执行的时候也是没有效率的。

③ 随机方式

随机方式是指项目经理应具有善于洞察形势和随机应变的管理技能，尤其当一位项目经理被调去管理一个新的、他缺乏专业知识的项目时。对这个新情况的基本应对方式将决定于他对项目的管理风格和组织方式。

(5) 决策能力

成功的项目经理没有固定的公式和模式。成功的项目经理会针对具体的环境采用不同的方法。项目经理在条件允许时，是与团队成员商议问题，倾听各种的不同意见，消除分歧，努力达成一致的慈祥领导人。但他应该善于洞察形势和随机应变，适时作出果断的决策。有时，为了保证项目团队能齐心合力去实现既定的目标，防止拖延工期和超出预算，需要在现场立刻作出重要决定。这时项目经理需要充当独裁者，需要力排众议，展示控制团队的个人权威，采取决定性的单方面决定。独裁风格是指告诉每个人应该毫无疑义地执行决定。

(6) 综合能力

综合是项目领导分析项目需要的各种专业技能，并把这些专业技能集中起来，以完成项目。这就需要项目经理具备开放的个性及识别能力和各个方面最佳人选的洞察力。基于这种方法建立的团队，在知识和技能方面能够互相弥补，使得组织不必为自身的能力担心，将关注的焦点紧紧围绕着承担的任务。项目管理不适合恭顺的人。期限的压力、技术上的不确定性以及还要和各种各样的、有时甚至是固执的专业人员打交道等都会产生巨大的压力。全面的商业知识项目经理的主要职责就是把不同企业、不同技术领域的成果结合起来,因此项目经理应该掌握较为全面的商业基本知识,并清楚不同的专业领域如何相互作用促使企业的成功。

取得项目成功的关键是必须和各种不同的盟友建立良好的合作关系。项目经理首先要确定对项目的主要影响人是谁,然后分析和这些人的关系的性质和向对方施加影响力的基础。成功的项目经理善于向别人施加广泛的影响力。他们运用这种影响力和高度互动性的管理风格监控项目的进行并在项目的计划和方向中进行适当的变动。他们是以一种让人信任的方式完成这些工作的,而这种信任是建立在别人对他们为人和能力的认可之上的。

关系应该在需要之前建立,不要现抱"佛脚"。在得到别人的帮助之前,应该考虑自己能为他们做什么。在提供给别人帮助后,才容易获得别人的帮助。这需要项目经理以全局的眼光看待项目,并清楚项目将对企业内外的其他活动和日程会有何影响。从这种观点看问题,项目经理就能发现给别人提供帮助的机会,从而赢得别人的支持。

信任是通过经常的面对面接触建立起来的。信任因为忽视而弱化,在变化迅速和不稳定的情况下尤为如此。因为这种情况下通常会导致怀疑、猜忌甚至暂时的偏执情绪。项目经理应和主要干系人保持频繁的联系,使他们了解最新的进展,消除他们的忧虑,使其进行实地检查并把精力集中在项目上。

总之,有效地和有道德地对别人施加影响都是建立在如何看待别人的基础之上的。那么,是把他们视为潜在的伙伴还是实现你目标的障碍?如果看成障碍,就运用自己的影响力使他们顺从和合作;如果看成伙伴,就运用自己的影响力获得他们的信任和支持。那些把建立社会关系网看成建立合作关系的人把每次交流都看为两个目的:解决现在的问题和改善工作关系以便下次会更有效。有经验的项目经理都认识到,自己对别人所做的事情都会得到回报。

3.2 项目经理在会展团队建设中应具备的知识

(1) 会展项目团队的特点

会展项目团队和它的管理班子有一大特点即其成员多数是临时借调而来,来自不同的职能部门或组织机构。随着会展项目的进展,会展项目团队成员的工作内容和职务常有变动,甚至人数也会有不小的变化;团队成员往往要接受项目经理和原组织机构负责人的双重领导。因此,会展项目团队建设对保证项目成功有重要的意义。

(2) 会展项目团队的结构形式

会展项目团队的结构形式应视会展性质、组织环境而定,在会展项目的不同阶段,团队的结构形式应作相应的变化。图3-1和图3-2是两种常见的结构形式。

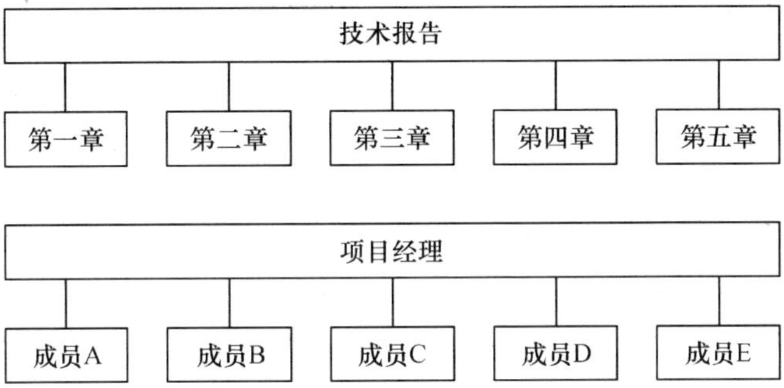

图3-1 人责对应的团队结构

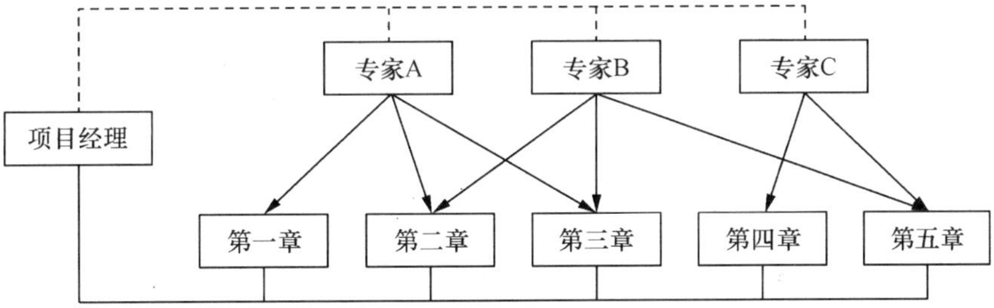

图3-2 专业的团队结构

3.2.1 如何建设一个有成效的会展项目团队

(1) 有成效的会展项目团队的概念

仅把一组人员集合在一个会展项目中共同工作,并不能形成团队。会展项目团队不仅仅是指被分配到某个会展项目中工作的一组人员,还指一组互相依赖的人员齐心协力进行工作,以实现会展目标。要使这些成员发展成为一个有效协作的团队,既要项目经理付出努力,也需要项目团队中每位成员的付出。团队工作是否有效率,能决定项目的成败。尽管要有计划,需要项目管理技能,但人员——项目经理及项目团队,才是项目成功的关键。

(2) 有成效的会展项目团队的特点

① 对会展项目目标的清晰理解

为使会展项目团队工作有成效,要高度明确工作范围、质量标准、预算和进度计划。对于要实现的会展项目目标,每个团队成员必须对这一结果以及由此带来的益处有共同的设想。

② 对每位成员的角色和职责的明确期望

会展项目团队中每位成员都要参与指定会展项目计划，这样就能知道怎样将他们的工作结合起来。团队成员要重视彼此的知识与技能，并能确定为实现该目标所付出的劳动。每位成员都要对他所承担的工作有明确的认识，并要为该工作的完成承担应有的责任。

③ 目标导向

会展项目团队中每位成员都要把实现会展项目目标作为自己的工作导向。为树立一个良好的典范，项目经理需要为大家确定努力工作的标准。而团队成员应积极热情地为项目成功付出必要的时间和努力。例如，为使会展项目按计划进行，必要时成员愿意加班、牺牲周末或午餐时间完成工作。

④ 高度的合作互助

在需要的时候，会展项目成员要进行开放、坦诚且及时的沟通。成员需要彼此交流信息、想法及感情，不以寻求其他成员的帮助为耻，成员能成为彼此的力量和源泉，而不仅限于完成自己分派的任务。他们希望看到其他成员成功地完成任务，并愿意在他们陷入困境或停滞不前提供帮助；他们能相互作出和接受彼此的反馈及建议性的批评。基于这样的合作，团队就能在解决问题时有创造性，并能及时地作出决策。

⑤ 高度信任

一个有成效的会展团队的成员理解他们之间的相互依赖性，承认团队中的每位成员都是会展项目成功的重要因素。每位成员都可以相信其他人做他们要做的和想做的事情，而且会按预期标准完成。团队成员互相关心，由于承认彼此存在的差异，成员就会感到自我的存在。要鼓励有不同的意见，允许自由地表达出来，并尊重这些意见。成员应大胆提出一些可能产生争议或冲突的问题。有成效的会展项目团队解决问题的方法是通过建设性的、及时的反馈积极地正视问题。冲突是无法压制的，相反，要以积极的态度对待它，把它当做成长和学习的机会。

3.2.2 明确阻碍团队工作的障碍

尽管每个会展项目团队都有潜力高效率地工作，但通常会存在一些障碍，使得团队难以实现其力所能及的效率水平。此类障碍包括：

(1) 目标不明确

会展项目经理应该详细说明会展项目目标以及项目工作范围、质量标准、预算和进度计划。他要对会展项目结果及其产生的益处作出美好的设想，这一情况要在第一次项目会议上沟通交流。在这次项目会议上，项目经理要知道团队成员是否真正理解了这一情况，并回答他们提出的问题，然后把这一情况，包括所作的解释说明一起以书面形式提供给会展项目团队中的每位成员。在会展项目进展情况总结会议上，项目经理要定期讨论项目目标。会议中，他要经常了解成员对必须完成的工作任务存在哪些问题，因为仅在项目开始时就项目目标向团队作一次说明是远远不够的。项目经理一定要经常地、不厌其烦地提及这一目标，并加以宣传。

（2）角色和职责不明确

成员们可能会觉得他们的角色和职责含糊不清，或与一些成员的职责重复。在会展项目开始时，项目经理要与项目团队的每位成员单独会谈，告诉他被选上参加项目的原因，说明对他期望的角色及职责，并解释说明他们与其他成员的角色和职责的相互联系。会展项目团队成员可以自由地要求项目经理阐明模糊不清的地方，以及明显存在的职责重复。在团队制订项目计划时，利用诸如工作分解结构、职责矩阵等工具明确划分每个成员的任务，并把这类文件复印发给每个成员，使他们不仅知道自己的任务，还能了解其他成员的任务以及这些任务如何有机结合在一起。

（3）会展项目的结构不健全

在这种情况下，成员会觉得团队里每个人都有各自不同的工作方向，或没有建立起团队工作的规程。这也是会展项目经理使团队参与制订项目计划的原因。像网络图这样一种工具可以说明，为实现项目目标，如何把每个人的工作有机地结合起来。在会展项目开始时，项目经理应制定基本工作规程，规定诸如沟通渠道、审批及文件记录工作等事宜。每项规程以及制定缘由，都要在项目会议上向团队作解释说明。项目经理应把规程以书面形式传达给所有团队成员，如果某些成员不能遵守规程或逃避规程，项目经理就要突出强调人人必须严格遵守的重要意义。当然，如果某些规程对项目工作不再有效，项目经理要接受有关废止或理顺规程的建议。

（4）缺乏工作投入

团队成员可能会对会展项目目标或项目工作不太投入。要解决这一难题，项目经理需要向每个成员说明他的角色对项目的重要意义，以及他能为项目成功作出的贡献。项目经理也要知道团队成员的个人及职业兴趣，并设法使项目任务能有助于满足这些兴趣。他应该懂得对每个成员的激励因素，并创造出一个充满激励的工作环境。项目经理需要对每个成员的工作成绩进行表扬奖励，对他们的工作给予支持和鼓励。

（5）缺乏沟通

沟通不足指团队成员对项目工作中发生的事情知之甚少，或成员之间不能交流信息。会展项目经理的一项重要工作就是按公布的计划日程定期举行项目工作情况总结会议,要求所有项目团队成员对他们的工作情况进行简要总结,鼓励积极参与,并提出问题。所有项目文件,如预算、进度计划及报告材料,要不断更新,并及时分发给全体团队成员。会展项目经理要鼓励团队成员在必要时组织起来交流信息,进行合作并解决问题,而不是等待正式项目会议。同时,把会展项目团队的所有成员置于同一个办公区域内工作,也可以加强项目沟通。

(6) 领导工作不力

会展项目经理一定要不时地向项目团队问一些诸如“我做得怎样”或“我应该怎样改进我的领导工作”等问题,积极征求团队对他工作的反馈。当然,他首先一定要创造一个良好的项目工作环境,使人们能自由地作出反馈。项目经理应在早期项目会议上声明,要求团队成员经常对他的工作情况作出反馈,并欢迎人们提出建议,提高他的领导能力。当然,如果建议合理,会展项目经理一定要认真加以实行,不论是否需要进行额外的培训、改变他的行为举止或者是修改项目规程。

(7) 会展项目团队成员的流动

如果团队组成经常变化,新人员不断被分配到项目中,同时原有的人员离去,这种过于频繁的人员流动就不利于团队凝结起来。而一个有长期任务的团队,即使成员人数较少,也会比任务期短而人数较多的团队更有效率。项目经理要尽量为项目团队选择有多方面才能的人员,以便能在项目的多个方面作出贡献,从而能长期为项目工作。尽管项目经理应该尽量避免在项目中使用大量临时性专门人员,但有些情况下,把一个特殊的专门人才分派到项目中从事某一项任务或短期的工作,可能会更合适些。

(8) 不良行为

有时,某些成员会作出一些不利于团队有效发展的行为,如怀有敌对情绪、素质低下或诽谤贬低别人等。此时,项目经理就要与他谈话,指出他的不良行为,并向他解释,说明这种行为对项目团队有不利的影响,所以是无法接受的。如果合适的话,可以对这个成员进行指导、培训工作。但无论如何,会展项目经理一定要使成员明白,如果不良行为继续下去,那就只好让他离开项目团队。当然,如果必要,会展项目经理要做好准备,坚决执行到底。

3.2.3 组建强有力的团队

团队建设即把一组人员组织起来实现会展项目目标,这是一个持续不断的过程,是项目经理和项目团队的共同职责。团队建设能创造一种开放和自信的气氛,成员有统一感,强烈希望为实现会展项目目标作出贡献。

使团队成员社会化会促进团队建设,团队成员之间相互了解越深入,团队建设就会越出色。会展项目经理要确保个体成员能经常相互交流沟通,并为促进团队成员间的社会化创造条件。团队成员也要努力创造出这样的条件。

会展项目团队可以要求团队成员在项目过程期间,被安排在同一个办公环境下进行工作。当团队成员被安排到一起时,他们就会有许多机会走到彼此的办公室或工作区进行交谈。谈论未必总是围绕工作,团队成员很有必要在不引起反感的情况下,了解彼此的个人情况。项目过程中会发展起许多个人的友谊。安排整个团队在一起工作,可以避免产生因为团队一部分成员在大楼或工厂的不同地方工作而产生“我们对他们”的思想,这种思想会导致项目团队成为一些小组,而非一个实际的团队。

会展项目团队可以举办社交活动庆祝项目工作中的事件,如取得重要的阶段成果、系统通过测试,或与客户的设计评审会成功,也可以是为放松压力而定期举办的活动。团队为促进社会化和团队建设,可以组织各种活动。例如,下班后的比萨聚会、会议室的便餐、周末家庭野餐、观看一场体育活动或剧院演出等,一定要让团队中的每个人都参加这类活动。团队成员要利用这个机会,尽量与更多的其他团队成员(包括参加活动的家庭成员)相互结识,增进了解。一个基本规律是试图与不太熟悉的人在一起聊天,提出一些问题,听他谈论,发现共同兴趣。要尽量避免让人们形成几个人组成的小团体,在每次活动中总聚集在一起。参加社会化活动,不仅有助于培养起忠诚友好的情感,也能使团队成员在项目工作中更容易进行开放、坦诚的交流沟通。

除了组织社交活动外,团队还可以定期召开团队会议。相对会展项目会议而言,团队会议的目的是广泛讨论下面问题:作为一个团队,我们该怎样工作?有哪些因素妨碍团队工作(如工作规程、资源利用的先后次序或沟通),如何克服这些障碍?怎样改进团队工作?如果项目经理参加团队会议,对他应一视同仁。团队成员不应向经理寻求解答,经理也不能利用职权,否决团队的共识。因为这是团队会议,而不是项目会议,所以应只讨论与团队相关的问题而与项目无关。

团队成员要利用各种方法加强团队建设,而不能期望由项目经理独自承担团队建设的责任。

3.2.4　团队需要激励

激励在团队建设中也很重要,会展项目经理不仅要善于把项目人员团结在一起,还要善于调动他们的工作热情,激励每一个队员努力工作。

激励,就其内容来说,可分为精神激励和物质激励两大系统。精神激励是采用精神鼓励的手段调动人的积极性;物质激励是采用物质鼓励的手段调动人的积极性。二者有机结合,互不可分,即精神激励需要借助一定的物质载体,而物质激励则必须包含一定的思想内容。如在现实生活中,人们得到的奖状、奖章等精神鼓励就是直接借助物质形式体现的，而得到的奖金、奖品等物质鼓励则意味着组织和社会对其成就的承认，本身又含有精神价值，只是有时比重程度不一。精神激励和物质激励好比车之两轮，马之两翼，缺一不可。项目经理只有把两者有机结合起来，才能有效地发挥激励的作用。

激励的种类很多，现在择其要者结合实例介绍如下：

（1）目标激励

李自成起义时流行着这样的民谣："开了大门迎闯王，闯王来了不纳粮。"这就是一种目标激励，即通过目标的设置和提出进行激励。

参加马拉松赛跑的运动员，当有人告诉他只有最后100米，再加把劲就可夺得冠军时，他就会信心倍增，加快速度完成最后的冲刺。

当人们有意识地明确自己的行动目标，并把自己的行动与目标不断加以对照，当得知他离目标越来越近时，他的情绪就会高涨，表现出持续的积极性。目标之所以能起到有效的激励作用，是由于实现目标后有某种报偿。

目标激励，需要注意的是目标的确定。若目标难度太大，很难实现，则容易失去信心；若目标难度过小，又可能激发不出应有的干劲。只有"跳一跳，够得着"的目标，积极性才是最高的。因为这样的目标最能满足个人的价值需要。

联想集团有一规矩，每到年底的时候，各个部门都要总结过去一年的工作，并作出新的一年的工作计划。在制订计划的各项经营指标时，联想老总柳传志常要求他的总经理不能拿出一个唾手可得的指标，而必须拿出一个需要助跑才可能够着的指标。他不喜欢那种宽容自己因而只愿接受安全、保险指标的行为。这就是目标管理。

（2）榜样激励

在日本，松下幸之助注重以身作则，他认为优秀的管理者要以身作则，起模范作用，这样会影响带动其他员工，使他们争相效仿。

会展项目经理如果能建立起一套科学、合理的"参照系"，就会把人们的行为朝实现项目目标的方向引导。会展项目经理在实施榜样激励时要注意榜样不能人为地确定，必须从群体行为中孕育、成长起来，必须为大家所公认。人为地拔高，搞假大空、高大全，不仅起不到激励作用，反而会引起人们的反感。为此，要实事求是地宣传榜样的先进事迹，不渲染，不夸张，不虚美，不隐恶。同时，要引导下属一分为二地看榜样，防止机械、形式主义地模仿，还要分析榜样形成的条件和成长的过程，为其他员工指明赶超榜样的途径。

（3）危机激励

关于危机激励，我国古代有许多生动的例证，如背水一战，置之死地而后生，情急生智等等。每个企业在生存和发展的过程中，会遇到诸多因素影响乃至干扰企业的正常运营，这些因素共同构成了企业经营中的风险因素。面对风险，有的企业遭遇失败，但有的企业却把它转化为企业发展的动力，成了一种激励。

20世纪60年代末，加农采取多种经营，打入计算机市场，公司研究的键盘式计算器试销后获得成功。但好景不长，加农在与卡西欧推出的小型计算器的竞争中连连失利，于是公司又改制新型计算器上市，由于研制仓促，产品缺乏合理性，结果销路不畅，又遇到第一次石油危机的打击，加农出现巨额赤字，濒临倒闭。如何挽回颓势？董事会中有人提出：应该把危机告诉全体职工，让他们知道企业处于危险的境地，唤起他们的危机感，振奋员工背水一战的士气。

（4）文化激励

企业文化作为一股管理新潮，其产生与近几十年来美国与日本的经济竞争有直接关系。

20世纪80年代初，美国管理者发现日美企业管理的差异根本点不在管理方法和手段上，而在管理因素上。美国企业管理因素以理性主义而著称于世，过于强调技术、设备、方法、规章、组织结构和财务分析等硬因素。而日本企业经营管理的传统模式，具有鲜明的非理性主义色彩，即比较注重目标、信息、价值观、文化这类软因素；它重视人性，重视人力资源，把职工当做“社会”、“决策人”甚至是“自动人”，最大限度地发挥职工的潜力，调动他们的积极性、主动性和创造性。

美国率先提出企业文化论，其特点是注重软件的文化激励，即高度重视人的因素、精神因素和价值因素在企业管理中的作用。威廉·大内教授参照“X”理论、“Y”理论，创立了著名的“Z”理论。

“Z型组织”的文化特征是：信任、微妙性和人与人之间的亲密性。

① 信任。威廉·大内认为，信任可以使企业内的部门作出牺牲以顾全企业的整体利益；信任可以使员工坦率诚实地对待工作和他人，忠实于企业，关注企业劳动生产率的提高。

② 微妙性。大内认为，人与人之间的关系既复杂又微妙，只有长期相处才能精确了解每个人的个性，才能组织效率最高的搭档。强迫命令不会有微妙性；微妙性一旦丧失，劳动生产率就会下降。

③ 亲密性。日本企业的成功，充分证明了亲密的个人感情在工作中的重要性。社会的亲密性一旦瓦解，人们就会失去对企业组织的信任，就会产生恶性循环，最终导致劳动生产率水平的降低。日本企业内部种种“聚会”、“小组”、“俱乐部”对于增进亲密性是大有帮助的。

（5）员工持股激励

所谓员工持股，其形式是多种多样的，其中一种就是本单位全体员工买下本公司的全部股票，拥有单位全体股权，共同成为企业的所有者参与企业的经营、管理和利润分配的股份制。

员工股份制出现以后，在美国，其政府与国会都给予了大力支持，并为此制定了专门的法律加以鼓励和推广，促进职工持股计划的发展。

员工股份制之所以在美国受宠，主要是员工股份制依据的理论假设：当人们为自己劳动时，他们就会更好地工作：而员工为自己劳动的关键是法律和经济两重意义上拥有所在企业的财产，因此，企业财产关系内部化，全体员工拥有企业的产权会产生更高的效率。

员工持股制大大提高了美国企业的经济效益，促进了生产力的发展，同时，也为股份制注入了新的生机和活力，使世界经济产生了强烈的震荡。

第4章　会展项目管理——前期准备计划

举办各种类型的会议及展览活动，都必须拟订前期的准备计划，因为最基本的做法确认之后，才能够进行有效的筹划工作，以达到举办的效益和目的。

前期准备计划需要考虑的有：

- 举办会展活动的目的及预期目标是什么？
- 这次的主题定位是什么？
- 会展活动的办理主轴要如何设定？
- 举办的可行性及市场接受度如何？
- 举办筹备的阶段性做法如何？
- 举办会展的基本考虑重点项目有哪些？
- 计划方案的规划做法有哪些？
- 如何规定筹备时间及组织？
- 需求的资源整合有哪些方式？
- 会展合同的协商谈判技巧有哪些？
- 会展营销方面有哪些基本考虑和分析？

……

本章阐述会展活动的前期筹备阶段(可能是六个月、一年、三年，也有可能是五年的前期筹备时间)，哪些是最需要考虑的重点，哪些是会展活动举办成功的关键因素。没有经过谨慎评估的会展活动，不仅损耗时间、金钱、人力，更可能因为错误的判断和规划失当，造成不良后果及负面影响。由于举办会展活动的费用多达30万元以上，甚至数亿元，耗费较大，前期准备工作如能做好，则既节钱省事，又容易达到圆满成功的期望目标。

4.1　会展活动的可行性及阶段计划

4.1.1　为什么要举办这次会展活动

在开展各项会议、展览或是活动的项目筹备工作之前，筹备委员会或主办单位首先要考虑以下几个重点问题，这些问题不仅是会展活动成功规划的重要因素，更是决定成败的先决因素：

- 为什么要举办这次会展活动？
- 这次会展活动的期望目标是什么？

- 主题的定位是什么?
- 会展活动的举办主轴和主题如何设定?
- 举办这次会展活动是否具有可行性?

举办会展活动的期望结果通常有:

- 增加知名度、提高影响力(形象、产品、服务及学术等)
- 扩大市场、提升效益及获利考虑(产品、服务或工作)
- 强化交流及互动(个人、组织、区域或国家等)
- 为某种特定目的(纪念性、娱乐性、节庆性、政治性等)
- 研究、开发及创造理论、学术及制度(形成共识,达到可遵循的依据)
- 突显某种特定文化、艺术、认知等(提醒参与者的重视和延伸思维)
- 达到教育、启蒙或激励的目的
- 传播政策、思想或理念

无论是何种会展活动,都必然要有一个明确的目标,才不至于让参与的人或筹备工作者失望或是乱了方向。许多会展活动在举办之初只是找了些冠冕堂皇的理由或是只想凑凑热闹,看别人办的会展活动都相当赚钱,就宣布召开会展,这样做往往得不偿失。例如,许多城市在两个月内就办了三场车展,似乎是谁先办,谁就赚钱。其实参与客户是看参加后的收获效益是否够大、够好。

4.1.2 会展活动的可行性分析

要推动各项筹备工作,应该循序渐进地依照不同阶段一一处理,渐次展开,不仅筹备的主轴方向清晰,容易遵循,更可以顺利达到事前设定的目标。

可行性分析就是"你要买辆奔驰轿车,如果你可以负担各项相关费用,那就是可行的;而你如果想买辆奔驰车,却无法负担各项费用,那就是不可行"。

会展活动的可行性如何,要考虑主办单位是否有足够的能力,这包括曾经有成功的举办理念或历史,有强而有力的支持(包括人力、财务、政府或专业的支持),有相关的资源及助力,有适当的时间、地点及环境,有一定的竞争能力,有必备的专业执行力等。这些都是可行性的分析要件。

进行可行性分析,通常会请会展专业顾问实际评估。当然,可行性分析要真实可靠,才能将整体筹备的优缺点及必要考虑重点,清楚展现出来。

要举办会展活动的团体不论是社团、公司、机构,都应该先对筹备这类会展活动的理念或历史资料进行研究。如果曾经举办过这类或类似的会展活动,就会比较清楚地了解举办的做法及困难所在,更可以参照过去举办的理念和优缺点,为预定举办的会展活动建立可行的做法参考。在研究各项类似或相同的会展案例中,我们发现通过可行性分析、意见访查、问卷调查、分析前次会议信息资料及电脑搜寻等方法,会使得下次会展活动的举办更易成功。通过这些方式,可以获得以下资料：

- 这次会展活动是为谁而办的
- 要达到什么目的或是达成什么结果
- 是否争取更多人的参与(参加或参展)
- 哪些是你的客户(族群、年龄层次、性别或专业)
- 竞争者分析及环境优缺点
- 预算的合理编制
- 发展符合客户要求的会议展览主轴
- 正确地向需求对象宣传
- 容易达到会展活动的目标
- 排除过去的缺失及不当规划

……

可行性分析是为专业人士依实际可行的方针提出建议。具体而言，这是值得办展者重视的意见，更是决定举办与否的关键因素，因此，办展者一定要努力先行研析收集而来的资讯信息，作好分析的功课，为即将举办的会展活动开创可行有效的筹备机制。

可行性分析、意见访查、问卷调查、分析前次会展活动信息、电脑搜寻的内容如下：

可行性分析：依收集的信息及资料，通过竞争环境优势、劣势、强项及弱项的具体分析，佐以实际案例的影响评估，作出市场性、合理性、规划性及发展性的明确建议。

意见访查：通过口头或书面征询、访问及调查，了解过去举办会展活动时的情况、困难、资源、客户群及经验，并作出正确的评估建议。

问卷调查：通过印制的问卷，将需要了解的趋势、重点、需求、反应及兴趣等课题，以简洁易答、有趣又能引起重视而且不用花太多时间的信函及问题发出，将回应者的意见有效分析，并作出有效的评估和建议。这些问卷通过书信、电子邮件、杂志广告或组织内部信息的流通，可以产生相当的效果。

分析前次会展活动信息：哪些会展活动是你曾经举办过的？哪些是你曾经看过的同类型会展活动？通过较有经验及专业的专家分析前次会展的信息及资料，提出建议方案。

电脑搜寻：科技的发展日新月异，国际网络的快速且强大的搜寻功能，不仅能带动各种相关类型的会展活动的资料信息快速收集、分析和研判，更可以为未来希望办理的会展活动提出较可行的时间表和免除不致与其他活动重叠、重复举办的顾虑。

4.1.3 前期作业的六大阶段计划

(1) 阶段Ⅰ:确立会展活动的目标、目的和主题

会展活动的目标和目的通常是由主办单位依照其策略或传统制定的。目标指的是长期应该到达的标的,可能是一种理念,可能是期许,也可以是某种指标,这些在会展活动看来,要经过三五年的策略规划才能达成。例如,车展的长期目标是塑造客户群对其品牌的信赖感及忠诚度;时装展是接续性的创新呈现,为的是让潜在的客户认识到这个品牌是最前卫、最具设计新意的,更是时装界的领导品牌。一个永续发展的"地球日"(Earth Day)活动,其目标是在号召参与活动的人士,向全球居民传播珍惜只有一个地球的资源,要懂得珍惜自然,爱护大地,降低工业损耗,俭约生活及再生利用等理念。

至于会展活动的目的则是短期标的,是属于战术性的,通常是为了解决问题、启蒙和激励、劝服和传达理念。当然,积聚长期的目的是为了能达到长远的目标。例如,电脑资讯展常常打出"一元竞标万元电脑""买全国最低价的高贵手提电脑"的宣传广告,用意是营造买气,出清存货。从长期的目标和市场看,这是否会影响品牌的占有率,有很大的争议。举行"母乳哺育婴儿"的国际研讨会,目的是鼓励正确哺育的观念,强化婴儿的抵抗力,但真正的长远目标是建立一个"健康城市"的观念,实现国民身强体健。

在会展活动的各项筹备工作中,确定主题是保证会展活动成功的关键。主题不仅在吸引与会者及参展商上有重要的影响力,更可以突显这场会展活动的理念目标。例如,1998 年笔者协助举办的"亚太麻醉医学国际研讨会议",笔者与承办主席创意设计出"safe & save"的主题,其代表的意思是麻醉医学首要的主题是"安全 safe",并要兼顾"节省 save"的原则,简单明了更突显重要性这一主题,吸引了近千位医生报名参加。确定主题需要花大的工夫去规划,要力求简单、明确、响亮,具有创意、理念性及未来趋势性等特点。例如,2010 年上海世博会的主题是"城市,让生活更美好",2005 年日本爱知世博会的主题是"大自然的智慧(Nature's Wisdom)",2000 年汉诺威世博会的主题是"人类、自然、技术、发展",都是相当有创意及思考延伸的主题。

(2) 阶段 Ⅱ:预算厘定

每一项会展活动都必须考虑预算,例如,搭建展位、场地租赁、交通运输、印刷文宣、讲师邀请、住宿、餐饮、行政联络、传播公关、报到接待、人力运用等项目。一个会展活动的费用必须在事前明确制定其运用的原则和标准,它的收入来源也要精细评估,没有审慎评估和计算,很容易导致入不敷出或过于浪费的情形。例如,办一个国际会议,可以花费 10 万元、100 万元或 500 万元去完成整体运作,但是过于节省,可能会给与会者留下寒酸、层次不高的印象;过于奢华,则可

能给与会者留下铺张浪费的印象。对于筹备会展活动的人士而言,不能不重视预算的规划。

预算的确定需要考虑相当多的元素去整体规划。例如,需要的数量、需要的时间、品质层次的需求、设计的需求及交付服务的需求等,都是计划成本时要考虑的对象。预算的意义是将整个会展活动所有可能要花费的项目综合考虑。固然每个组织或团体计算的标准不尽相同,想法也不同,但最重要的是评估的标准要依照实际可行、广泛思考又具有弹性的方式计算。许多人在编制预算时,为了节省经费,删除了工作餐费、人力费及杂费等,希望少些外聘人员或多些单位的人帮忙。其实真正省的费用,不是在这些细枝末节的部分,而是在场地租金、餐饮费用等,在这些大的方面节省,应该是一种比较合理的规划预算。

要确定一个具体可行的预算表,可参考曾经举办的会展活动预算,可以寻求会展专家的意见。一个正确的估算、实际又有弹性的预算可以节省许多不必要的开支,更可以应付会展活动的多元变化。

(3) 阶段Ⅲ:发展会展执行计划

推动各类会展活动的筹备工作,都一定要先研究出一套可执行、容易执行,又有效果的筹备执行计划,换言之,会展活动的主题及办展的目标都规划好了,哪些客户、厂商及专业人士对象是邀请的重点也安排了,准备如何安排会展事务的收入、支出及资源赞助的做法也确认了,现在最需要的是建立一套会展活动执行计划及推动的机制。前期作业的关键因素是:① 筹备组织结构图;② 筹备工作配置及作业流程;③ 筹备工作时间表;④ 各项工作检查表。这四种因素在会展活动筹备推动之初,就应该设定。许多会展活动因为决定仓促,认为压缩工作时间及环节就能达成,事实上很容易招致不确定的失误或挫败。由于会展活动筹备时间常长达一至三年及以上,工作人员可能会因种种因素临时更换,但对于有经验的策划专家而言,任何时间接手,只要确实掌握这种因素,是很容易快速又清楚地掌握筹备进度及状况的,以下是参考的案例:

① 筹备组织结构图,见图 4-1 所示:

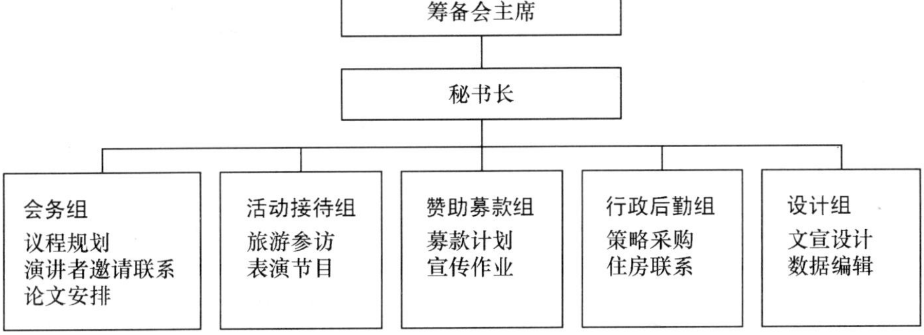

图 4-1　筹备组织结构图

由于每个会展活动需求不同，因此设定的各委员会的重点也不同，如有的选美活动会另设影音转播组，同时组织图的规划是让各项事务决定都有比较明确的流程及职责。

② 筹备工作配置及作业流程。各组的工作重点及安排不同，且尽可能不要重叠，作业流程要尽可能安排得有效率。由于参与筹备的人员多半本身有工作及时间限制，因此要慎重考虑，避免责任太重或太依赖某些人。有关工作配置和作业流程见表4-1、图4-2所示：

表4-1　工作权责配置表

执行项目	工作名称	开始时间	完成时间	工作分工	圆桌分工
合约	签订合约	2004/4/15	2004/4/15	风险投资公会、圆桌	郑××
	会议权责拟定	2004/4/16	2004/4/20	圆桌	
网页	网址确认及申请	2004/4/19	2004/4/23	风险投资公会、圆桌	郑××
	网页版型设计	2004/4/26	2004/4/30	圆桌	赵××
	网页设计确认	2004/4/30	2004/4/30	风险投资公会	
	网页资料编纂	2004/5/1	2004/5/15	圆桌	
	网页上线	2004/5/17	2004/5/17	圆桌	
	网页数据更新及维护	2004/5/17	2004/11/30	圆桌	
印刷文宣布置物	Logo设计及确认	2004/4/19	2004/4/23	风险投资公会、圆桌	许××
	宣传DM及活动海报制作	2004/4/26	2004/4/30	圆桌	
	邮寄名单收集与确认	2004/4/19	2004/4/30	风险投资公会、圆桌	
	大会手册编辑核定	2004/10/4	2004/10/22	风险投资公会	
	大会手册付印	2004/10/25	2004/11/5	圆桌	
	整体会场装潢确认	2004/9/30	2004/9/30	风险投资公会、圆桌	
	所有装潢送制	2004/10/25	2004/10/29	圆桌	
国内外报名	接受报名及名册建立	2004/5/24	2004/10/31	圆桌	张××
	寄发确认函及收费催缴	2004/5/24	2004/10/31	圆桌	
	现场报到及接待	2004/11/9	2004/11/9	圆桌	张××
会议议程及演讲	议程规划、修正、确认	2004/4/19	2004/4/30	风险投资公会	姚××
	演讲者及引言人名单提供	2004/4/26	2004/4/30	风险投资公会	
	演讲者及引言人邀请、联系状况回报	每周回报		圆桌	
	演讲者论文及简历收集	2004/6/1	2004/9/30	圆桌	
	演讲者视听设备需求调查	2004/6/1	2004/9/30	圆桌	
	演讲者及外宾航班确认	2004/6/1	2004/9/30	圆桌	
视听设备	同步翻译器架设场地勘查	2004/9/30	2004/9/30	圆桌	郑××
	同步翻译器材测试	2004/11/8	2004/11/8	圆桌	
人力规划	现场人力规划	2004/10/15	2004/10/29	圆桌	郑××
	召开工作会议	2004/10/29	2004/10/29	圆桌	
	现场报到及接待	2004/11/8	2004/11/9	风险投资公会、圆桌	
新闻宣传	新闻稿撰拟	2004/10/18	2004/10/22	圆桌	张××
	新闻稿确认	2004/10/26	2004/10/26	风险投资公会	

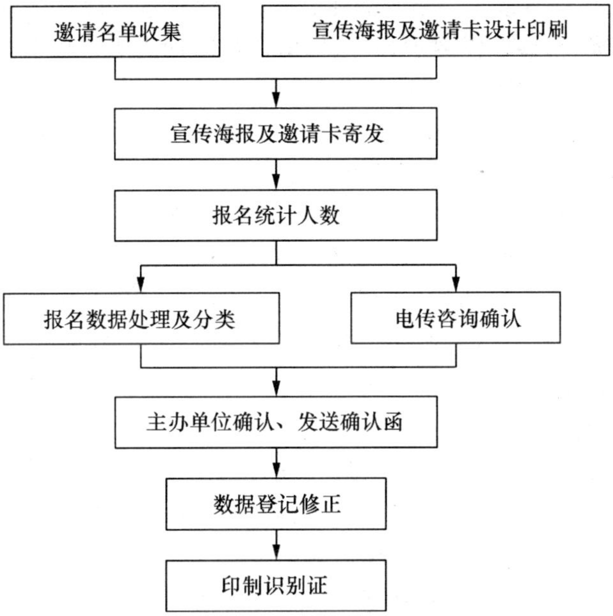

图 4-2　报名作业流程表

③ 筹备工作时间表。筹备工作时间表通常以“周”为单位，如有特定时间的要求，则可以“日”为单位，规划时应根据实际进度画出时间表，并随时修正。如表 4-2 所示：

表 4-2　筹备工作时间表

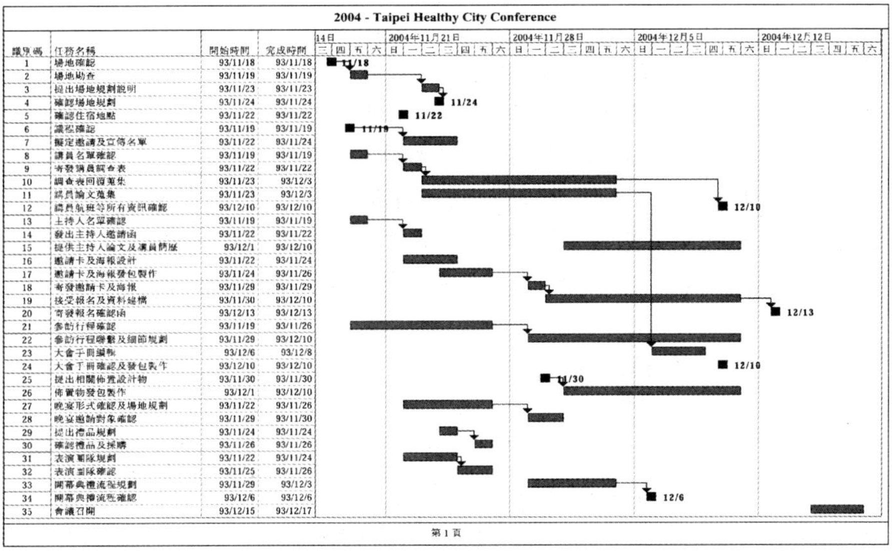

2004 - Taipei Healthy City Conference

識別碼	任務名稱	開始時間	完成時間
1	場地確認	93/11/18	93/11/18
2	場地勘查	93/11/19	93/11/19
3	提出場地規劃說明	93/11/23	93/11/23
4	確認場地規劃	93/11/24	93/11/24
5	確認住宿地點	93/11/22	93/11/22
6	議程確認	93/11/19	93/11/19
7	擬定邀請及宣傳名單	93/11/22	93/11/24
8	講員名單確認	93/11/19	93/11/19
9	寄發講員調查表	93/11/22	93/11/22
10	調查表回覆蒐集	93/11/23	93/12/3
11	講員論文蒐集	93/11/23	93/12/3
12	講員航班等所有資訊確認	93/12/10	93/12/10
13	主持人名單確認	93/11/19	93/11/19
14	發出主持人邀請函	93/11/22	93/11/22
15	提供主持人論文及講員簡歷	93/12/1	93/12/10
16	邀請卡及海報設計	93/11/22	93/11/24
17	邀請卡及海報發包製作	93/11/24	93/11/26
18	寄發邀請卡及海報	93/11/29	93/11/29
19	接受報名及資料建檔	93/11/30	93/12/10
20	寄發報名確認函	93/12/13	93/12/13
21	參訪行程確認	93/11/19	93/11/26
22	參訪行程聯繫及細節規劃	93/11/29	93/12/10
23	大會手冊編輯	93/12/6	93/12/8
24	大會手冊確認及發包製作	93/12/10	93/12/10
25	提出相關佈置設計物	93/11/30	93/11/30
26	佈置物發包製作	93/12/1	93/12/10
27	晚宴形式確認及場地規劃	93/11/22	93/11/26
28	晚宴邀請對象確認	93/11/29	93/11/30
29	提出禮品規劃	93/11/24	93/11/24
30	確認禮品及採購	93/11/26	93/11/26
31	表演團隊規劃	93/11/22	93/11/24
32	表演團隊確認	93/11/25	93/11/26
33	開幕典禮流程規劃	93/11/29	93/12/3
34	開幕典禮流程確認	93/12/6	93/12/6
35	會議召開	93/12/15	93/12/17

第 1 頁

④ 各项工作检查表。会展筹备工作相当庞杂,通过检查表可以直观地看出哪些工作已完成,哪些还需要加强,这样即使临时加入工作也不至于手忙脚乱。

(4) 阶段 Ⅳ:会展活动流程及形态

每一个会展活动都可能采用不同的形态及流程进行,即便是相同的会议展览,今年和去年的形态和流程也可能有相当大的改变,流程及形态关系着举办会展活动的顺畅与否。贵宾云集,讲话的顺序如何排列?座位怎样规划?是讲话后再进行合影吗?领导要先走,合影怎么办?合影又该怎么坐?……这些看似琐碎又单纯的问题,其实都与国际惯例(International Practices)、国际礼仪(International Etiquette)以及大会的传统做法相关。因此,在拟订整体会展活动的流程时,要注意到主轴的做法,以30—60分钟作为每个时段的切割标准,并规范一些弹性时段作为变动之需。

会展活动的办理形态与筹备委员会决定流程有相当的关系。这场会展活动举办几天?包括会前旅游、会中旅游还是会后旅游?只面对交会务费的观众,还是也欢迎社会大众?正式的晚宴有多少场?是专题演讲还是大师对谈?是泡温泉之旅还是登山健行?这些举办的活动都交费吗?……由于办理形态影响参与意愿、参与方式、整体收入,甚至影响着服装,因此,在筹备工作开始之际,就要明确办理形态并在大会手册中明列清楚,以方便与会。

(5) 阶段 Ⅴ:决定场地及相关细节

许多会展活动,特别是国际性、世界性和大型的会展活动,在筹备阶段就应该决定举办地在哪个国家、哪个城市等,对考虑的因素和决定权的掌握都应有一定程度的规划。例如,北京2008年奥运会,前期规划就相当早。

确定会展活动场地,具有相当多的考虑因素:① 交通便利;② 设施完整;③ 有效通讯;④ 服务优质;⑤ 舒适安排等。当然,这与周边的环境有着密不可分的关系,如住宿的安排、会展活动的空间功能、餐饮清洁卫生程度、文化环境状况、经济及消费因素、社会治安因素、政治稳定性,以及当地政府、民众的反应等。例如,2002年世界小姐的选美活动本安排在尼日利亚首都阿布贾举行,但由于这项活动与当地民风和宗教信仰有严重抵触,遭遇当地居民的抗议、舆论的挞伐,最终被迫移师他地举办。由此可见,各项会展活动举办的场地选择,是至关重要的。

(6) 阶段 Ⅵ:现场管理作业的前期规划

前期作业中的"现场管理作业"指的是要有各项现场的管理方式、作业流程、应变思考、紧急应变处理及相关弹性管理做法的机制设定。会展活动的复杂性和变动性很大,如果举办前或举办时,发生不可抗力的灾难,如火山爆发、地震等,其应变的做法是什么,对外发言是谁,负责的机制、流程如何规划,是否为出席的国外贵宾、参与代表、工作人员、不知名的观众投保任何意外险或医疗保险,都值得筹备工作人员细心缜密考虑，并付诸管理实践。在现场管理作业的前期规划中，应注意以下事项：

- 餐饮提供和制作的单位是否符合卫生条件？
- 住宿的旅馆是否通过消防检查？何时？
- 大会交通运输工具是否安全？有保险吗？
- 搭建展位的厂商所用材质如何？安全系数高吗？
- 制作的大会资料袋是否能承载论文集的重量？
- 印刷用的各项制品是否符合环保的理念？
- 许多项目的费用是否合理？会太低以至于服务跟不上？

会展产业是属于高阶的服务业，人力的付出、品质的确认、成本的计算及服务的管理都与现场管理的前期规划有着极大的关联。专业服务与品质需要一定的代价，不要为了节省经费，以致得到的服务与参与者的期望有太大的落差。

4.2 会展实施方案项目及计划书撰写

4.2.1 办理会展的100个基本项目

为了让会展活动的规划能够在有条理、有秩序的项目管理方式下进行，我们特别拟出了100个实用又有效的会展规划重点及程序，希望通过掌握完整的规划环节，能使会展圆满成功，取得丰硕的成果和效益。

(1) 精心规划设计主题：针对会议展览活动定位，设计规划未来会展活动发展的主轴、方向、推动的重点及主题，以吸引较多人的参与。

(2) 收集相关的会展举办资料：举办会展需要各类与会展相关的完整的资讯和信息。例如，其他一些相关会展的举办条件、环境、经费条件等，都要先了解清楚，以作为举办会展的参考。

(3) 规划完整的会展执行项目：举办会展活动，应该先把各项需要执行的项目罗列出来，如此才能清楚了解需要多少经费，要向什么单位及社团寻求支持，如何设定相应的任务及目标，需要多少人力及时间，周边配合工作项目有哪些等等。

(4) 筹设工作委员会：筹办会展有许多细节工作，如各工作小组的分工、组织图设计、工作职限和权责、各个工作委员会之间的联系以及筹备会议的召开，都应该事先规划好，使会展活动能够有序地召开。

(5) 设立大会秘书处：准备会展现场工作，自然应了解如何布置秘书处，有哪些器材需要安排，如接待区和工作区的布置，以及掌握复印机、计算机、打印机等的使用。

(6) 决定举办会展的名称及日期：任何会展的举办时间都应与其他地区或

国际会展活动错开,以避免时间上的重合,同时也容易吸引更多与会者。当然,拟订什么样的会展名称也很重要,会影响到与会者参展参观的意愿。

(7) 规划会展办理模式及做法:国际性会展活动应该明确办理的模式及做法,如此才能正确筹办会展事务和工作,并切实掌握推动工作的时间及人力,不至于耗时费力,发生失误情形。

(8) 详细评估并编列预算:整体会展所需的预算是会展成败的重要关键因素,各项预估项目、需求数量、需求的时间及办理方式,都影响预算编列和评估计算。

(9) 研究分析经费来源及时间:各项会展的收入来源有注册费、展位费、广告费等,但是金额来源所占比例以及什么时候会进账,什么时候要支出,都会对会展活动造成一定的影响。

(10) 建立募款机制和做法:许多会展的召开都依赖充分的经费。因此,如何募款,如何寻求赞助,是不是该编列募款说明书等,都应该规划清楚,以达到募集所需款项的目的。

(11) 规划大会收支工作程序:要办理国际会展当然要开立外汇收支账户,因此如何开立账户,收支账款如何操作,都应该有一整套专业的工作程序,同时也应订立收支操作程序,确保会展活动顺利进行。

(12) 确认专业会展策划顾问:一场圆满成功的国际会展,需要聘请有专业经验和热诚的顾问或公司提供专业策划,当然,如何搜寻、确认并相互合作是重要的起点。

(13) 会展场地搜寻和勘查:要选择度假村、市区会展中心,还是大学?需要多大的区域?有多少分组房间?真正的空间尺度及挑高是否合适?这些都是勘查场地的重点。

(14) 确认场地及周边条件:会展场地需要相当多的配合条件,如会展场所是否容易抵达?配套的影音设备条件如何?交通是否便利?能否连接网络?相关的服务品质及条件如何?

(15) 确认整体会展流程:会展的议程事先规划安排妥当,自然比较容易推动各项筹备工作的开展。如同旅游的行程,必须标明重点及精华时段,才能有效地吸引与会和参展。

(16) 规划相关配合活动:会展的举办有许多相关配套活动,如开闭幕典礼、接待酒会、文化之夜、参观行程及旅游节目等,这些都是会展筹备的规划重点。

(17) 规划讲员及发表方式:国际会议的演讲人员、发表方式、与谈人、评论人及主持人等,都是需要精心规划和安排的,学术委员会就是应这样的需求成立的。

(18) 确定邀请讲师的条件:以什么方式邀请?提供什么条件?如何确定

各个名单？何时邀请？这些都决定了演讲者是否会积极参加。另外，所邀请的演讲者的素质及知名度，也是决定会展活动成功与否的关键因素。

(19) 规划论文收集方式：设定何种主题，是否先交论文摘要，规定提交时间及论文收集的方式，这些都将直接影响论文的收集是否顺利。

(20) 规划论文评选机制：论文是否符合大会发表的标准，应该有个公正且清晰的评判方法，以使发表的论文能丰富大会的内涵。

(21) 会议论文发表及确认：参加此次会议的论文发表人的名单必须事前确定。论文发表的时间长度，留有多少时间询答评论，都会影响议事流畅与否。各个演讲者发表的论文是否具备影响力或学术分量非常重要，会展主办单位必须重视会议论文发表的程序。

(22) 论文集编修印制操作：由于论文集是传之久远的会展成果，必须慎重制作。论文集的编辑、美术设计及印刷，都应具备国际水准。论文集编印后会依其分量而决定是否申请版号，并在会后发送给图书馆及相关学术单位，以便于日后留存。

(23) 建立报名机制：会展的报名，少则五十余人，多则几千人，因此如何建立网络报名、传真报名或其他方式，或是否可以网上交费，两人以上报名可否优惠，是报名机制要确定的。

(24) 发送通告书及确认：会展通告书有第一次、第二次或最后一次，主要是确立开展或开会时间、模式、住宿、交通、场地及各次议程的简明介绍。这是会展活动的目标客户群获得会展相关信息的重要媒介，也是会展举办方寻找客户的敲门砖。

(25) 建立潜在参展与会名单：要先了解哪些人、哪些单位是有可能参加的，从而确定相应的广告宣传，以吸引更多人士参与，更多公司参展，扩大其市场销售范围。

(26) 规划参展报名工作：现场报名、会前报名、报名费用及开户方式等都应在开始接受报名前先行确认，同时要明确采用什么方式报名、缴费。

(27) 进行报名操作及收款：报名费用会因为有提早报名者而有不同的标准，以及眷属报名费用的规定等。收款所用的方式如电汇、刷卡或支票，都应该规定清楚。

(28) 确认并制作与会名单：接受报名以后，开始确认名单，并了解哪些单位会有更多的人来报名，并准备制作名牌。

(29) 设计并制作大会印刷品：国际会展的表征，可以由它的大会印刷品设计和制作看出，包括宣传海报、名牌、通告书、桌卡及大会手册等。

(30) 规划印刷品内容：由于国际会议及展览对于文宣印刷品有一定的编排需求，内容也必须简洁明确和易寻，通常是两种语文并存(如中英文等)。

(31) 了解印刷品需求及派发:文宣印刷品要印多少份?采用什么材质?哪些机构是主要派发对象?这些都是要事先明确的。当然,能够让文宣印刷品达到效益才是最重要的。

(32) 规划展览操作及配置办法:对于国际会议而言,展览是非常重要的资源,因此如何整合参展厂商,鼓励创新研发,知识讯息交流,确定展示主题、规模、环境及参与对象,都是规划重点。

(33) 确定参展及定价收支办法:参展商应依照主题区分,选择展区位置,并且依不同定价付费展示。当然,参展仍需要相当多软件操作及硬件器材和行销策略,才能扩大展览效益和影响力。

(34) 做好征展文宣工作:一个好的展示活动需要大力宣传。预期的观众数量,是否有专业论坛搭配,重要厂商是否都会参加,举办日期和效益,都是宣传工作的重点。

(35) 参展报名及收费工作:报名参加展览是需要详细规划和运作的,对于那些知名大厂,平日配合度高的厂家,都应尽早确认并收取报名费,使得整体展示活动能够顺利进行。

(36) 召开参展厂商说明会:基本上,一次展览多达百余家,对于进场时间,搭好展位的时间,噪音、清运、退场货品规定等,都需要展前说明清楚。

(37) 协调展品通关报税事宜:各地展品都有不同的进关税则规定,因此筹办单位应该事前安排有经验、有信用的展品承做商去处理这些通关报税事宜。

(38) 规划展品展出事宜:运送展品需要相当缜密的安排,有的产品非常精细贵重,有的需特别保全,有的展台需用特殊影音布置,有的艺术品有保险问题,这些是布展的重要考虑因素。

(39) 提供参展、看展及现场服务:对展示商而言,有相当多的现场情况需要解决,对看展人而言有所谓动线、安全及配套服务的事务,因此对展区、展架、展品等都需要规划好整体的操作。

(40) 协调进、退场及应变处理:展示期间任何新增、撤出和保全事务,都有一定规范做法,应事先研拟状况排除、群众管理及急难救助等应变办法。

(41) 规划大会住宿计划:由于国际会展的与会者来自世界各地,因此在安排住宿旅馆时,应该多方考虑环境、周边条件、收费标准及优惠办法,以提供比较完善的服务。

(42) 安排大会住宿接送工作:大会提供的旅馆有三至四个等级,也许坐落在不同区域,为了让与会者能顺利参加各项大会活动,通常会在会议期间安排定点接送客人。

(43) 规划大会参观活动:国际会展常有技术参观、工程参观等,如何安排贵宾、与会代表及相关人士一起参观某些特定设施、机构、厂房、演练等,需要先行规划，并做好协调联系工作。

(44) 安排大会正式节目：列在大会手册的正式节目，如开闭幕典礼、文化之夜、接待酒会、演讲午餐会等，需要仔细安排，确定有哪些贵宾参加、流程如何规划、贵宾的演讲如何安排、时间有多长。

(45) 计划大会表演节目：通常主办国都希望在开幕典礼或文化之夜，安排别具本地民族风情及具有特殊格调的舞蹈、歌曲或其他表演，以让各国嘉宾留下深刻难忘的印象。

(46) 决定大会文宣策略：国际会展的宣传主轴，希望的宣传对象，采取的宣传方式，广告、网络、海报或媒体专题访问等，都应该事先确定。

(47) 确定公关策略做法：每个国际会展都是媒体关注的重点，因而要考虑运用何种公关策略，正确、有效、节省且连续地让世人都能一起分享和认知大会的讯息及学术思想等。

(48) 确定广告营销方式：基本上，国际会展需要透过有效的专业杂志和媒体刊登讯息以征展招商和鼓励与会。另外，会展的大会手册、资料袋等也可以征求广告，增加大会收入。

(49) 新闻发布和采访联系工作：许多国际会展都设有新闻组，以统一事权对外发布新闻重点，撰写新闻稿，联系媒体专访，规划专文采访等，这些都建议由专业人士执行。

(50) 规划整体网络及网站建设：提供一个 24 小时服务的秘书和资料中心，最好是设置网站，其中的内容、连接速度、询答资料、主要网址链接和维护建置都是工作中应注意的方面。

(51) 规划网络营销的策略：借助网络的无线传递、快速连接和现代科技工具的普及，网络营销的重要性不可言喻，为了整体会展的效益，自然要确定营销对象和做法。

(52) 准备会展背景和对外资料：国际会展的对外宣传和声明，都应该汇聚其相关的背景资料，统一对外的发言人和时间，这将有利于此次会展的广泛营销。

(53) 规划并决定贵宾出席名单：希望哪些贵宾参加，谁来致辞，如何安排与其他来宾互动，更重要的是如何安排就座的席次、致辞先后以及相关礼节，都应规划好。

(54) 规划接待工作：对每个前来参加会展的外国或本地人士或厂商，接待很关键，接待的人员如何配置、如何面对各种情况、接待台的功能怎样发挥，都需要详细规划。

(55) 设定接待台及工作安排：接待台是否要分区，以便接待国内、国外来宾及记者、旅游服务人员、展示厂商等，都应该先行安排好，以避免塞车排队，影响报到流畅。

（56）接待人员工作配置及训练：许多国际会展都需要会外语、乐观尽责而且服务贴心的接待人员，以接待来自各地的来宾，但由于每个会展性质不同，因此需要有经验的人去训练接待人员。

（57）现场接待报到状况处理：在国际会展中，与会和参展的人士，是在短时间内齐集而至，通常这使得现场报到的情况变得相当拥挤和忙乱，也因此事前的规划和现场调度是非常必要的。

（58）设计并制作各式票证：每个会展安排的票证不同，如名牌、参观证、单场入场券、餐券、礼品兑换卡等，应延续大会的设计风格加以制作，并进行管理和发放工作。

（59）整理大会资料袋及内容：参加国际会展的与会者会得到大会资料袋，而其中的内容通常有大会手册、礼品、邀请卡、参展手册、观光资料及相关的调查表等，这些需要事前联系和安排。

（60）规划大会组织及人力：整体会展筹备工作需要各类人力，如接待人员、翻译人员、司仪、导游人员、视听人员、专业会展策划人员和会务协助人员等，这些都需要事前安排联络好。

（61）依时召开筹备工作会议：举办国际会展的筹备时间，长达三至四年，短则三至四周，必须规划好时间，召集各小组，针对各项办理工作及进度，进行了解和督导管理，确保会展顺利进行。

（62）安排会前、会后旅游节目：国际会展通常有许多外国人士一起参加，因此可适当安排有趣又方便的旅游行程。

（63）规划旅游配合工作：如安排一个有良好品质的旅行社，搭配信用卓著的交通旅运公司（航空、海、铁路和巴士等），再配合住宿、用餐、参观行程及保险等安排，以吸引更多的人参与。

（64）参观旅游地及导游人员的安排：旅游节目的规划及执行，需要有自然美景，也要有服务热诚、善于解说又懂得现场应变的导游人员的配合，才能使会前、会后的旅游给与会者留下快乐的回忆。

（65）安排大会会场设计及布置：包括大会眉目板、挂旗、展示板、布告栏、指示看板等，都应精心设计。

（66）确认各项餐宴安排工作：整个国际会展要安排几场正式餐会、宴会和一般午餐及休息茶点等，对于采用什么方式（如圆桌式、自助式还是正式晚宴等），用什么餐点，份数多少，菜单内容又如何，是否有饮料和酒供应等，应事先规划好。

（67）安排餐宴的现场工作：即便会前调查了有多少人使用素食、回教餐或犹太餐，现场可能还会有特殊情况发生，需要及时应对。另外，餐宴时是否有节目表演,流程如何,都应进行规划。

（68）节目表演团队安排工作:各种性质的国际会展都会安排不同的表演节目,如具有原住民特色、本土风情或国际风味的表演节目,而各个表演团体有许多不同要求,都应该先行安排联系。

（69）演出现场工作及状况排除:为了让国际会展能真正达到友情及文化交流的目的,演出安排要顾及本土和国际风味,因此现场演出要以促成互动、同乐和激发共同兴趣为重点,同时也要有好的主持人促成。

（70）会展视听器材需求调查:在国际会展中,不论是大会报告、论文研讨、区域分组讨论或表演节目,都有视听器材的需求。

（71）会场视听器材专业控管:由于会展进行时,不容许有长时间的错误或无法排除的状况出现,更由于视听器材的日趋先进,没有专业人员在现场控管是很难顺利进行的,因此在会前应该先行确认一家专业公司协助。

（72）视听影音现场执行工作:国际会展现场中,需要视听影音设备器材及操控人员的配合及支持,要在正确的时间适当放送,而这些现场工作需要细心和专业配合。

（73）同步翻译需求调查:在许多国际会议中因为主讲者或邀请贵宾使用的语言,与本地常用语言不同,因此会有同步翻译的需求,但采用何种翻译做法,或需求量有多少,都应事前调查清楚。

（74）翻译方式及做法:要采用何种方式进行翻译,是同步、逐步还是口耳翻译,需要的是红外线耳机还是座位插入式耳机,都是需要事前联系和安排的。

（75）选择并决定翻译人员:希望找到什么样的翻译人才,是环保、法律、化工还是专业技术类？这些人有多少实战经验？曾经为哪些单位或机构从事过翻译服务？这些都是需要了解的。

（76）安排取得翻译需求文件:同步翻译人员需要先有相关演讲资料,作为翻译的参考,这样可以使翻译在更信实、准确及快速的状况下完成任务。

（77）同步翻译的现场执行工作:同步翻译的现场需要安排翻译间隔,查看各个耳机是否都有效,以及需要多少,如何发放,如何让使用者容易上手,如何排除现场故障。

（78）协调安排视频会议系统:由于许多国际贵宾无法在会议期间与会参与致辞,因此会借助视频会议系统发表,目前视频科技愈趋成熟,画质也稳定,可多予利用。

（79）安排规划计算机通讯系统:国际会展长达数天,但与会者通常有其本身的工作及业务,大会会场应设置装有网络系统的计算机,提供网络服务。

（80）建议并制作大会礼品:为了让与会者有更好的回忆,大会通常会以本土风格设计或采购特色礼品,如当地交通卡、电话卡、名片夹或特色资料提袋等。

(81) 规划设计奖牌及发送工作:参与大会的贵宾、特别讲员、主持人及赞助厂商和有功人士,通常都会由大会在合适的场合颁赠与大会主题相关设计的奖牌。

(82) 进行各项行政联系事宜:国际会展筹办期间,需要与国际委员会、各国贵宾及国内各个单位进行行政文书和相互联系工作,以确认会展推动的流程和工作细节。

(83) 与各相关单位商议合约:办理国际会展活动,会有许多合约需要去洽商,例如,会展举办场地、餐饮安排、视听器材、旅游公司等,都要谈妥供应的做法、时间、经费及相互权利义务。

(84) 制定合约及履行细节:在会展活动举办期间,需要合约保障。主办方一旦制定合约并交了订金,自然要认真按合约履行,更要盯紧细节部分,因为一旦发生"开天窗"的情况,其损失是无法弥补的。

(85) 进行会展细节保险事宜:在会展筹备工作中,有许多细节应该考虑采用保险,以确保会展的顺利,如与会人员平安保险、车船险及第三人责任险等。

(86) 安排摄录像工作事宜:会展活动进行中,有许多会展花絮、演讲实况、开闭幕典礼、各项晚宴及文化参访活动等,都应该系统地记录拍摄并编制印发。

(87) 规划会议记录工作:每次会展活动都会留下许多令人回味的记忆,但是如何完整记录?采取什么工具和做法?这些都是主办者要注意的。

(88) 准备各项备用计划:为应对各种临时状况和特殊情况的发生,应先行安排备用计划。例如,天气改变、人力不可抗拒的状况出现、发生流行病等,主办方都应了解如何处理突发事件。

(89) 撰写会展人力工作流程表:如何安排人力?宴会以什么方式进行?有哪些节目安排?人力应如何搭配?这些都应在工作流程表中清楚说明。尤其要安排会前人力工作协调会议。

(90) 训练会展人力及配置:会展在进行筹办阶段,会用到各类人才,如接待人员、秘书、视听人员、导游人员等,都先要加以培训并在现场进行演练,使会展顺利进行。

(91) 安排医疗救护工作:大型国际会展一定要考虑现场有各种情况发生的可能。有人临时不舒服,有人临时发生状况,也可能有因天气影响而需要医疗救护的,因此一定要安排好医疗救护工作。

(92) 规划试映空间及相关设备:由于许多国际会展可能在同一时间有五至八场分组讨论,那么谁先谁后,如何排列发表顺序,自然要先在试映室安排测试,也要安排好各类视听器材。

(93) 现场进场施工工作:面临即将开始的会展活动,要将各个展览摊位、指示标志、舞台装置、文化表演及各个功能空间(如秘书室、贵宾区及试映室等),

加以适当的装潢施工布置,这有安全、动线和施工标准的要求。

(94) 整体会场总检验、测试:一旦整体会展场地布置完成,就应该立即展开总检,进行各项软、硬件的检视,以达到安全、顺畅和利于管理的目的,当然,各个器材及设备更需要测试,甚至准备两套,以免失误。

(95) 现场执行工作事宜:国际会展活动每项细节及每个流程,每次活动和每项事务,都是执行的工作要点,而且要对临时情况作出即刻反应。

(96) 会场管理工作及应变:针对每项会展活动的现场管理及备用计划,主办方应考虑相应的及时补救做法,如主讲贵宾临时不来,主持司仪失态,现场报到人群突然蜂拥而至,参观群众反应过激等,都应能随机应变。

(97) 会展活动总结报告工作:每项会展都有其特色和高潮,因此应请专人收集会展的重要花絮,并制作成果专辑(包括图片、计算机网站、照片等),以作为成功圆满的脚注。

(98) 办理会展清款及会计报表:由于会展现场有许多现场注册报名费收入,再加上特别的赞助募款,国际支持及广告收入等,是否为专款专用、专户管理等,都应“明察秋毫”,建立完整财会报表。

(99) 规划会展结束工作事宜:是否应该派发感谢函,是否需要建立整体数据文件,撤场事宜应如何安排,余款是否结清,税务处理的原则等,都是会展工作结束时必须考虑的重点。

(100) 设计顾客满意度问卷调查:由于开发新顾客的成本是维系老顾客成本的五倍,为了降低下届展会的招展成本,应尽量留住现有的参展商,那么在展会结束后向所有展商发一份满意度问卷调查就显得尤为重要。当然,向一些重要的专业观众发满意度问卷调查也很重要。

4.2.2 会展筹办的特殊项目

了解100种会展活动的基本需求之后,对于会展活动的筹备过程及应考虑的重点,已经有了明确的方向和基本做法,但是各会展活动都有一定程度的不同,因此我们将一些国际性会议展览的特殊筹办项目及重点,另行列明在后,给筹备者提供更宽广的管理界面和思考:

(1) 重视版权——会展场地会播放一些音乐,会展印刷品会有设计规划,赠送的会展礼品也有可能运用某些设计师的作品,大会手册会采用某些图片、照片,这些都与版权有相当大的关系,在使用这些作品时,应先取得相对方的同意,再行制作,才不致另生周折,造成不必要的困扰。

(2) 视频会议——通过“视频会议”,今日的会展活动可能会在全国或全球各地同时召开。现阶段视频会议技术已经非常成熟,仅仅通过国际网络的连接,随时随地可以与500位与会者同时参会并互动问答,效果及效益相当好。

（3）电脑租用——会展活动的各项筹备工作都已经通过电脑和国际网络进行，特别是在现场的工作，有许多策划者采用"租用电脑"的方式开展工作。由于办公室的电脑及网络连接系统并不适合拆卸到会场组装，不仅容易损坏，也不容易快速运用，因而租用电脑是个不错的选择。

（4）出席着装礼仪须知——每个会展活动都会安排各种仪式、典礼、宴会或旅游等活动，不同的场合有不同的着装要求，这些着装规定和礼仪须知，应该在大会手册中加以说明。

（5）电子科技运用——由于会展活动参与人数较多，采用传统的排队进餐厅用餐、到报到台报名、到各分组会议室参加讨论等，很容易造成拥堵的现象。会展产业与电子科技运用结合是采用无线电波（wi-fi）及记忆晶片的方式，使与会者及参展者通过扫描点，可以即刻知道各种信息。其运用效果相当好，不仅方便，而且提高了准确性。

（6）特殊餐点的安排——国际会展活动的举办必须考虑进餐的特殊需求，无论是素食、回教餐、犹太餐或是特殊需求（如老人餐、儿童餐等），都需要适当规划和安排。

（7）笔译文件——完善的会展活动筹备工作，通常要考虑重要的文件翻译。例如，大会议程、领导讲话、公司介绍及成果报告等都需要适当的外文翻译，不只是英文，也存在多种语言并列的情形，如中、英、德文，英、西、法、德文等，这种特殊需求因主办者的做法不同而产生不同的效果。

（8）特殊安全防护作业——许多会展活动会邀请相关领导、专家、名人或知名艺人，以增加知名度和影响力，因此会改变整体的安全防护作业方式，可能会加装安全防护网，增加安全人员，扩大访查的范围，但这类做法不能大幅影响与会者及参观展览者的进出路线及出入便利性。

（9）转播工程——国际性或大型会议、展览及活动通常希望借助媒体力量去传播其主要的内容，对此，电视转播可以通过无形和有线的频道，使得大批人在不同的地方同时观看，但这项需求必须考虑工程的浩大、繁杂和预算的支出，必须要先行妥善规划。

（10）邮件寄发派送——由于参展者可能在现场拿到一些样品、宣传资料或书籍等，不方便随身携带，比较细心的会展主办单位会安排既快捷又便利的邮寄或快递服务。

（11）展品通关及税务协助——展品在进入到一个城市或地区展览时，必须要考虑展品是否采用原物进关，原品出关的方式，如在展览时卖出样品，税务该如何计算，细心的主办单位应该考虑邀请当地的海关或税务机构协助展览商参展。

（12）会展场地规定作业——展览场地的安全及秩序应当有明确的要求，对各个参展商而言，这些规定包括噪音的管制、用火的管制、危险气体与物品的管制及相关的进出人数管制等。

(13) 宗教活动的需求——有些参会人会有与宗教有关的一些特殊要求，如伊斯兰教徒一天五次的礼拜，佛教的禅坐等。对此，主办单位可以采用一些合理的空间及装饰替这些宗教人士的特殊要求服务。

(14) 工作人员餐饮规划——这是一项比较特殊的需求，许多主办者重视与会者的用餐需求，但却忽略了协助筹备事务的工作人员的就餐问题，因此建议特别考虑工作人员用餐的规划。

(15) 旅游纪念品展位——会展活动举办期间，与会者和参展者等一般没有机会购买这个城市有特色的纪念品，主办单位可以邀请城市的礼品商来此设展位，为参展商和与会者提供贴心的服务。

(16) 贵宾奖牌安排——在展会活动上，有特邀贵宾、专题演讲嘉宾、主持人、评论人、赞助商、最佳参展厂商等一些对展会有贡献的人士。应该规划制作奖牌，在适当的时间及场合，颁赠给相关需要感谢的人士，这种表达大会尊重专业的做法，是另一种特殊需求。

(17) 音乐需求及规划——各种会展活动场合都有不同的音乐需求及规划，每种场合都有其特殊性，如此应该慎选相关的音乐。例如，进场音乐、颁奖典礼、大会晚宴、舞会等应以整体环境为主轴，这样较容易创造出特殊的氛围。

(18) 安排晋见事宜——受邀来参加会展活动的一些贵宾，在各个领域和专业中，具有不同的背景和身份，如果能安排晋见地区、城市或国家领导干部，可以强化彼此的友谊，为双方的合作打好基础。作为会展主办人员应考虑特殊晋见安排的程序及相关做法。

(19) 医疗护理工作——任何会展活动都会有不能预期的情况发生，特别是在进行会展活动时的人身安全问题，因此应设置一个医疗护理站，一旦发生事故，可以提供立即快速的医疗服务，也可以作为联系医院的窗口。

(20) 选择资料袋——会展活动参展单位一般会赠送各种礼品、产品信息、演讲文稿及相关城市的资料等给与会观展人士，因此应制作大会资料袋，以方便整合所有资料，同时又可以为大会做些宣传(印制名称及Logo)。这些材料最好采用环保材质的资料袋，而非纸袋。

(21) 提供城市信息——一场大型会展活动能为所在地城市提供最好的宣传机会，当地政府应主动提供城市的信息，如城市地图、简介及相关旅游信息等，以借助与会者传播到世界各地。

(22) 特殊保险安排——为了防止在会展活动期间发生各种特殊情况，大会主办单位应该考虑为与会者、参展者提供保险。例如，平安险、医疗补助险等。这些花费不多，但有一定的保障功能。

(23) 特殊口译接待人员——许多展览及会议在举办期间,因为要为不同国家的人员或产品服务,需要进行即时口译的接待工作,如此可以促进各方的交流,解决困难及疑问。主办者对此类服务需求应于会展活动举办前一个月先行规划安排。

(24) 特殊标志(Logo)及吉祥物选取——会展活动的目的之一是强化某些观念,因此设计某些特殊图案或吉祥物(如动物、卡通、历史代表或某种形象),可以快速汲取各地的关注及喜爱,甚至可以演化成小小的会展纪念品。

(25) 特殊行程及参观——由于会展活动可以聚集相同专业的人士于一堂,因此应安排某些特殊行程或某些参观行程。

4.2.3 如何撰写会展活动的计划书

执行各项会展活动的筹备工作,应该对整体计划作个完整而又清晰的陈述和说明,把筹备的组织表、人员名单、职务配置、各项分组的任务、作业流程、各项节目、办理方式、相关活动、展示的做法、寻求资源的对象、资源的需求额度,以及旅游、餐饮、交通、行政等不同重点撰写成一本执行人员可遵循、可执行的"手册"。

许多计划书是交由会议、展览及活动的管理专家协助撰写,因为根据经验筹备的实务做法,比较能够贴近实际做法,更重要的是能够快速有效地被执行。

(1) 计划书的特点

① 正确性

② 弹性

③ 变动方案(应变处理管理)

④ 清晰性

⑤ 详细但不繁琐

⑥ 易于了解和执行

⑦ 标示执行时间表

(2) 计划书撰写提纲

① 理由。简单描述此次会展活动召开的起因,如为了延续某些特定计划或具有其他开创性的意义。

② 目标。确定这次召开的会议、展览或活动,主要是针对那些可及的目标、可达的特定群体以及希望促成的中远期目标。

③ 筹备计划概要。要清楚标明举办时间、地点,进行方式,重要节目及行程,参与人数(预估),国内、国外人士,参与的专业群,以及主办单位、协办单位、指导单位、赞助单位、执行单位(会展公司)。

④ 行程表总览。包含报到接待时间,早午饭的每天流程,晚间的重要活动,

不同的论坛、分组会议，参观行程，以日为横轴，以小时（早、午、晚）为纵轴，可以简单标出。

⑤ 行程表（每日明细）。将每日的行程，每场主持人、引言人、评论人及讲者的主题等都一一列明，按类隔页区分。

⑥ 筹备组织表。将各委员会的组织层级都列出，并将主要工作人员的姓名和职务等，依照功能、汇报流程说明清楚，必要时可将电话及电子信箱等列在其内，以供各界人士联系。

⑦ 各组工作表及流程。工作组依据职能不同可分为设计组、议事组、展览组、活动节目组、行政组、财务组、宣传组等，应将每组的责任范围、人员名单、工作流程等一一列出。此部分应附上每组的详细做法，如设计组应让人了解设计的重点、主题标志、海报、论文等。

⑧ 委托工作说明。列明各项委托承办的工作及公司，例如，这次展会有两个酒店提供服务，则需列明两酒店的地址、电话、联络人，预定多少房间、几天，核定金额，是否包含早餐等细节。委托承办公司有会展专业服务公司（Professional Conference Organizer，PCO）、场地管理者、展览搭建公司、酒店、餐饮厂商及提供交通车辆服务、旅行服务、航空定位、劳力、印刷服务等公司，需要提供清楚的联络细节，以便筹备工作方便进行。

⑨ 权责分工表。将每项工作的决定权、审核权、监督责任及提供者的工作权责分列清楚，使主办单位及协办单位清楚了解各自的责任和权利。

⑩ 工作时间表。每项工作都有其推动的周期，并互相影响进度，这项控管整个筹备工作的时间表，要详细列明，让一起筹备的人员都了解整体的计划中哪些需要改进。

⑪ 附录。

4.3　会展资源整合管理

4.3.1　会展活动的预算规划原则

没有任何经费预算或编列不适当的预算，都难以成就一场成功的会展活动。有许多资源及经费因为这场会展活动云集而来，这些募集和赞助而来的金钱又该如何有效运用和监督，是预算规划的真正重点。

在会展活动的筹备工作中，几乎每一个项目都需要花钱去执行，因此在编列预算时必须要考虑以下八项原则：

- 运用时间
- 以专案专款专用的方式

- 尽量清晰明确
- 保留相当的弹性及宽松度
- 保留相关的资料以备查证
- 了解各种报账程序及流向
- 运用在正确的需求上
- 考虑相关回馈计划

所有预算要考虑这些因素及原则,因为时间愈紧急、愈紧迫,所有的费用就愈会急速上涨。例如,在展场租用一台 DVD 放映机及电视屏幕,可能在会前订好,只要 400 元,但在开展那天去租用同样的器材时,则要 900 元,甚至 1000 元。这种差额经常会让业务单位及会计单位"有架可打"。另外,由于会展活动资源可能来自各方,如有与会者在昆明交了会务费,有人在奥地利寄来参展费,有人从韩国电汇 5 天房费请主办单位代转,又有人汇来一笔赞助费,如果你的账户里又混有其他类型的费用,那么整体财务计划如何整理,将成为难题。

每个会展活动的主办单位都有自己的预算编列方式,笔者并不认为以下预算编列方式是唯一必需的方式,而是一项预算规划的参考重点,请见表 4-3 所示:

表 4-3 预算规划

项目	说明	金额(元)
场地布置	会议主标板、报到接待台设置、指示海报、花艺设计、展览摊位搭设、同步翻译设备等	132750
文宣品	邀请卡、会议手册、会议光盘、胸牌等设计制作	63450
行政及人力	事务性费用(邮资、电话传真……) 同步翻译人员及现场工作人员费用	80000
行政管理	委托执行规划费用	105000
合计		381200

4.3.2 会展活动预算编列做法

(1) 收入

会展活动预算分为收入与支出两大项。收入所包含的项目来源可以概略地归纳为:

① 会务费(注册费),由与会代表缴纳。

② 展位租金,由参展商缴纳。

③ 广告收入,由刊登广告的相关厂商支付,广告收入可能来自于大会刊物、

地方或全国报章杂志、世界性的专业刊物、国际网络、大会特殊印刷品及现场宣传看板等。

④ 赞助收入，主要来自于对本次会展活动有意愿提供支持，并提出金钱、物力、人力等资源作为赞助的政府单位、公司或个人等。

⑤ 杂项收入，来源有各项特殊义卖活动、捐赠、特殊项目(大会出版品、住房、餐饮等)、主办单位代制作代处理项目(如特别印刷等)及特殊优惠等。

(2) 支出

会展活动支出的项目相当多，主要有以下各项：

① 旅行交通费用。它是指为支付出席会展活动的贵宾、特邀讲师、名人嘉宾等的邀请及旅行费用，包括住宿的车船机票及相关费用。这笔费用占全部预算的20%—55%，比重相当大。

② 场地租金费用。它是会展活动场地租用的费用支出，包括场地租金及相关会议室、秘书室、准备室、特殊水电、周边服务等费用，占全部预算的10%—25%。

③ 餐饮费用支出。大会办理的宴会、午餐、茶歇、各类餐食饮料、工作用餐及相关行程提供的餐饮费用都包括在这笔费用中，大约占全部预算的20%—45%。

④ 印刷费用。各项大会活动所需要的印刷制品，如旗帜、看板、手册、论文集、名牌、海报等的制作费用，都属于这笔费用，此外还包括设计费用及版权取得费用。

⑤ 宣传费用。包含各类宣传所需的广告、文字宣传、网络、新闻发布活动、寄发宣传等费用。

⑥ 节目费用。无论是在会前、会中及会后所安排的表演节目，还是特殊规划安排的节目、议程及参观等产生的费用，都归入此项费用。

⑦ 行政事务费用。所有相关会展活动的联系、翻译、规划、专业咨询、分析及行政安排产生的费用均可归入此项费用。

⑧ 杂项支出。服务费用、小费及相关视听、文书纸张、临时需要、打印服务、录像、特殊租用器材及保险等产生的费用都包含在这项费用内，占全部会展活动预算的5%—18%。

(3) 费用预算

整体预算的编列是一种预估的计算做法，因此事前的预判是很重要的，通过事前预判可以清楚什么是直接费用、什么是间接费用，了解哪些费用是固定的、哪些是变动的。同时，可以研究预算真正可以节省之处，特别是要使在会展活动办理完成后，整体收支可以打平，或能有盈余。即使不精通会计财务作业，或进修过编制财务报表的课程，也能够编列会展活动预算。编列预算最重要的是使会展活动的办理有所依据,更能有效率地达成。

为了有效控管预算,下面依序介绍比较容易理解的费用来源:

① 直接费用——指的是特定的,也是直接来自某个会展项目所发生的费用,如场地租金、餐饮费用及讲员费用等。直接费用的变动在于数量改变,但是只源于一个项目或单位(厂商)。

② 间接费用——从字面上看,就是不能直接由某项目就可以判定的费用,如秘书处的人员薪水,这些费用很难区分是多少人次、多少工时。即使付出了费用,这些人是否应尽职尽责?间接费用通常以整体直接费用的总和的百分比来计算。

③ 固定费用——即不论活动的进行程度,仍然保持一样的费用,如在现场协助的工作人员,一天工资 100 元,不会因工时减少而改变,但固定费用是指这一次发生的专案,下次可能因为不同的环境而有不同的收费。一旦筹备时间过长,固定费用就可能变得不固定(可能变为变动费用)。

④ 变动费用——即因为每一场活动或每一个单位而改变的费用。例如,会场布置、花艺的安排所产生的费用,就没有办法设定为固定不变的。

(4) 会展资源的来源

会展资源的来源可以大致分为:

① 产业本身,如环保产业;

② 产业相关的上中下游厂商,如石油生产厂家、火车油生产厂家等;

③ 产业相关之政府指导机关,如科技部、环保局;

④ 提供相关服务的企业,如航空公司、生态公园;

⑤ 有兴趣之社团及企业,如书局、生态保育协会、脚踏车厂商;

⑥ 个人或团体,如基金会、永续发展协会、房屋公司、艺术文化团体。

对会展活动而言,一般都希望是资金上的赞助,这要比其他人力、物力要好得多,但赞助行为只要是不过度的商业化,或不进行与主题完全没有关联性的宣传,都可认为对会展活动有帮助。重要的是要弄清:通过何种方式争取赞助支持;要如何开展;交换的条件;是否会引起与会者或参观者的不同反应等。例如,联想电脑对 2008 年北京奥运会的赞助是提供所有比赛用的计算机系统及终端界面连接网络。对北京奥运会而言,有效运用联想的专业技术人才及系统远比得到金钱的支持重要,而联想换来的是奥运指定品牌及使用奥运五环标志的特殊冠名权,这会产生媒体广告无法比拟的效果。又如,欧米茄(Omega)是生产高级钟表的制造商,其花费百万美元成为双人帆船大赛(Grand Prix of Match Race Sailing)的全球赞助商,由于这项比赛共有十一场连续国际比赛,因此全球运动员或团体都对欧米茄钟表产生了新的健康、自信及勇气的印象,效果可谓宏大。

预算提供了一个系统化及效率流动的方式。给主办单位及主办秘书处一个可依循的收支凭据及指导原则，再加上精确预估各种因素，如数量、持续天数、进行时间、发生地点、服务对象等，并将这些计算的收支数额分别编制成现金流量表（见表 4-4）、收支损益表（见表 4-5）等，这样可以比较直观地管控预算。

表 4-4　现金流量表

单位：元

项目	收入	支出	余额
国内报名收入	80000		80000
国外报名收入	35000		115000
政府补助	50000		165000
厂商赞助	23600		188600
场地租金		41000	147600
视听设备		20500	127100
会场布置		16500	110600
印刷文宣		8500	102000
餐饮节目		33000	69000
交通		9000	60000
礼品		8000	52000
人力		10000	42000
行政文书		5000	37000
公关宣传		20000	17000
展览	70000	23000	64000
讲员机票、住宿		60000	4000
合计	258600	254600	4000

表 4-5　收支损益表

收入：

项目	说明	实际收入（元）
国内报名收入	先前报名　1916250 现场　243000	2159250
国外报名收入		3253185
政府补助		1300000
厂商赞助		3320000
总计：10032435		
政府补助：卫生部 70 万　科技部 50 万　外交部 10 万		

支出：

项目	签约费用(元)	调整后费用(元)
一、场地安排部分	1113600	1974200
二、视听设备部分	340200	496400
三、会场布置部分	459200	299800
四、印刷文宣部分	1142000	1502050
五、餐饮节目部分	2605600	2149652
六、交通部分	300000	73100
七、礼品部分	620000	537650
八、人力部分	221400	286400
九、行政文书部分	326000	764850
十、公关宣传部分	115000	68150
十一、展览部分	295000	798200
十二、讲员机票及住宿费用	0	1715343
小计	7434000	10665795
十三、会议服务费部分	1000000	1599869
税金	421700	613283
总计	8855700	12878947
亏损金额		(2846512)

4.3.3 会展资源争取的做法

会展活动可以给某一个企业、某一项产业、某一个城市或某一个国家带来独特而又鲜明的“附加价值”，创造更多的交流和收益的机会，也使其可以吸收一些需要长期养成的优秀理念。譬如，英国石油公司曾在上海、北京及广州分别举办的“儿童环保书展”活动，无疑是在推动儿童自幼养成环保理念及保护生态环境的认识。一家生产石油的公司，借会展活动这样的方式宣传自己远比刊登商业广告更能加深教育单位及消费者的印象，更能显现宣传的实质性效果。从多年的案例看，企业、产业、政府及研究单位更希望通过资源赞助的参与支持，展示对社会的关怀。例如，2004 年 10 月中旬一场企业社会责任(Cooperation Social Responsibility, CSR)国际研讨会在上海召开，会中除了邀请企业家及慈善组织参加外，更得到了上海市有关基金会的赞助支持，在会后还参观了奥比斯(Orbis)眼科飞机医院(一架停在虹桥机场的眼球治疗医药飞机)，让许多人认识到企业的社会责任，企业家在努力生产、推动社会发展的同时，更要注重道德良心。

为会展活动争取各项资源的赞助和支持，要视这些提供赞助的企业、团体或个人为“伙伴”，这意味着整体活动的主轴、设计、筹划，应是彼此的共同远景，共同想达成的目标。具体筹划可以依下列程序进行：

(1) 设定目标

争取会展资源赞助，要先了解潜在的赞助者预期达到的目标，以及与会展活动的目标是否能够相合。如果在赞助后就任意要求会展活动主办单位作大幅议程变动，或是不断要求在会中发言，介绍其产品或服务等等，都是不切实际的，更是不能达到目标效益的做法。

建议先明确会展活动的工作项目，再就哪几项可以接受赞助支持的项目先行厘定，例如：

① 大会资料袋。这是提供背带或袋面或背面作为放置厂商名称或标志(Logo)的宣传点。

② 印刷品。印制如名牌参展手册、大会手册、会员名录及海报等会展活动印刷品，作为对赞助商的回馈。

③ 餐饮活动。许多赞助商愿意花费一定数额的经费在一项单纯的活动上，这样可能会产生特定效果。例如，每次茶歇都是由某家厂商提供，某次晚宴是由一家知名的药厂宴请。

④ 宣传方式。如网站上的长期支持，全体大会的看板或布幅，接送车辆的外观，宣传彩球等都是可运用之处。

⑤ 相关活动。对整个会展活动而言，有许多场合是依创意来规划的。例如，大会指定用水、大会指定航空公司、大会指定点心、大会礼品等都可以作为赞助项目。

(2) 区分等级

通常在设定赞助目标后，应该明确各类赞助金额的等级。确定好等级后，各类企业、厂商、社团或个人就有了“量力而为”的标准。每个标准的等级依主协单位自主确定，且应该遵照办理，不要因为有各类优惠，形成不公平，从而造成各赞助商的抱怨或不支持，以至于失去了赞助的本意。

具体介绍如表4-6所示。

表 4-6 赞助办法及项目

2004 年某机构赞助计划将分五级及单项赞助十七项执行：

一、钻石级——RMB 300000（独家赞助）

反馈计划：

1. 公司影片简介于 Coffee Break 时间播放 10 分钟
2. 提供 5 位免费名额参加年会（或 4 位免费名额 + 1 个免费摊位展示）
3. 大会手册封底彩色广告
4. 提供 1 位免费名额参加高尔夫球友谊赛
5. 公司名称及 Logo 置于大会主标板
6. 公司名称列于大会手册赞助单位
7. 年会网站之公司网站链接

二、白金级——RMB 200000（两个名额）

反馈计划：

1. 公司影片简介于 Coffee Break 时间播放 5 分钟
2. 提供 3 位免费名额参加年会（或两位免费名额 + 1 个免费摊位展示）
3. 大会手册封面里彩色广告
4. 提供 1 位免费名额参加高尔夫球友谊赛
5. 公司名称及 Logo 置于大会主标板
6. 公司名称列于大会手册赞助单位
7. 年会网站之公司网站链接

三、黄金级——RMB 150000（不限名额）

反馈计划：

1. 提供两位免费名额参加年会
2. 大会手册封底里彩色广告 1 页
3. 提供 1 位免费名额参加高尔夫球友谊赛
4. 公司名称及 Logo 置于大会主标板
5. 公司名称列于大会手册赞助单位
6. 年会网站之公司网站链接

四、银级——RMB 100000（不限名额）

反馈计划：

1. 大会手册内页彩色广告 1 页
2. 提供 1 位免费名额参加年会
3. 公司名称及 Logo 置于大会主标板
4. 公司名称列于大会手册赞助单位
5. 年会网站之公司网站链接

五、铜级——RMB 50000（不限名额）

反馈计划：

1. 公司名称及 Logo 置于大会主标板
2. 公司名称列于大会手册赞助单位
3. 年会网站之公司网站链接

(3) 拟订赞助计划书

希望每个参与赞助的单位都能在一定的时间,按照一定的程序,并且依相关的账户汇入赞助经费,更重要的是规范双方的权利及义务,以免未来产生争议。

(4) 寻求资源,付诸实现

会展活动的赞助资源并不是经由设定目标、区分等级并且完成赞助计划书后就会找到,因而要做好对将举行的会展活动的研究及分析工作。应了解哪些企业、厂商及团体是曾经的支持单位,哪些产业的发展与此次的会展活动息息相关,这些都是能提供资源的对象的潜在名单。例如,2004 年 11 月召开的"国际土地估价会议",就找到了政府主管土地开发及地域规划的指导单位,以及许多土地开发商、房产公司、土地规划咨询公司等进行赞助,在整个会议结束后,还可以盈余 40 万元,这不仅使产业有了很好的互动,更重要的是为行业协会未来运作提供了非常有用的基金。

寻找资源的赞助和支持,应该拜访潜在客户,具体说明赞助计划的内容、双方的权利义务,订立赞助支持合约,清楚交代各项赞助物品及经费的出处和账目,如此才能真正做到预算的有效利用,更不会造成财务的缺陷和争议。

4.4　会展活动项目协商与谈判

会展活动需要策划执行的项目相当多,有些项目是购买,有些项目是租用,有些是人力服务,有些是专业服务等,更有许多项目是委托专业人士来代为处理和管理的,因此要了解会展活动的专用术语,要了解这个行业基本的作业方式,更要知道哪些是与业者之间共通的语言,甚至要了解在协商并签署合约之后如何控管会展活动发生时的服务品质。这些都是在项目协商与谈判时的必备常识和重点。

本节的重点将集中在哪些项目是作为筹备工作者需要注意的,也会依序说明哪些是谈判时需要留心的症结,但本节不会对谈判的环境塑造、手段、策略、僵局打破、心理及情感等技术层次进行说明,而是希望筹备工作者在进行各个项目谈判协商及达成合同时,能秉持"诚信"及"双赢"的原则,达到会展活动圆满成功的目标。

4.4.1　需要协商的会展活动项目

在各种不同类型的会展活动中,需要协商的项目及谈判的方式是各不相同的,在此仅举出几个需要协商的会展活动项目作为参考。

(1) 专业会展咨询或顾问公司。如果要办的会展活动是大型的、国际性的,就要规划一家有经验的专业会展咨询公司来协助筹备工作,这样可以节省一些经费。同时,要做好专业谈判和合约管理工作。在与国际厂商和企业联络时,可以好好利用掌握到的各种渠道,以便扩大会展活动的知名度和影响力。

(2) 住宿安排。应当确定需要安排多少个与会者房间,并且需要考虑如下一些问题:① 是多少房间/夜;② 是标准间、豪华间还是套间;③ 是两床一间还是一床一间,是否需要附有工作室的房间;④ 是统一安排在同一家旅馆,还是安排在不同等级的旅馆。在旅馆住宿中,有许多需要协商的事项,如是否需要预付定金保留房间,这牵涉是否可以确实留住预定的房间。依据国际性会展活动办理的惯例,一些知名酒店需要在半年或 8 个月以前就先行预定并支付一定的定金。

(3) 会场及展场安排。既然要举办会展,所需要的场地应在一年前就先行接洽,并了解如空间多大、有多少储存空间、展场进出状况如何、进场搭建时间多长、折扣多少、会议室需要多少间,以及配置的一些设备是否需要额外付费等事项。在安排会展场地时,几乎 30% 的定金需要提前支付。会场及展场安排上的成功协商与谈判能减轻举办会展活动的负担。

(4) 餐饮功能。办理会展活动的项目中,餐饮活动有相当多的谈判空间,如采用什么菜式、特殊的限制有哪些以及是否会有酒精性饮料、哪些饮料有宗教上或国际上的限制、订购的分量多少等,都是需要通过协商谈判最终确定的。另外,现场的监控管理也是十分重要的,如卫生保证及餐饮品质都需要重视。

(5) 展览细节项目。在展览中,搭建、布置、设计、通关、运送、接待及宣传等都需要进行规范设计。如果在外地安排展览,是带着熟识的厂商去施工,还是在当地的厂商名单中选择?基本上展览的策划有其预算的考虑,也有地点谈判的因素需要考虑。了解展览服务的本质,或许更可以促成谈判交易成功。例如,展架的搭设有其安全系数的考虑,一个标准的展位搭建费用会存在 200 元到 2000 元的差距,筹办单位应该要多了解相关细节以降低费用。

(6) 会展相关项目。会展活动的场地布置,视听音响器材的租用、安装,现场管控,礼品的选择,文件、宣传品的设计及印制,保险的接洽安排,交通运输的规划安排,临时人员的聘请,翻译人员的挑选等都是需要协商谈判的项目,而且这其中有许多需依照不同的专业来协商。

4.4.2 找到最合适的供应商和服务

会展活动的事前筹备工作如果有信誉良好的签约供应商来为活动服务,自然比较容易成功,因此通常要将会展活动"计划书需求参考要点(Reference for Proposal,RFP)"先行标示清楚,让供应商可以充分了解你的需求,并依此原则一起报价,这样就可以有较多的选择机会。依据"计划书需求参考要点"可以得到不同的服务及报价,一般的人经常会考虑"最低价",虽然这种选择可能会节省经费，却未必能得到较好的品质，更可能因为拼价钱，而牺牲了要求和效率。撰写“计划书需求参考要点”建议是要简单，要切入重点，而且是针对会展活动所需要的服务。这大致需要经历四大步骤：

（1）基本信息。如：

- 你的团体或公司的名称
- 预定希望办理的会展活动的名称
- 如何联络：地址、电话、电子邮箱等
- 举办地点、时间
- 预定经费（可写亦可不写）
- 会展活动预定目标
- 预定出席的人数
- 与会者或参展者的背景概要（此点特别重要，协办厂商可能会认为未来有新的市场可能）
- 以前的举办历史
- 交回的时限——通常在一星期到 10 天左右

（2）标示希望得到的报价项目。建议采用分离式，也就是属于酒店的项目就请旅馆报价，属于交通的就请巴士公司报价，如：

- 房间数及住宿时间
- 会议室的需求
- 特殊的视听需求
- 餐点的次数及形式

伴随而来的相关问题有：

- 饭店的房间是否含早餐？如要单独用早餐，则费用如何算？
- 会场外的停车场要收费吗？有多少免费时段？
- 税含在内吗？
- 进入展场或会场有哪些设备可以外带？
- 如果要预定，定金及其他费用要如何支付？
- 如果取消，又要如何支付？

（3）需要特殊的优惠。你希望哪些部分，供应商可以免收费用或折扣优惠？如客房超过 30—50 间，可否多要一间免费工作房？视听公司可否多提供几支无绳电话对讲机（walkie-talkie）？

（4）请供应商提供其承办经验。了解这些供应商曾经做过什么会展活动，比较有优势的强项是什么，他们自己的评价如何，以及为什么他们可以承接这次活动。

4.4.3 协商谈判的重点及做法

在开始协商谈判之前,我们再次提醒筹备工作者,钱不是唯一的考虑,不要在供应商开始提供报价之后,就下定决心先砍一半价钱,这绝对不是好的方式。我们建议先做些功课,研究这些报价及相关的服务品质。以下有9项协商谈判的重点,值得与供应商协商时参考:

(1) 计划开始。准备一份真正的需求计划,针对这个计划与供应商协商。

(2) 做好功课。了解这个产业的供应商是如何做生意的,要留给供应商一个合理的利润空间。

(3) 利用谈判优势。终究你是买方,因此要明白优势在你这边。

(4) 好好计算各项费用。

(5) 避免模糊不清的说法。明确的做法和协商是避免双方合作失误最好的方法。

(6) 清楚格式合同内容。许多酒店都只提供标准制式合同,对于你的需求可能不是特别的重视。

(7) 清楚各项条款。许多合约的字体特别小,在签订合约之前,首先要仔细查看,避免存在不当条款。如取消的条款,就可能订得很苛刻。

(8) 明确权责。要求供应商明确彼此的权责,而且在没有双方同意的情况下,不可以更改合同。双方在协商过程中,权责与诚信都是重要的要求。

(9) 认真再确认。了解各种状况及情形的可能性,并确认各个联络人及代理人的联络方式。

协商谈判完成之后,也确认了各种条件,应当将承接的供应商都尽可能视为一个“团队”,应该监督的项目,应该按时完成的项目,都应该依照原来协谈的基本原则去遵守,更因为每个供应商都有不同的背景及工作模式,为了要尽力完成会展活动的任务,应该在协商时尽力消除彼此不同的差异。

4.4.4 合同签订的重点

所有供应商的选择、价格及条件的确认,以及相关的优惠都已谈定后,最重要的是签订合同,即要将各项承诺以“白纸黑字”的方式明确定案。合同是法律文件,含有许多特殊的法律词句及用语,在此建议在签订合约时要重视三大重点:

(1) 减少的情况发生。由于原先合约预定是依照一定的人数、房间数及时间为标准,但一旦与会者有临时不来的,减少了房间的使用量时,那么原来谈定的价格是否会改变,在何时进行删减可以少些损失,都应该在合约中规定好。

(2) 取消的情况发生。合约的取消条款通常是比较偏向于主办单位的,因为旅馆或餐厅等不会在不征得你的同意的前提下取消合约。然而，主办单位却可能因为招展不足或出席人数过少而取消订房乃至会议。一般在国际惯例中，一个月以前部分取消，赔偿金应该比较少些。

(3) 终止的情况发生。终止合约是双方约定的都可以依一些不可预见的因素或不能控制的原因(如地震、海啸等自然不可抗力的因素)而取消合约。当然，这种情况是双方都不愿见到的，但是在合约中还是应该写明。

合同的签订不仅是为了确保双方的利益不受侵害，更重要的是为了创造一个安全确定的环境，以使会展活动能如期圆满举办。但即使签订了合同，筹备工作者还是应该有应变计划，以备不时之需。

4.5　会展营销的目的及做法

即使是一个很小的会展活动，都有必要进行市场营销和宣传的工作，除了要吸引更多的人来参加会展活动之外，更重要的是，通过营销宣传的渠道，让更多的人了解和认识举办这项会展活动的想法和主题。市场营销及宣传对广大群众有非常关键的影响，投入必要的宣传资金，选择有效的营销方式和做法，对有兴趣的团体及个人进行宣传，都能达到增加参与人数，提高形象及获得利益等不同的效果。

这里要说明的是，在本节中强调的不是公司内部的活动和会议，而是区域性、全国性、国际性的会展活动。本节中将介绍比较具体的会展活动营销宣传的目标、需求分析、作业方式以及可行的渠道。这其中不仅是广告刊登，即便是一张音乐会的明信片、邀请卡、参展者胸前的小挂饰牌或是电子邮件中的动画，都是在传达会展活动信息。微小的经费却可能换来巨大的收获，这就是营销宣传的最大功能。配合着宣传、营销、公关、广告及新闻的积极作为，你的会展活动或许是占据人们"眼球"的最佳示范。长期看，只要是你所举办的会展活动都会吸引这些潜在观众的兴趣。

4.5.1　会展营销目标及需求分析

会展营销宣传追求的是"四两拨千斤"，追求的是"涟漪效应"(Ripple Effect)。会展营销是通过正确的渠道，将营销逐渐扩散，将宣传的效果到达最远端。其中非常重要的问题，就是明确宣传的受众是谁，谁来接受这些信息。那么谁来决定这些受众的名字呢？如果举办一项"老年银发居家护理展"，那么宣传册子大概不会发送到中小学去；举办一次"国际生物学研讨会"，网站的宣传名单里，应该不会有幼儿体育团体或林业公司。许多城市喜欢举办"旅游展"，但是参加后的感觉是，对象到底是谁？是向本地居民宣传多多去国外或外地旅游，还是鼓励民众多利用本地旅游资源？所以很热闹地举办了会展活动，却往往有不同的结果。这一点是营销宣传特别要重视的。

(1) 预期的与会者及参展者

- 在这项产业中的工作者或投资者
- 与这项产业相关的上、中、下游企业
- 政府相关研究及政策指导单位
- 相关的团体及个人
- 相关的教育及研究人士
- 一般大众（指经过审慎调研，了解了性别、年龄、经历、兴趣及居住区域等背景者）

(2) 目标对象的需求分析

每个人或团体参加会展的目标及需求是不同的，大致可以归纳为如下几点：

- 提升自己的知识及学问
- 了解竞争对手的现状
- 接受教育及理念
- 有兴趣看看
- 寻找新机会等

4.5.2 市场营销的方式

要做好市场营销就要思考哪些作业方式是比较有效的，用什么方法可以快速而又完整地传达会展活动信息。在会展活动的营销做法中最重要的是“三P”，即宣传（Publicity）、促销（Promotion）、公共关系（Public Relationship）。这三种做法可说是营销的基础，也是很有效的作业方式。

(1) 宣传

收集要举办的会展活动及举办单位的各种信息，并且将这些信息转化为需要宣传的资料。可以宣传的素材有：

- 举办地点的优越性，如山明水秀、古迹四布等
- 特殊的活动安排，如参观芯片厂、穿插一些竞赛项目
- 特别的议程，如新的趋势解析
- 特别邀请的讲员，如诺贝尔得奖人
- 新的会议主轴，如可以学到新的产业知识
- 安排很棒的眷属活动
- 有适合的旅游项目，如可以顺道参观兵马俑等
- 有最新的成果发表

宣传的工作是要尽力为会展找出优势，再借各种宣传方式去让有兴趣的人

知道这些信息，而不是只强调这个会展活动很重要，你必须参加，就足够了。这点在国内的许多会展活动中尤为明显，很多会展活动的宣传只是一纸公文的通知，即认为会有人直接来参加。这种观念应该修正了。

(2) 促销

有了宣传的素材及内容之后，我们应该针对这些经过调研的目标市场及对象，提出促销的策略。例如，通过邮件将会展活动的举办时间、举办地点、回应卡、大会宣传手册等都告知目标对象。当然，这些邮件不论是以邮寄的方式还是通过电子邮件的方式寄出，都必须经过美术创意的设计，这样比较容易引起注意，更能提高人们的兴趣。在促销的做法上，我们经常采用"计划性促销"(Scheduling Promotion)的方式。许多国际性会展活动，会在举办的前一年到 10 个月前寄发第一次通告书(First Announcement)，在举办前 6—7 个月时寄发第二次通告书(Second Announcement)，最后在举办前 3—4 个月时再寄最后通告书(Final Announcement)，这个促销的目的在于提醒、鼓励出席会议或展览活动，促使尽早报名，甚至能使许多原来不甚清楚会展活动信息的人士了解此次活动，并积极参加。具体安排如表 4-7 所示。

表 4-7　发表会议通告书时间规划建议表

项目	时间安排	内容
第一次通告书	10 个月—12 个月以前 (或至少 6 个月前)	① 大会举办目的 ② 会议日期/时间 ③ 会议地点 ④ 大致简要议程 ⑤ 旅游安排(建议) ⑥ 报名费用 ⑦ 参与响应卡 ⑧ 联络方式
第二次通告书	6 个月—7 个月以前 (或至少 3 个月前)	① 大会欢迎函 ② 会议日期/时间 ③ 会议地点 ④ (已邀)重要讲员 ⑤ 大会研讨主题、各分组之主题 ⑥ 大会重要内容(如展示、重要演讲、特殊行程) ⑦ 旅游信息(含签证、民情、生活) ⑧ 报名费用(含优惠办法) ⑨ 报名表及办法 ⑩ 相关联系方法(含网站)

（续表）

项目	时间安排	内容
第三次通告书	3个月—4个半月（或至少四五天前）	① 第三次通告书有时因为成本邮资考虑，可与第二次通告书结合 ② 鼓励在最后阶段尽速报名 ③ 完整大会举办数据 ④ 赞助商及相关宣传

除了邮寄各种印刷宣传品外，还有许多其他促销方式，如在专业的报纸杂志或网络上刊登会展活动信息，这是很容易引起同行业者的注意的；或是采取合作促销的方式，如在会展活动举办前，地方邮局可以推出“活动纪念邮票”。美国著名的卡通人物“米老鼠”百岁生日时，就发行了“米老鼠百岁纪念邮票”，得到了相当好的促销效果。

（3）公共关系

宣传及促销的基本用意是在吸引更多的与会者及参展商，而公共关系的影响则是在树立会议策划者的形象，提升这个主办单位的影响力。公共关系的做法有许多种，如邀请一个知名的发言嘉宾；举行一场新闻发布会，邀请媒体，让他们先了解此次展览的参观行程，撰写专稿，扩大系列报道内容等。但是，如何发布信息？目标对象的信息发布又该如何处理？作为会议策划者，应该先了解以下一些公关的基本做法：

① 会展活动前。要决定是否设置专业公关人员，是否要委托专业公司来处理；哪些信息是希望被公布的，公布的信息要如何安排（过于商业化或是过于刻板化的信息都是不适合的）；哪些媒体是可以邀请的，本地的媒体有哪些，国际性媒体该如何安排；是否应邀请产业界的名人；哪些是引起公众注意的信息要点；谁来担任对外发言人等等。

② 会展活动中。要考虑是否设置专门的媒体接待室，会展中有哪些特殊的采访点（如机器人、特殊文化表演、对专业知名团体的采访），是否要安排好每日采访材料，是否要规划新闻记者会，是否由大会主动提供活动照片，如何安排专访等等。

③ 会展活动后。要考虑如何整理大会剪报专辑，如何进行会后总结分析（作为产业或地方的建议及思考），如何致谢各媒体的协助等等。

4.5.3 营销宣传的渠道

有了宣传的素材及信息，也安排规划了各类宣传、促销及公关的做法，接着就要挖掘各种宣传渠道来进行宣传作业。每个会展筹备单位都希望能“用一分力的宣传，得到十分强”的效果，因此做好渠道选择是相当重要的（当然，这跟预算也有很大的关系)。

(1) 大会宣传印刷品(如大会通告书、参展说明书、邀请卡、海报、宣传手册等)。直接面对目标对象,设计要精致,要有创意,能够引起人们的兴趣。在这些宣传印刷品上一定要写明联络人名、地址及网址。

(2) 广告刊登(专业报纸杂志、电视、广播等)。刊登在专业报纸及杂志上,效果比较直接,能够引起同行业人士的兴趣,刊登的经费也比较节省。例如,英国留学展的广告刊登在英语学习杂志上,一般有相互提升的作用。如果选择地方性或全国性的报纸及电视台、电台,不仅费用高,而且也不能直接面对目标对象,建议不采用这样的方式来宣传会展活动。

(3) 网站(网络、专属网站、电子邮件等)。现代科技中,最能够突显会展活动宣传及促销效益的,首推国际网络的运用。全球的网络建设已经相当成熟,唯一能 24 小时、365 天都在不眠不休进行宣传的也只有网络。我国每年有 2500 场大型的、国际性的会展活动举办,却大都未采用此方式,即便是有,也都很少采用双语或多语进行宣传,而且也没有采用发送电子邮件的方式去争取与会及参展,殊为可惜。

(4) 其他宣传。明信片、邀请卡、宣传手册、礼品、胸牌、徽章、挂牌、行礼牌、电话拜访、电话卡、邮票等都可以成为会展主办者的宣传利器。每年的节庆时间、客户的生日等都会是会展活动主办者联系宣传、促销公关的好时机,又因为有创意,可以给人留下深刻的印象。

所有的营销宣传渠道,都要考虑使用时的相关费用。例如,邮寄费用,刊登广告的设计费用、刊登费用,网络设计费用、网站建设费用、挂靠租用空间费,电话联系费用等。但是,这些花费与会展活动其他的费用相比较,还算是低廉的。建议会展主办者在宣传方面应该多考虑聘用专业公司,协助做好会展营销的方方面面,因为这是最能直接看到效果和效益的。

第 5 章　会展项目管理——计划作业启动

当会展活动的主轴及目标都已确定，整体的实施方案、预算的规划和经费都有了着落的时候，就可启动会展活动的计划作业了，包括：开始增加工作人员，而且都是一些有经验的专家或工作人员；准备开始邀请有名的演讲者；开始确定整体议程的重点过程；设计人员要准备好大会手册的美编稿件，寄发给印刷厂；展览场的新产品需要通过海关的检查，才能成为新展览会的媒体宠儿；依照会议的议程，许多与会者在预定住宿的情况下，准备参加盛会，而酒店正准备宴会餐具，以欢迎更多的贵客。

举办会展的几项专业工作，如联络讲员、印刷设计、招展及布展、餐饮住宿及交通的安排等，一般都寻求专业公司准备，但会展活动的工作人员仍然有必要清楚了解其中的重点。

5.1　会议议程、节目及贵宾安排

会展活动的整体流程就是整个会议活动的基本框架，更是执行会展活动的依据标准。在会展活动中要办理的每场活动，都是一场独立性的安排，但都有其连贯性和合理性的需求，我们可以参考比较合理的国际惯常做法。

5.1.1　会议流程规划重点

会议和展览的策划与活动的策划不同，会展的议程规划目的性较强，一般在 3 天到 7 天，因此策划者要重视时间的安排配置，而且参与讨论议程设计的人，至少应该包括学术委员会、展览委员会、行政及财务委员会和会议顾问等相关人员，因为会议及展览的进度，需要各个参与单位的“共识意见”。以下是规划会议及展览流程步骤时应考虑的六项重点：

（1）目的性做法。会议召开的目的性非常重要，因为时间有限，如果要安排的讲者、论文发表时间和举办的做法不能与议程的设计相互协调，就会直接影响下一场活动的开展。主办单位应了解：

① 此次会展的目的是什么？

② 有超过预期的论文发表吗？

③ 邀请的演讲教授都确定能来吗？如果无法确定，是否有替换的专家？

④ 此次会展论坛是讨论居多，还是论文发表才是重点？

⑤ 展览的开幕典礼主题是不是产业趋势？

(2) 时间分配(表 5-1)。将每一项在 3—7 天内预定的议程都列在一张清单内，再依照重要性及流程的顺序排列，这时最重要的就是将每一段都配置合理的时间，以便让所有的参与者依照时间表顺利与会。分配时间时应考虑：

① 每天开始的时间要精确到分(许多会议为了要压缩时间，经常将第一场演讲或讨论提前到 8:00 或 8:30，但都忘了早晨的高峰时段易塞车，这样似乎很难有个顺利的开场)。

② 每段演讲安排的时间多长(60 分钟、75 分钟，还是 90 分钟，要包含问答的时间)。

③ 每段休息茶歇时间多长(一般宜 10 分钟—25 分钟。如果时间太长，参与的人容易流失)。

④ 每段发表论文有多少时间(要特别考虑回答问题的时间)。

⑤ 每段宴会的时间有多长(不用安排得太长，以免形成劳累又不精致的活动)。

⑥ 每段安排的参访活动时间有多长(要考虑参加者的接受度及负荷能力)。

表 5-1　大会议程简表

<table>
<tr><th>日期
时间</th><th>5 月 22 日
(星期四)</th><th>5 月 23 日
(星期五)</th><th>5 月 24 日
(星期六)</th><th>5 月 25 日
(星期日)</th></tr>
<tr><td>08:00</td><td colspan="4">08:00—17:30 报到及墙报论文展示</td></tr>
<tr><td rowspan="2">09:00
|
10:00</td><td rowspan="6"></td><td rowspan="2">开幕典礼
暨
合作签约仪式
(台海医疗服务中心)</td><td>201 会场:家庭医学(全科医学)
SESSION1 / SESSION2</td><td rowspan="6">参访行程</td></tr>
<tr><td>202 会场:旅行医学
SESSION1 / SESSION2</td></tr>
<tr><td>10:00
|
10:30</td><td>茶点</td><td>301 会场:老年及康复医学
SESSION1 / SESSION2</td></tr>
<tr><td rowspan="3">10:30
|
12:00</td><td>201 会场:家庭医学(全科医学)
SESSION1 / SESSION2</td><td rowspan="3">闭幕式
CLOSING
11:00—11:30</td></tr>
<tr><td>202 会场:旅行医学
SESSION1 / SESSION2</td></tr>
<tr><td>301 会场:老年及康复医学
SESSION1 / SESSION2</td></tr>
<tr><td>12:00</td><td colspan="4">午餐</td></tr>
</table>

（续表）

<table>
<tr><th>日期
时间</th><th>5月22日
（星期四）</th><th>5月23日
（星期五）</th><th>5月24日
（星期六）</th><th>5月25日
（星期日）</th></tr>
<tr><td rowspan="3">13:30
—
15:00</td><td rowspan="7">报到及展览活动开始</td><td>201 会场:家庭医学(全科医学)
SESSION1 / SESSION2</td><td rowspan="7">参访行程分为:
一、上海复旦大学附属中山医院
二、上海第二医科大学附属瑞金医院
三、上海红十字会
四、东海老人赡养机构</td><td rowspan="9"></td></tr>
<tr><td>202 会场:旅行医学
SESSION1 / SESSION2</td></tr>
<tr><td>301 会场:老年及康复医学
SESSION1 / SESSION2</td></tr>
<tr><td>15:00
—
15:30</td><td>茶点</td></tr>
<tr><td rowspan="3">15:30
—
17:00</td><td>201 会场:家庭医学(全科医学)
SESSION1 / SESSION2</td></tr>
<tr><td>202 会场:旅行医学
SESSION1 / SESSION2</td></tr>
<tr><td>301 会场:老年及康复医学
SESSION1 / SESSION2</td></tr>
<tr><td></td><td></td><td></td><td></td></tr>
<tr><td>18:30</td><td>欢迎晚宴</td><td></td><td>惜别晚宴</td></tr>
</table>

（3）合理化安排。安排各项会议与展览的议程，要重视流程的合理性及逻辑性。例如，开幕典礼的开场表演，三位贵宾演讲，团体合影及两场专题演讲，就应该以合理方式安排。许多会议经常由于领导要先走，而先安排合影，再开始专题演讲，如此在台上的秩序自然会混乱，坐在台下的来宾也会因为不耐久候而抱怨。

（4）配合预算能力。为了突显所办的会议与展览具备国际性或大型化的特点，许多会议及展览主办方会大手笔地邀请明星或表演团队以吸引各地代表的参与，或安排许多不相关的人士到场祝贺或用餐。这样的做法，缺乏实质意义的活动内涵，不仅没有考虑预算的能力，更可能得不到参与人士的认同。另外，许多议程安排及设计的做法不是非常恰当，致使时间拖延而必须要多付出延时的经费。

（5）实际的考量。对于安排整体的会议及展览议程，在设计时要考虑实际的场地、设施，与会人士及安排的作业。例如，如果议程紧凑，而休息时间只规划10分钟，则应考虑会场的设施（卫生间、餐厅、展览交通车等）是否足够。各种条件的限制，都是需要在设计议程时加以考虑的。

（6）保留弹性。任何设计及规划都很难达到百分之百的成效，有些设计可能顾到某些层面，却难以在另一层面做好。例如，前面安排的一场工程参观活动非常有趣，于是让与会代表多问了一些问题，回到旅馆时，时间延迟了10分钟，已经下午5:40,而晚宴却安排在6:00,但大会希望大家在5:50进场,因为担心领导来了,场面人少不好看。因此,应在每日议程中加入一些为与会者考虑的弹性时间,避免太急迫而难以配合。议程时间安排可参见表5-2:

表5-2　议程安排时间简表

本日会议结束时间	下午5点
+	
可以容忍的延迟时间	15—20分钟
+	
会场到用餐地点的时间	□走路10分钟或□坐车12分钟(要加上集合发车时间18分钟,应该为30分钟)
+	
如有许多外宾参加,建议要有简单梳洗的时间(住宿饭店与会议中心相邻)	20—30分钟
+	
晚宴前进场及宾客交流时间(鸡尾酒会)	30—40分钟

晚宴正式开始时间(建议可为):下午6:15—6:30|6:45—7:00

5.1.2　活动节目规划重点及做法

每场重要的会议、展览或活动在策划时,都会安排各项不同的活动以使大会更加精彩,更具吸引力。很多活动都是依据举办城市本身的特色,设置一些有创意的活动,配合更多的产业新成果的展示或是一些赞助商的特殊重点活动。这些活动也应安排在会展活动举办的议程之内。当然,这些活动是希望在参展商、与会者心中留下鲜明又特殊的印象。

在安排这些活动时,除了要考虑前述六大规划重点外,还需要考虑不同的特殊的规划重点,以促使这些活动能够顺畅举行,达到目的。2004年雅典奥运会开幕典礼,动员了数百万各专业的工作人员,将2000年前宙斯殿(Zeus)的神圣之火,在一个有浅水湖的运动场内重新点燃,其编排和设计突显了奥运精神的传承,而这些运用科技和特殊设计以及人员的规划,成功之处即在于掌握了每一个流程的细节。

活动节目的规划中,有各种不同的项目:① 开、闭幕表演;② 会前、会中、会后旅游;③ 大型宴会;④ 重要文化艺术演出;⑤ 运动竞技;⑥ 工程参观;⑦ 特殊安排及参观;⑧ 颁奖及纪念仪式等。因此,在事前的规划中要有不同的设计作业及考虑:

(1) 了解参加者。前述八大类型节目规划,面对的参与对象都不尽相同,参观工程建设,需要安排的是解说人员及特殊的安全维护;而参加大型宴会的客人都盛装而来,应考虑是有座位的圆桌晚宴,而不是站立式的自助餐;对于颁奖典礼,要了解受奖人的上台程序,以及整个流程的控管;对于运动竞技或联谊比赛,要规划"共识"的规则,才不致联谊不成,而生不快。因此,应了解所要办理的活动节目,会有哪些人参加,他们多大年龄,属于什么社会阶层,教育背景如何等。

(2) 创造氛围。活动节目是有变化的,更是有不同创意的,举办不同的活动,主要是让与会者留下不同的印象和经历,所以要在"创造氛围"上多尽力安排。例如,表彰得奖选手或人员时,在介绍他的相关成就的同时,安排一段动画影片,会让现场或是转播的画面更加令人难忘。就如我国体坛健儿的奥运金牌表扬大会,只安排了每个得奖人的口头报告,却没有安排"比赛现场精彩瞬间"的回放,殊为可惜。另外,在许多闭幕仪式或晚宴上可以安排各国著名民歌的演唱,会让与会的外国嘉宾记忆更深刻。

(3) 要有适当的中心主题。各种活动安排要考虑与会者、参加者的反应、想法,而不是只考虑主办者的主观意见。活动节目的妥善配置是有选择、有弹性的,但是都要有主题。许多会议展览安排户外旅游活动,却没有提醒与会者出外的穿着和离会场的远近,而且有时此类活动会耗时三小时,从而造成与会者体力不支。许多大型晚宴,因为规划得不够精致反而成了拼酒大会,对外国的与会者而言,是难以留下好的印象的。

(4) 配合的资源。各种活动在举办时,都要考虑现场的布置、餐点的安排、人员的动线以及特殊的器材等。例如,在大型宗教宴会上的餐点要有其特殊考虑;纪念性的仪式活动,要考虑现场的布置,要有温馨的怀念感;许多表演活动配合特殊灯光音效是有必要的,但要考虑安全性。在议程及活动流程的规划上要整合各项资源,如相关安全设施的安排、规划人员进出的路线、器材运用等事项都要列入检查范围。

5.1.3 贵宾行程规划安排

一场重要而大型的国际性会展活动,为了吸引更多的参与者、增强在业界的影响力,更为了表现主办城市的重要程度,通常在议程策划阶段就着手准备可能出席的贵宾名单,这些贵宾的出席有时会因为考虑不同的状况、阶层而使得整体议程有所改变,虽说整体会展活动的议程基本框架维持不变,但是,作为总体会展活动的重要台柱——贵宾,却仍是筹备委员会需要特别留心的部分。

首先,要了解贵宾邀请的程序,知道贵宾的邀访作业方式,如:

- 大会应邀请哪些贵宾?
- 名单是否已经敲定?决定何时定案?

- 如果有人无法来，替代人选的决定原则是什么？
- 邀请的条件有哪些？
- 邀请来的贵宾准备出席什么样的场合？
- 贵宾来去的整体规划流程是什么？

……

其次，要将贵宾所要从事的活动与会展活动的议程充分结合，如：

- 贵宾是准备来演讲，还是来主持？
- 贵宾的活动时间有多长？
- 大会提供怎样的场地、器材以协助活动节目进行？
- 有人协助贵宾进行整个活动吗？
- 有其他贵宾一起参加活动吗？
- 如何协调一起开展活动？
- 活动结束后，贵宾的行程又是如何安排的？

邀请各类贵宾能使大会给与会者留下深刻印象，以下是一些比较可行的建议，协助大会筹备委员会邀到具影响力的贵宾：

(1) 重点是活动的目的。每一个会展活动当然是希望邀请到：① 产业界的大碗；② 学术界的翘楚；③ 管理界的大师；④ 政界的领导或是业界名人等。展览或论坛的与会者，都希望能在缴纳会务费后，得到业界最新的信息。例如，一场展望产业新趋势的国际生化技术研讨会，如果能邀请到诺贝尔化学奖得主来作演讲，则会提升大会的名气。

(2) 调查贵宾的背景。应弄清安排的贵宾是属于激励型、学术型，还是教育型等。建议先取得贵宾的相关简历，如过去的演讲经验，或是过去名誉授奖等背景，这样可以为大会找到好的贵宾。

(3) 明确相关的细节。许多讲员、贵宾的行程非常繁忙，一旦确定贵宾接受邀请，自然要将各种条件洽谈清楚。例如，往来交通的费用、食宿安排、演讲费用、相关的优惠条件(如免除会务费、参展费等)。另外，一些需要贵宾配合的细节问题，也可一起敲定，如贵宾的活动形式、如何接待、发表文章的版权问题等。

(4) 协助活动的相关细节。应将所有流程的细节先行与讲员、贵宾沟通，了解贵宾论文的发表方式，用何种器材，需要哪些配合，有哪些禁忌等，以使活动节目及议程顺利进行。

5.2 会展活动人力资源规划

会展活动的推动策划及执行工作,愈来愈多元,也愈来愈复杂,所牵涉的相关产业也非常多,而一切详尽的规划事务都需要“人”来推动开展,而且需要一个团队共同完成,因此会展产业的人力资源问题是目前这项新兴产业的最关键的问题。因为真正具有学术理论基础,并且经常从事实务策划工作的专业人士,在目前各国并不多,更不容易在我国的会展环境中寻得,终究要在已经具备一定技术能力(包括具备电脑设计、外文、谈判、秘书、行政、企业管理及相关餐饮、旅游服务等方面的能力)的人力中予以挑选(选才)、甄试、训练(育才)、职务配置(用才)等。

5.2.1 会展人力资源管理的意义

所谓人力资源,泛指组织内所有与员工相关的资源,包括员工的能力、知识、技术、态度和激励等,而管理的目的在于如何分配工作,如何将适当的人放在最适当的位置之上,使其具备完成策略性目标的动机,并使员工、组织和社会互蒙其利。

从传统的观点看,人力资源管理是对前来工作的人有吸引力的特质,能留住优秀员工,激励员工士气及训练发展员工等。但是,环境变化速度加快,服务品质的要求日趋不同,各个组织或团体应考虑整体层面,如提高生产能力,降低成本,提高工作环境品质,增加适应性等,这些都是人力资源管理的重要意义。

对会展活动而言,通过会展活动,可以创造知名度、增加影响力、扩大市场营销、提高学术地位、延伸政策主张、解决困难及问题、激励工作水平、加强联谊和目的性做法,这些是非常重要的社会组织及团体功能。而这些项目的开展,需要适当的人力资源及管理才能达成。各个会展活动的各项筹备及事务无不凭借着一定能力的人力处理,所以,举办会展活动要有适当的人力资源、适当的组织,适才适所和人力配当、管理得当,才能使整个会展活动顺利达到目的。

当今的会展活动,规模不一。世界各地的会展活动日渐扩大规模,次数也渐次增多,当然工作也日渐复杂,尤其当今科技发展迅速,联系便利,更深化了产业、政府、学术界或研究界的互动,这时,会展活动的规划与推动更要讲求“专业”与“团队”,才有达到目标的可能性。所以,我们在规划会展的项目管理中,要特别重视会展的人力资源管理,了解如何募集专业人力,如何推动组织工作,如何训练出具有经验而继续成长的人力资源。对应我国 2008 年北京奥运、2010

年上海世博会,会展产业人力资源管理已经是当前最重要的课题。

5.2.2　会展人力需求说明

会展活动的举办涉及许多不同的产业,我们先就相关的不同层面的工作进行说明。当然,在工作经验的长短上,自然会有职位的高低差异(如经理、副理、专业管理师),也有可能一人负责好几项工作。会展的相关工作人员包括:

- 秘书(联络外宾、讲师、贵宾及处理相关事务)
- 会展策划人员(协助订定策划目标并追踪执行等)
- 设计人员(进行文宣、印刷、论文、展场、网站等设计)
- 节目策划人员
- 餐饮策划人员
- 旅游策划人员
- 交通策划人员
- 展览事务人员
- 财务会计人员(进行赞助资源募集及财务运作处理等)
- 工程人员
- 会展接待人员
- 会展场地工作人员(进行预定、联系、管理等工作)
- 视听人员
- 住宿规划人员
- 宣传人员(处理涉及新闻、发言及宣传事务的规划)
- 法律人员(契约、合约的签订、洽谈)
- 保安人员
- 医护人员
- 行政人员
- 电脑及信息事务人员等

基本上,上述所列的工作人员在会展活动举办时,都会在事前或会展中进行会展工作,而一般的连锁性工作(如餐饮厨师、清洁工、客户经理、布置工作人员等不含在其内),对于各个筹备工作委员会在分配相关工作时,可以列入考虑,编列人员的多寡则视会展工作的主轴重点而定。

5.2.3　会展人力资源规划作业

对会展活动筹备组织而言,人力资源计划作业是策略计划之一,正确的人力资源计划取决于组织未来对人力资源的需要和人事的适用性，包括人力资源规划、招募、甄定、职前引导、训练、发展、绩效评估七个步骤，前三个步骤是确保组织找出、选用有能力的人才，而后四个步骤则在于为筹备组织留住人才，确认适当的人放在适当的位置上，以维持组织的未来需要这一目的，见图 5-1 所示：

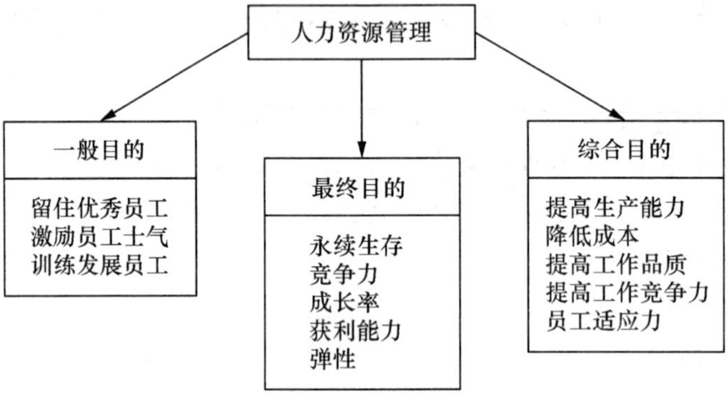

图 5-1

在管理规划作业中，包括人力资源规划、招募或裁减员工及甄选作业，如果适当执行，可以选出有能力的员工，协助组织达到筹办的策略目标。人力一旦获得晋用，则有必要提供相关的讲习和训练，协助他们适应组织体系的工作；同时，对其工作绩效进行评估，并提供薪酬与福利等。

会展工作是相当多元复杂的工作，我国目前虽已陆续成立 6—7 个会展管理专业，但是仍有很多的会展人力需求。鉴于各类大型会展的持续召开，我们建议在未来晋用会展工作人力时，可以依照一些已有的经验评估是否可以迅速采用这些人力，进而训练他们成为会展产业的中坚工作者。这些人员应具备以下基本技术能力：

- 电脑基本操作能力
- 英文四级以上程度
- 企业管理能力
- 服务业从业经验
- 乐观、团队精神
- 秘书、行政经验
- 相关产业经验（旅游、公关、外商、餐饮专业）

另外，应对选出的人员进行如下培训：

- 会展产业现状及发展趋势
- 会展项目管理
- 会展案例分析及实践

- 会展营销
- 会展英文
- 会展科技运用
- 会展策划作业

5.3 会展活动的设计规划作业

每一次会展活动,都希望能表达出鲜明的主题和理念,并以完美的设计思维,通过一定的方式,设计出比较感性甚至感人的活动,以吸引更多人的关注与参与。设计理念可以体现在会展的各种文宣印刷品、各类宣传文稿等,也可以通过会展活动的空间和人员体现。采取何种方式,怎样去选择设计,是筹备工作委员会的重点工作之一。不过,会展活动设计追求的是让此设计创造出效益,所以会展活动相关设计工作,讲求的是功能性的发挥及公众的实际接受度、回应效果,当然,设计的本质不能忽略,要有一定的水准,要有其特点。有许多会展活动的宣传手册,由于时间不充足,也为了节省设计费,直接采用一般购买的邀请卡,而非特殊设计制作,更有甚者只是发个红头公文。这些规划作业不但称不上有设计,而且也达不到宣传的实效。只要是有百人以上参加的会展活动,都建议做良好的设计规划作业,以期达到好的宣传效果。

5.3.1 会展活动的设计理念

会展活动的设计理念主要体现在:平面文宣品;立体布置物及其展示;周边相关的物品等方面。这些工作可委托一个专业设计公司依照所期望的主题理念去开展设计。以下的这些理念是需要设计者及筹备工作者注意的:

(1) 主题理念。举办会展活动最主要的就是去推动理念,启发思想,并创造学习的环境。这些需要开展的主轴理念,应该在设计思考中充分发挥,并得到重视。譬如,新车的展示会,可以设计成家庭成员的欢乐园,也可以设计出“力拔山兮”的气势,但绝不是海狮游泳的画面;一个世界港口船务会议,可设计成乘风破浪、开创海运纪元的理念,而非桌上摆满成册书籍的画面。主题理念就是主题思考,不论是抽象的还是写实的,总是叙述着“主题故事”。

(2) 在限制中完成。相对于自然界的真实,人为的设计制作以艺术的形式诠释,主题有极大的不同。另外,会展设计要考虑环境的因素和预算的现实,且还要顾及其他诸多限制,如上司领导的意见、客户和设计师的理念、材质和人工等。这也说明设计在会展中必须注重实际、有效。

(3) 了解禁忌及不适情形。众多会展活动对图片、色彩和文字的搭配有不同的要求。例如,一场纪念会可能用色温馨,但却不能设计得过于花俏轻浮;交响音乐会的请柬和摇滚派对的邀请卡有不同的设计要求;宗教的演讲会不适宜用血色(猪肝红)或不当的言辞文字,这些在整体的会展设计元素中都要有所考虑。

(4) 构图分明、有意义。会展设计由于运用范围很广,在不同场合、不同物品上,可能有不同的解读意义,因此愈是清晰的构图思考,愈容易为大众所接受。会展设计的构图是针对不同的与会者及参展者,要这些人清楚地了解这次会展活动的意义和讨论的主题,而不是放上让人猜测的图片,让人误解的言辞,让人曲解的设计理念。例如,一场高科技研讨会,它的设计可能是地球,可能是电子电信图,但不会是海滩戏水的画面。

5.3.2 会展活动的设计应用

会展活动有许多方面需要设计,小至名片,大至整体会展布置,都可以让人感到设计理念的巧思在其中。各类会展活动采用设计的部分包括:

- 整体设计[包含标志(Logo)、CIS(Cooperation Identity System)企业识别系统等设计]
- 大会通告书(初次、二次、三次、最后通告书)(图 5-2)

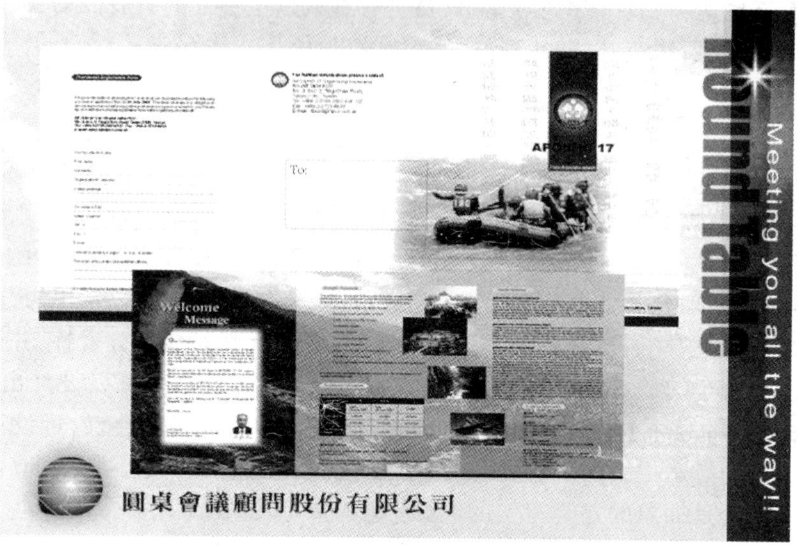

图 5-2

• 邀请卡(可为四—五式不同场合规划)(图5-3)

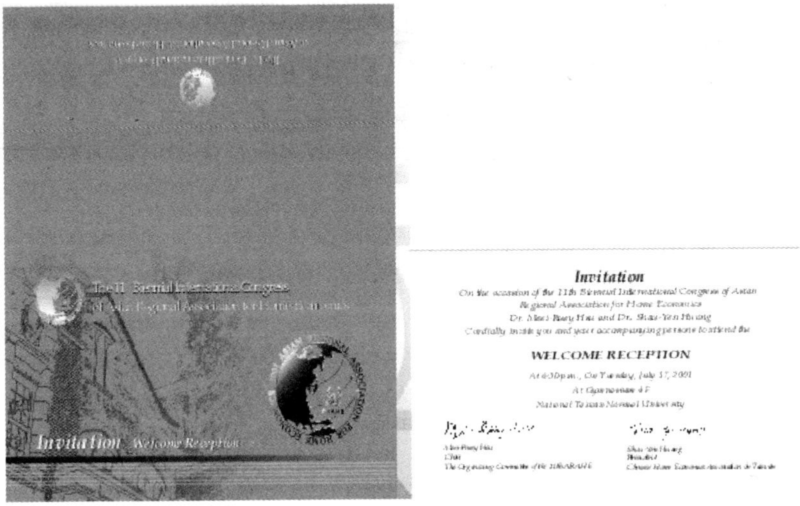

图　5-3

• 名片(提供给筹备委员会成员、秘书处成员使用)
• 大会手册
• 参展说明书
• 参展厂商名册
• 大会手提袋
• 信封、信纸(含大会明信片)
• 工作人员制服(多采用颜色搭配,而非整体设计)
• 大会现场布置
• 展位布置
• 大会布旗(悬挂用)、大会路旗(插放式)(图5-4)

图　5-4

• 大会"精神堡垒"(标识,置于大会展览及活动入口处)

- 大会大型看板(图 5-5)

图 5-5

- 大会网站(图 5-6)

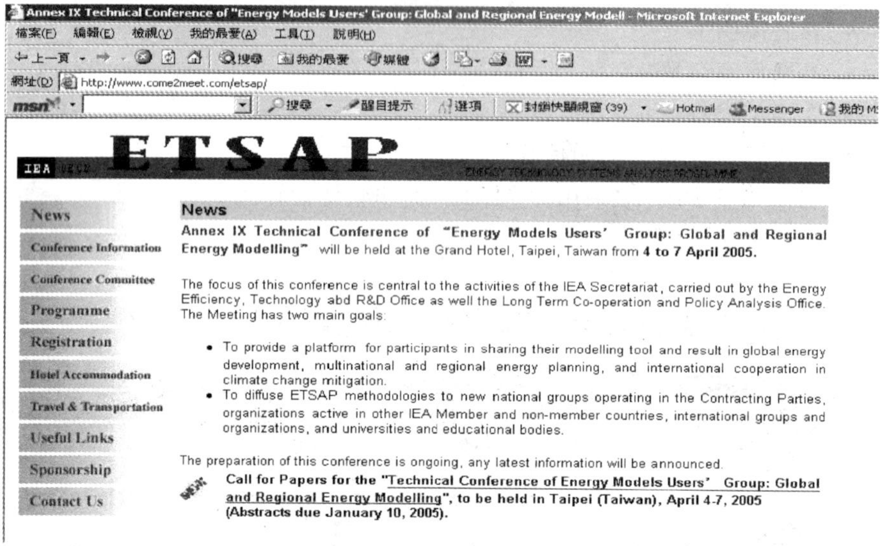

图 5-6

- 大会文宣资料(含各类广告稿件等)
- 大会活动留言板
- 大会赞助商名录看板

- 花艺及相关布置
- 礼品设计

5.3.3　会展设计完成制作规划

每一项会展设计的构思、设计图案及相关创意发挥，无论是形式的还是写实的，都会由主办会展活动的单位经过“选择”最后敲定。一旦设计的构想被确定，它的基本图案、背景、色调、色彩、字体、字句及各项特点就大致定案。精细的设计做法是连同延伸的思维，使用考究的色调，目的在于为这次会展活动建立特殊的理念。图 5-7 是一个会展活动的图案及标志设计，或许可以为会展设计人士提供一些参考。

图　5-7

设计完成之后，就进入到“制作”程序。制作可以是平面的印刷，也可能是立体的布置，更可能是压模式或特定的方式，但都要以实际需求及预算的多少作为规划的重点：

(1) 数量。在印刷中，多印数百份还是千份，真正的差距在于纸张的费用，而印的数量越多，每张的单价自然会比较低。为了能够达到宣传的目的，应该多备份一些，以方便作二次宣传。

(2) 材质。印刷所用的纸张品质非常多元，有道林纸、铜版纸、云彩纸、特殊铜版纸等。但是考虑到邮寄的成本，应该采用比较轻的材质(如不厚重、纸张磅数低一些等)。另外，在户外所作的布置等则要考虑厚重而不容易移动的安全材质。

(3) 印制。大多数的印制工作进入到电脑编排校对、美术编辑及印制控管的系统内处理，作为规划者的职责是看到正确的成品和有效的文宣印制完成，因此在印制的工作中应该做好监督管理，了解印制的大致流程，掌握时间进度及交货的品质，不能出现印制品前 500 张和后 300 张颜色不同、图表重叠等情况。

(4) 寄发与分送。许多文宣品有很好的设计和印制,却因为寄发与配送系统的处理不当、管理不好,使得应该寄出的名片或手册未寄到,或迟到相关人员手中,这些都会给会展活动的顺利进行带来一定的麻烦。在寄送和分发的程序中,名单的确定、寄发的途径以及寄发的成本计算,都应多加考虑。

5.4 展览项目规划作业

世界各地的展览活动愈来愈频繁,展览场地及会展城市更是如雨后春笋般纷纷出现。展览会的蓬勃发展主要是由于它能创造很大的附加价值。对参展商而言,参加一场展览会可以拿到新的订单,开发新的客源及市场;对主办商而言,展览的举办,创造了一个新的产业互动的平台,扩张了产业的推动力量及趋势再造;对于举办展览的城市而言,则是接待了大量访客,促进了城市的商业(如住宿、餐饮、旅游等)发展。

5.4.1 为什么要举办展览?

展览的举办形态相当多,有国际性、全国性、区域性及本地性的展览,也有各种类型安排,如产业型展览会——化工展、生物芯片展、机械展等;商业营销型展览会——汽车展、房产展、宝石设计展等;特殊型展览会——旅游展、艺术展、教育展、美食展等。

参展者选择各种类型、各种目的的展览去参加,也选择他们认为有品牌、有口碑、有声誉及有商机的展览会去参与,其中原因很多,大致可以归纳为:

- 增加销售机会
- 扩大市场占有率
- 介绍新产品、新成果或新服务
- 提升自我形象
- 提供产业相关资讯
- 扩大客户认知及熟悉程度
- 征求经销商或代理商
- 规划市场研究或调查
- 了解竞争者

展览是营销体系中强而有力的推动利器,许多国际性知名品牌展,每年都会举办,如果在这个产业,却没有参加这个国际展,通常被视为并非这个产业中的领导品牌,当然也容易错失商机。在展览会举办的过程中,有许多产业的相关人士,会在会场中交流,而这也是参展的重要理由之一。这些人士,包括来自产业上中下游的供应商、技术人员、制造商、管理人员、潜在买家、消费者、经销商、学术顾问、设计人员、营销人员及相关趋势工作者等。当然,相关的企业、公司团体、政府单位等都会前来观展。

5.4.2　开展工作规划作业

有意愿举办展览,就得开始推动各项办展及招展的工作,其中有相当多的开展细节,需要一步步地完成:

(1) 安排相关的展览场地、时间。许多展览活动都考虑安排在周末及节假日,以及认为人流比较多的日子,但是在春节或国庆节长假期间,展览的成效是否好需要特别留意。因此,国际性大展很少与圣诞等假期相冲突。在整体时间上,更要考虑进场与退场的时间,由于这也常牵涉到租金及预算成本,因此,能够少花一分钱,早一点完成都是值得的。至于场地的安排,要考虑到如果会展的地点过于偏远或交通不便,是否会成为影响参观者来此观展的重要因素;再则,所选地点对于产品展示是否能够提供良好的设施,具有良好的周边服务,都应该在考虑范围之内。

(2) 提供多少展位需求。展场的大小及设计理念决定了展位的数量多寡。前来参展的厂商,一般采用标准展位(即 3 m×3 m,净面积为 9 m^2),但是,也有特展区、休息区、餐饮区等不同功能设置的必要。对于展位需求,我们认为整体的展位规划图及动线图是极其重要的,因此,邀请一个展位设计及布置的专业团队应有必要。

(3) 展位的定价安排。办理展览是相当耗费成本的,包括租用展示空间、储放空间的花费,相关水电需求及杂项支出,都是展览的初期成本。一个参展展位费应该依据整体可能的营运开支成本及预算,再分配到每个可能的展位数量(以面积计算)确定。一般而言,大部分的展位价格是相同的,但由于在走道转角处的独立型展位(半岛型、矩阵型)或是在大门入口处两侧展位都是比较容易吸引人潮,因此价格可以适当提高。

(4) 了解相关法规。在有的展览会议上,参展商只被允许展示他们的产品和服务,却不能接受订单;在其他一些展览上,参展商则可以接受订单。在有些展览地点,书籍等一些物品可以在展览会上出售,但是这种销售要受到当地和该国法律的制约。当地政府常常不喜欢让那些不属于当地的参展商在展览上直接出售商品,因为这些外地的参展商所销售的商品,当地政府无法收税。

如果展览上可以进行直销的话,当地或该国政府可能要对购买者征税。虽然这些商品不是展会主办者出售的,但是由于主办者将展位租给了参展商,可能也会被视为参加了交易。参展商需要得到所有这些信息,以便计划如何参展。一般情况下,参展商即使对这些法规置之不理也不会有任何问题,但是一旦出现了问题,就可能造成巨大的经济损失,使参展商陷入尴尬的境地。

大多数主办会议的协会组织根据国内有关规定都是非营利的,因此它们从会议中得到的收入是不必缴税的。不过,也有法律规定举办展览所得的收入必须缴税。在策划展览的时候,会议承办者应该向精通这方面问题的顾问或税务咨询专家征求意见,看展会是否会影响主办者的纳税义务。

5.4.3 招展工作及参展商选择

主办展览的单位在确定展览主题后,很重要的工作就是寻找展览的主角之一——参展商,即产业内上、中、下游的相关厂商,公共团体及政府单位等。要使这些潜在的参展对象知道这次展览,知道这是个有品牌、有声誉又有市场的展览,同时有效地吸引这些参展商报名,最好的方法就是有一份“招展手册”。

招展手册的内容包括:

- 展览的主题
- 展览的地点
- 展览的时间
- 预定邀请参展的企业、厂商、政府单位
- 展区的位置图
- 展览展位分配图
- 过去展览的记录及分析(曾经办过的类似的展览吸引了多少专业观众,会期达成了多少合同,来宾背景的分析及潜在市场的分析访查等)
- 预计将对哪些对象宣传——主要协助参展厂商,加强他们参展的信心,更让他们了解前来看展的客户群是谁,也使参展商了解会花费多少预算为此项展览宣传
- 谁应该来参展(鼓励报名)
- 报名表格
- 展位价格表
- 优惠说明(如三个展位以上享多少优惠)
- 联络方式
- 举办厂商说明会及抽选展位日期
- 相关规定
- 运输代理商
- 税务安排
- 网络连接及疑问解答

招展工作成功与否,影响因素很多。展览是一项有功能性的营销利器,应该采用商业化操作原则,聘请会展顾问协助招展作业。目前,在世界各国的展会,大都由各地展览业或工会直接办理,而招展更是改用“电子化营销”的方式。凭

借愈来愈发达的国际网络，电子化营销变得快速、有效又省事。利用电子邮件、电子网页及视频会议使展会的招展工作似乎在地球的每个角落都可以有效进行。

不是每个申请参展的厂商都能够顺利地分配到展位。对一个具有一定知名度又有市场营销机会的欧洲大型国际会展而言，常常一公布招展，几乎所有的展位就销售一空，完全没有协商的空间。当然，为了让各个参加厂商都能有效参与，许多展会组织者采取抽奖方式选取展位。采用这种方式时，对历年都来参与的大厂商，通常给予优先抽奖权利。主办单位面对踊跃的报名情形，也可以考虑扩大展场面积。另外，有些展览由于影响力不大，招展时遇到瓶颈，于是随便降价求售，或是拉一些与产业不甚相关的公司参展。总之，作为展览的主办单位在选择参展商时，应该先规划比较合理的展位数目。

5.4.4 布展规划工作

展览活动即将开始，参展厂商的展位也已安排，展品准备由港口运来，展览中心的展场也准备让各个参展厂商进来布置，这是布展规划工作的开端，也是展览活动的重要大戏，其中许多细节需要特别注意安排：

(1) 制订进场计划。要依据展场的规定，依照展架搭建、水电装配、展品入场、展品测试、总体检测以及布展安全检验及相关的程序完成整体布展工作。由于一般展场的进场布展时间只有1—2天，时间紧促，经常是各路厂商同时进场，很容易发生各种难以预见的风险。主办单位有必要制作进场计划表，并严格参照执行，以避免出现风险。

(2) 布展人员管制。由于布展工作非常繁琐，各类厂商进场施工之时，如果没有一定的管制措施，管理工作势必难以进行。因此，所有人员进场布展时，必须有门禁管制，配合身份确认以及工作区域限制，任何工作必须有安全检查的工作证件，同时需要派管理人员随时监督，所有的工作人员也应该佩带相关的安全装备，以便安全地工作。另外，在施工期间，绝对不允许一般群众随意进场参观。

(3) 相关展览器材限定。由于每个展览的需求都不尽相同，对展览场馆而言，更有许多规定与限制，如噪音、污水、明火、电力供应、粉尘及气体等要求；展场本身也要注意各种安全防护指标，如地板承载力、空调性能、器材进出的限制等。例如，在各类大型机械展中，涡轮机的载重及大型机床的重量负荷等，都要先行计算清楚，免生意外。

5.4.5 展览管理的成功要素

任何一次展览活动的举办都有一定的目的，同时也需要非常多的资源整合。要办一场真正成功的展览是有一定的成功重点和管理方式的。展览的规模可以只有10个展位,也可能有3000个展位,参观的群众人数可能达到近百万人次,面对一个集营销、公关、宣传及广告于一体的大型聚会活动,成功的展览至少要能够达到以下几点:

(1) 给予所有参观者实质的感受。无论是专业买家还是一般观众,要让他们都能够真正认识这个产业,了解趋势,并且得到他们希望在展览会上得到的实质感受。

(2) 审慎管理各项细节。展览的安全要求特别严格,进出的参观群众应有门禁人员的管制,就连展场的内部空气质量都要好好注意。展场内部的安全监督、展示品的管制作业、细节管控都是展览成功的必要因素。

(3) 做好接待工作。无论是面对买者、客户、参观群众,还是不同的参展商,展览的成功要素之一都是要将接待工作做好,让服务人员都穿着亮丽的制服,配上别致的徽章。这其中重要的是让接待人员了解他们的职责,展开他们的笑容,使来宾感受"不一样的展览"。

(4) 规划整体文宣作业。信息、资料、宣传、营销是展会的重要资讯。如果忽略信息的收集和资讯的提供,会让许多人在众多的展位中无所适从。在这个知识社会中,要让信息宣传更有效,就应更多地利用电子科技、国际网络。

5.5 会展活动的"衣食住行"条件规划

为了让前来参加会议展览及活动的各界人士能够顺利而且轻松地与会参展,主办单位有必要,也必须审慎地协调各项相关"衣食住行"的条件的安排。这些条件对主办单位及城市而言,是好的待客之道;对参展与会者而言,是吸引他们前来的条件。如果主办单位安排的方式及预算,能符合与会者的想法,这次会展活动自然能够给参展与会者留下极佳的印象。

会展活动的生活方面的规划,需要与当地的城市多加协商,取得其配合与帮助,商议一些好的条件才是项目管理的重点。在洽谈各项条件时,有些细节需要考虑:

(1) 衣的部分:指与会着装礼仪方面的规定,及如何协助与会者了解当地风俗习惯。

(2) 食的部分:包括有哪些晚宴活动建议与会者参加,如何安排大会重要晚宴,当地有哪些特色食物值得推荐,以及要如何提醒食物的禁忌。

(3) 住的部分:为与会者安排几类等级的酒店,如果是大会指定酒店,是否有优惠及优惠情况如何,是否推荐其他行程的住宿等等。

(4) 行的部分:包括大会是否每天都安排接送的车辆,参观活动是否有交通安排等。

在本节中,我们希望提醒策划工作者有关"生活条件"的规划作业,主要在于吸引各地、各国的与会参展者,而不是在这些生活条件的规划中赚上一笔。另外,相关的规划作业中,正确又详细的细节信息是有必要规划的。

5.5.1　有关"衣"的规划重点

会展活动的举办可能在全年的各个月份,也可能在极为不同的地理区域。根据国际会议的规定,国际会议必须每届在世界不同地方巡回举办,因此 8 月的首尔可能与 8 月的悉尼有很大的气温差距,再加以此处的"衣"指的是会展活动中广义的"礼仪",包括礼仪、礼节、态度、穿着和行为举止等,这些看起来是个人的行为与态度,但身为筹备单位,必须重视相关的"礼仪规定"。

"礼仪规定"是大会在各个需要出席的场合中,提醒与会者要留心的穿着规定,如表 5-3 所示:

表 5-3　着装提醒表

21 日	大会晚宴	请着正式服装
22 日	参观报到	请着休闲服装(但请勿着短裤及拖鞋)
23 日	闭幕式	请着西服或套装

这些穿着礼仪规定,主要是提醒与会者穿什么样的服装比较合适,有哪些限制。例如,可能有简单的拜会活动,穿短裤、拖鞋就会失礼。同时,也告知与会者当月的气温如何,最好携带什么样的衣物,或需要注意什么特殊情况,特别是在气温差别比较大的地区。主办单位要在大会通告书或大会手册中名列这些礼仪规定,因为这对于协助外地的来宾,尤其是第一次来的来宾,有其重要性。

有的主办单位会更贴心地提醒与会者,该地区的酒店提不提供牙刷、山区的旅游需不需要携带夹克、需要带哪些特殊的药品、在哪些时候大会已经为你交了什么保险等等。作为大会的主办单位,必须与举办的城市多加联系,以取得更好的条件,为吸引更多的与会者而努力。毕竟,会展的成功举办,城市也是受益者。

5.5.2　有关"食"的规划重点

会展活动的举办过程中,一定会有有关餐宴的安排,因为会展活动的目的主要是在交流,而餐宴就是一个提供交流的场合。餐宴可分为:

- 开幕酒会
- 接待酒会
- 大会晚宴
- 文化之宴
- 午餐演讲会

- 颁奖餐会
- 执行委员会餐会
- 联谊餐会等

在安排每一场餐会时，都必须重视筹备的原则，以确保在筹办推动时的顺利，并得以应对各类特殊情况：

（1）了解餐会的进行模式：具体模式可分为圆桌式、自助式、站立式、点餐式、酒会式、圆桌自助餐式等。

（2）了解参与人数及阶层：如果是自由入座，就没有主桌的问题；如果是圆桌式，就有3—5桌的主桌，必须要依据来宾的阶层排列座次。参加人数是确定订餐数量的依据。

（3）是否有娱乐节目：许多餐宴为了欢娱嘉宾而安排文艺性演出，或是餐后舞会，这些都需要协调进餐及上菜的顺序，基本上在表演开始时就会停止上菜，以示尊重。

（4）菜色及限制的考虑：任何有外国人士参加的餐宴，主办单位都应该考虑菜色的接受程度，如鱼翅、猪肉、狗肉、海参等都要在事前询问清楚，否则最好不要供应。

（5）特殊器材需求：餐宴上难免有来宾致辞，或是相关即兴演出，最好能事前安排好需要的器材，如话筒及扩音器材等。

（6）是否供应酒精性饮料：大型餐饮活动，参与人数较多，为求慎重，建议以不供应酒精饮料为佳，以免导致酒后开车等事故。

5.5.3 有关“住”的规划要点

只要有外地人员参加会展活动，就需要有住宿的安排，特别是大会邀请而来的贵宾、讲师，更是有必要妥善安排，而且住宿的规划作业需要与会展活动的举办场地有一定的地缘关系，才比较方便。在规划住宿的原则中，应该考虑：

（1）与会展举办的场地在一起或邻近。由于举办会展的事务相当繁琐，需要工作人员的全心投入，如果住宿的酒店不邻近会场，就会造成一些不便，可能会延误工作时间等。因此，住宿地点是需要重点考虑的。当然，讲师和贵宾最好能安排在同一酒店。

（2）安排不同等级的住宿。由于每个与会参展的来宾，未必有一定的预算和需求去住五星级的酒店，建议主办单位至少要安排三种等级的酒店（五星、四星、三星），如此才能符合大多数与会者的需求。主办单位应在通知书上标明邻近会场或展场的酒店，以方便旅客。

（3）提供优惠。一般国际性的会展活动都以提供更优惠的住宿条件吸引与会者，一般的酒店也因为机会难得而愿意配合提供优惠房价。国内主办单位可依照这一惯例规划。

(4) 事前视察及签订合约。在会展活动举办期间,同城市也可能有数十场会展同时举行,为了服务好客户,建议会前先审察视勘这些旅馆,了解它们的设施,并签订合约,以求保障。

5.5.4　有关"行"的规划重点

前来参加会展活动的人士通常需要借助各种交通工具抵达会场,特别是主办单位邀请来的贵宾、讲师及领导,除了安排适当的交通途径及工具外,更要考虑接送的问题。另外,所有前往参加工程参观或旅游参观的车辆交通,也是主办单位在规划时要考虑的重点。安排交通的规划作业,有许多种形态及考虑重点:

(1) 讲师、贵宾及领导的交通安排。许多大会活动会提供讲师、贵宾、领导及名人的交通费用,这包括乘坐飞机、火车、船等产生的费用,此项安排,通常由受邀者自行规划。

(2) 与会者交通安排。主办单位有义务提供详尽的交通路线,指引与会者安全顺利地抵达会场。许多大会还会提供从会场到邻近的几个酒店的接送巴士,以方便与会,此种巴士一般是免费的。

(3) 机场接送巴士安排。大会为方便贵宾或一般与会者进出机场,有时会安排机场的接送专车,一般是收费的。

(4) 各项参观旅游交通。为安排工程参观或大会旅游,大会会安排免费的交通接送,以利会议顺畅进行。

各项交通工具的安排,务必接洽好是何种车辆,司机是何种背景,车辆和人员是否都已交保险,所有的交通费用是否已包含过桥费、停车费、包养费或小费等杂项,以确保预算的合理化。

第6章　会展项目管理——现场监控作业

现场的监控、人力的调度及事务的规划安排、与会展中心谈的条件及协商做法是否都会落实？交通车是否已经知道时间的更动？……所有的现场作业都要推动之时，才是验收所有工作成果的时候。作为项目管理的策划者，更应该借助各种"检查表"及顾问的专业经验意见，审慎地了解相关联的环节工作，再揭开整体会展活动的序幕，循序推动完成。

会展活动的现场作业，牵涉到各个单位的协调合作及配合顺序、时间和安排。例如，会展活动举办场地的租用单位、提供各项器材及设备的单位、负责组建展位的搭建公司、安排论坛的策划单位、负责接送的交通公司、规划场地布置的美工设计社、负责提供会展现场餐饮食品的餐饮公司、现场节目的表演人员、安排展览快报的编印单位、负责接待的接待人员等都需要充分地掌握会展活动的策划信息、整体流程、管理协调的机制、回报系统程序、工作区域及职责、现场秩序、安全及维持的作业、紧急及危机情况的判定及处理、应变工作机制及规划等信息和工作训练。本章主要讨论如何安排在会展活动现场的基本工作程序及作业方式，以及如何开展会前的工作训练会议，以期让每个在会展活动期间工作的人员都清楚了解各项工作环节及原则。影响会展活动举办的最重要因素是安全，包括展场硬件的安全、与会者人身安全、整体环境的安全以及任何不可抗力的自然天气影响等，作为会展项目管理及策划者，有必要学习这方面的知识，并应用在会展活动的实际案例中。

6.1　会场现场管理工作重点及作业程序

会展活动的筹备期间可能长达数年（国际性会议或活动的筹备期经常长达5—6年之久），也有可能在数月之内极为忙碌（变更筹备项目，不了解筹备流程或在不必要的程序及决定中，浪费太多时间，以致许多应完成的项目尚未完成，让策划者在短时期内极为忙碌），但是会展活动举办后，却是仅在短短的数天内完成（可能只有一天，可能是七八天，也有如世博会的六个月，但那终究是极少数的情形，大部分都在一星期左右）。诚如我们所说，所有的筹备工作都要在一星期之内检验成果，我们的项目管理工作也必须要能够"面面俱到"，才能满足会展活动的基本需求。

在会展活动举办的现场，无论是在会议中心、展览中心、文化艺术中心、大学礼堂、酒店多功能厅、宴会厅、大运动场、体育馆、主题公园或特殊景点等不同的地点，作为策划者需要将举办活动的地方，先行区隔成不同的工作、展示或会议等区域，以便让各个小组工作人员能迅速完成各自的工作。这些重要的且必须在会前完成的筹备事务，是没有任何借口延迟或不完成的。当然，在各项工作分别完成之际，整体的管理机制必须让各个工作人员清楚地了解进行的流程和回报程序，如此才能有效又圆满地开展会展活动。

6.1.1 现场工作区域划分及工作配置

会展活动依其举办性质不同，而选择不同的会馆场地，但是在举办之初，整个工作团队会在会场或最邻近会场的酒店房间等地，开辟临时工作区域，包括秘书室、会议厅、展示厅、视听准备室、用餐空间、仓储空间、贵宾室、报到区、洽谈区、相关工作室及区域等，这些空间都有必要在使用前，先行与场馆管理者做好沟通，并规划好相关的配置、设备、动线及需求，以便工作人员顺利使用。至于费用则需要与场馆经理及早沟通，商讨哪些可以免费使用，哪些可以折扣使用。由于使用区域的大小与参展或与会者人数有相当大的关系，因此在最后一次筹备工作会议上，先行确认完成才是重点。

(1) 秘书处

秘书处是会展活动举办时最重要的区域空间，所有策划者必须要有的资源，都会在此空间内作调整及处理。它的空间大小依秘书处的工作职责及内容而有分别，有的结合贵宾接待、小型仓储、报到区域或视听准备室等；有的是以节约为目的；有的是以方便各项工作的推动为目的。首先要注意的是，秘书处的基本设计要以动线清楚为原则，如电脑、打印机及复印机等集中在何处？临时美工制作区域、临时接待桌、资料发放区等要放在何处？如果有饮水及茶点又该如何安排？由于大部分在秘书处的工作人员，有的可能负责会议论文发表，有的可能安排展示联系，有的可能负责媒体公关接洽，因此更要重视桌椅的排列，并且要考虑电源连线[国际电话(如有需要)、网络连接、电脑及相关设备]的便利性，相关的必备材料及资料放置区域(如城市地图、宣传资料、胶布、文具用品、推车等)。由于秘书处有工作和接待的功能，应考虑将工作及接待区域作简单区隔，以避免不当的干扰和影响。

(2) 会议厅

会议是会展活动中相当重要的环节，不论是开幕典礼，还是各类专题演讲或各分组讨论会议，都应事前安排并预定保留场地，许多会议中心要求在一个月前缴纳全额的租金，如此能确定各会议室的租用档期，但在缴付整体租金前，会议策划者有义务再次视勘会场,了解同时段其他会议室(特别是隔邻会议室)的租用情况。因为有可能在你举行国际会议的同时,隔壁的会议室正在进行公司的联欢会庆典,若发生这样的情形,势必会影响到国际会议的顺利进行。另外,要再次检查确认提供的设备和器材是否够用,是否有良好的品质;更要确认会场的专属人员是否有类似的工作经验,是否有专属的服务窗口。笔者筹办过许多国际会议,其中经常会出现如下情况:向 A 君预定了场地,谈妥了各项配套设施,却发现是 B 君负责联络,结果又得再次对使用条件进行说明,届时到了举办的前一二日,会展中心竟然派遣了经验不足且不清楚情况的 C 君负责会议室的使用,如此的服务品质是会展策划者必须要特别留心的。

(3) 展示厅

展示空间的规划和安排协调,必须要与展场的主管先行洽商清楚。例如,进出展厅的规范、标识及指标的清晰程度,展场展架搭设的安全强度,展位的动线流畅度,参观人士的流量管制,展场用电用水的各项规定等。不要等到参展商要进场了,却因为不了解协商的条件,而使得进场时间延后,不仅多花了钱,更严重的是可能会造成开场延误。再者,展示厅的工作人员也必须清楚每个单位的入场时间和顺序,例如,了解搭展架、接水电、铺地毯、布置装修、展品运送及展品测试等单位的入场情况,否则将造成工作的混乱。如同会议厅的细节事务接洽都有专属联络窗口,展示厅也需要与了解需求的专属服务人员做好联系工作。

(4) 视听试映室

会展活动在进行之前都会先行测试各项视听器材的功能是否正常,音域是否足够,是否有回音干扰等。但是这些专属的视听器材通常交由专业公司安排,大致需要不少于三至四个小时的装置测试时间。作为会展活动的策划人,需要考虑多租用一个时段作为视听准备时段(rehearsal hours)。此处所提的视听试映室安排,系指会展活动在安排讲师发表论文前的预览准备工作,通常要安排数台幻灯机、投影仪及电脑,以便分组的讲师自行安排时间,到试映室测试讲述的顺序并及时纠正错误。在 2000 年前,大多数讲师多半使用投影仪及幻灯机,但随着会展科技的发展,几乎 95% 以上的讲师都改用电脑,如使用 word、powerpoint、flash、adobe 等软件,因此试映室可以放置多台电脑并联网,除了向讲师提供测试功能之外,另可提供联网查询相关信息等功能。

(5) 舞台区

各个会展活动一般都会安排一些特殊的表演节目,给与会者留下特殊的回忆。因此舞台区的规划安排是很重要的,对灯光音响、特殊道具、背景装置、升降布幔、出场秩序、表演位置、撤场需求、休息空间等的安排都要特别关注。在进退场的程序规划上,尤其能体现策划人员的专业程度。2005 年在笔者参加的一场盛会中,就发生了已在舞台上就位准备演出的表演者在音乐响起后全都突然跑下台的情形,观众一片愕然,后来得知是音乐放错了,这给与会者留下了极差的印象;而且此次大会安排了颁感谢牌给国内外的讲师,但却先安排了抽奖活动,等漫长的一小时的抽奖过后,才开始进行最重要的颁奖仪式,此时现场只剩下出席人数的1/4,讲师的感受可想而知。

(6) 用餐空间

用餐空间指的是大会为与会人员安排的用餐空间,无论是付费的午餐,还是大会安排的晚宴,抑或是会中的茶点,都应该在事前计算出适当的用餐人数。例如,要先调查有多少人与会?多少人用餐?安排的用餐区域是否包括备餐室(简单的加热区域)、取餐区(合适的动线)及用餐区(依人数及不同形态方式进行桌椅规划)等安排?这些都是在会展活动召开之前,必须先行查清并做好准备的。安排食品要以"卫生、安全、合适"为主要规划原则。由于在会展活动期间,用餐的人数非常多,如果没有很好的管理作业方式,容易造成不良的后果,而且有可能导致无法弥补的错失。在用餐方面,会展策划者基本上都是委托给专业酒店或餐厅负责餐饮的供应,但是仍然要重视食品的来源、烹制的流程,要排除不当的菜肴(如鱼翅、受保护的动物等),并了解宗教的禁忌(回教餐、印度餐、犹太餐等)。

(7) 仓储空间

会展活动举办期间,需要用到的器材、物品、文宣资料及配合物品(如推车、医疗用品箱等),都应该视物品的多寡及储藏的需求而予以安排。在项目管理中,大多数人都偏重人员的管理,却相对忽视了物品的管理。试想若有1200个资料袋要发送,倘物品管理不当,任人发放,等到会展举办时,突然发现缺失了300个,则将是相当尴尬的。又如提供给各个单位联系用的对讲机,若因管理不当,而在展会期间才发现有缺失,则势必会影响到各单位之间的联系。

(8) 贵宾区

大会为了增加会展活动的影响,也为了强化对这次会展活动的重视,大多会邀请重要人士或领导致辞。因此,在会前的准备接待工作,显然是不能疏忽的。在贵宾区的安排上,要包含必要的隐秘性、安全性等功能,并能提供更衣洗手或餐饮等功能。这也是会前、会中需要管理和规划的重要项目。

(9) 报到接待区

对会展活动来说,最重要的就是参展商、观众、与会人士,会展策划者需要仔细规划如何接待这些客户。除了在会前确定与会参展的人数外,更应该对贵宾、讲师、国内与会者、国外与会者、现场报名者、媒体记者等不同人群的接待区域进行区隔;同时要配置不同的电脑、文宣资料及发放的资料袋等,以便来宾报到时,随即提供完整的报到接待服务。

(10) 相关工作区域

在各项不同的会展活动中,有许多不同的工作区域,并且是应该在会前几天规划完成的。例如,在展会中,应该安排厂商洽谈区,让各个产业供应商及客户有交流的平台。又如在会议上,特别是国际会议中,应该安排多功能商务区,配置电脑、网络、打印机、复印机等商务器材,以便让离开家乡的与会人士可以方便地处理本身的事务。

6.1.2 会场管理协调机制

在会议策划方案已经确定,也收到了相当多的参展与会人士报名,现场的各个工作区域也都依规划做好了准备后,为了要确保会展活动的服务及举办的品质,为了顺利展开整个会展活动的流程,应该强化整个会展策划组织的管理协调机制,使每个工作环节能及时、有效、专业又有质量地完成。通过筹备工作会议、工作进度管理会议、供应商协调管理会议及会前训练等方式,可以让所有与会者都能够感受到高水平的筹划管理成果,也让会展活动现场能够解决问题、迅速回应、紧急应变,同时扩大服务等效果。

会场现场的工作庞杂而且多元,又需雇请许多专业厂商、供应商及特定团体支援,与配合举办的会场提供者有许多需要沟通的细节及工作重点,而通过实际面对面的协调,确实可以把许多待解决的问题落实,也可以发现许多现场不可以提供或无法配合的条件。会前先言明,能够正确落实具体行动,并且减少失误。例如,某些会展活动的节目在酒店安排演出时,希望能够有特效(如大型探灯、爆破、干冰喷烟等),但酒店本身的电力未必足够,这就有必要事先了解现场供电情况,并可以考虑租用发电机。以下是各个协调管理机制的作业方式:

(1) 筹备工作会议(Organizing Committee Meeting)

① 参加者:会议筹备主席、秘书长(正副)、各组组长(正副)、会展承办专业公司代表及相关重要成员等

② 举办频率:举办会展前 6 个月,应至少每个月一次

- 举办会展前 3—6 个月,应至少 3 星期一次
- 举办会展前 3 个月,应至少每 10 天一次
- 举办会展前一个月,应至少每 3 天一次

③ 讨论重点(以会前一个月的工作会议为例)

- 决定哪些项目该如何进行,决定哪些项目该被搁置
- 确认所有印刷宣传资料的发送情况
- 确认大会进行流程
- 确认大会贵宾接待规格方式及条件

- 确认大会参展与会总人数(增加或减少的比例应在5%—7%之内)
- 确认各项需求的订购数量(如餐饮、资料袋等)
- 决定交通安排方式
- 确认各工作区域的工作人员职责,建立各工作人员名册
- 建立报名报到机制并确定现场处理流程
- 确认宣传、媒体、新闻发布时间及做法
- 决定晚宴、节目活动的流程及人力安排
- 规划大会的后勤作业及服务系统
- 确认大会收支会计作业及现金流量
- 规划紧急应变措施及作业流程
- 规划各项安全管理机制及回报系统
- 确认各相关供应商的服务品质及时间安排

(2) 工作计划管理会议(Working Project Management Meeting)

① 参加者:会议筹备秘书长、各小组组长及成员、会展承办公司

② 举办频率

- 会前6个月,每月一次
- 会前2到6个月,每月两次
- 会前一个月,每周一次

② 讨论重点

- 针对每项细节工作计划进行时程管控
- 了解细节计划的推动情况及人力配置
- 确认已完成事项及未完成的事项
- 确认各项细节工作计划的作业方向及操作品质
- 确认宣传作业成效评估及改善做法
- 确认交通作业成效评估及改善做法
- 确认餐饮作业成效评估及改善做法
- 确认报名作业成效评估及改善做法
- 确认场地规划作业成效评估及改善做法
- 确认整体布置作业成效评估及改善做法
- 确认宴会节目作业成效评估及改善做法
- 确认接待事务作业成效评估及改善做法
- 确认旅游规划作业成效评估及改善做法
- 确认住宿安排作业成效评估及改善做法
- 确认人力配置作业成效评估及改善做法
- 确认视听器材作业成效评估及改善做法

(3) 供应商协调管理会议(Suppliers Management Meeting)

该会议针对各类委托外包的厂商,包含:

- 场地提供者
- 餐厅或酒店
- 节目表演者
- 交通服务公司
- 礼仪接待公司
- 旅游公司
- 印刷公司
- 广告宣传公司
- 会展服务公司
- 会展搭建公司
- 花艺厂商
- 礼品商
- 运输公司
- 专业主持人
- 同声传译及翻译者
- 相关公司等

会前一到两个月的供应商协调管理会议,会影响到会展活动的进行,因为供应商有其业界的优势及资源的整合能力,但也有一定的专业牵制如合约的限制,无法在会前两三天临时更换工作班子,这就需要与这些工作团队和睦相处,充分了解他们过去的背景及工作经验,更要借着“面对面”的讨论会议了解双方合作中存在的问题,并解决问题,进一步推动整体作业。

① 参加者:筹备组织中负责推动各细节计划的小组成员及各个供应商(厂商、工作室或个人)

② 举办频率:会前 3 个月,依工作进度另定,至少要 1—2 次

③ 讨论重点

- 确认各个工作项目的需求、数量及金额
- 确定各项工作的细节,如投影仪是什么类型的投影仪、用的是讲台还是舞台
- 确认各项基本的条件及加强制作的条件,如印刷品有不同的磅数,又有不同的处理方式(如用空心字、阴影等),更有不同的印数和材质
- 确认各项工作或服务的最后交付时间
- 确认各项印制设计的截止时间(许多印刷品是无法在一日内印好的,需要晒过才能入色)

- 规划各种工作及服务的基本时效和加班计算方式
- 确认提供服务的人选及替代人选
- 确认不同的模式及服务做法如何安排(旅游、餐饮都有许多不同的安排)
- 确认递达制成品及相关服务的时间及储放作业
- 确认与供应商的合约及执行原则
- 确定相关服务的衍生需求及配合条件
- 制订相关的人力服务培训计划

(4) 会前工作训练会议

任何会展活动的工作人员,无论是全职的还是兼职的,无论是职业的还是业余的,既然参加,那就应该在各个工作环节上发挥其作用,自然要在会展活动举办前,清楚整个会展的流域、区域、人力分配及职务等,更要知道作业的流程、反应、合作机制及任何预想的状况,自然每个人都应该全程参加会前工作训练会议,这不仅能强化每个人的工作指令,更能有效提升此次会展活动的声誉、名气以及服务品质。

① 参与者:每个在会展活动中的工作人员及专业讲师

② 举办频率:会前两周的时间,1—2 次(其中一次是搭配现场实地勘察)

③ 会议重点

- 了解自己的工作范围及职务
- 确认每个人都能充分了解整体流程及节目
- 规划每组人力的从属关系,并相互支援
- 确认每组工作的重点
- 安排每日工作的总结时间
- 了解各项工作规定及禁忌(如国际礼仪的基本要求等)
- 了解如何回应及回应的机制,及主动解决困难及问题的做法
- 确认各项器材及设备的标准作业程序

6.1.3　会前工作检查表

检查表可以是会议活动策划者的好帮手,不仅可以适时提供工作上的参考,还可以在某些容易忽略的环节上提供警示,更重要的是提醒你每个实施步骤的必要做法。本节提供几个检查表的格式,作为会展策划的参考。根据经验,也可以制作适合自己的检查表,作为会前筹备工作的检查范本。

要成功圆满地举办会展活动,有多种检查表需要列出来:

(1) 小型会议检查表

(2) 场地选择检查表

(3) 餐饮活动检查表

(4) 特殊服务(如听障、视障、肢障)检查表
(5) 视听设备检查表
(6) 舞台表演检查表
(7) 会展活动合约检查表
(8) 展览检查表
(9) 会展中心检查表
(10) 议程检查表
(11) 公关推广检查表
(12) 与会住宿检查表
(13) 交通运输检查表
(14) 报名信息服务检查表
(15) 会前简报检查表
(16) 会展空间(会议室)检查表等。

会展空间(会议室)检查表、会前说明检查表、会议议程计划检查表依次如表 6-1、6-2、6-3 所示。

有些项目细节可能会因为不同的环节而有所增减,不过无碍整体筹备工作检查的主轴考虑。

表 6-1 会展空间(会议室)检查表

◎ 费用及预定	◎ 场地选择法	◎ 器材部分
▲ 了解哪些是要收费的项目	▲ 研究基本的需求	□ 主席台及主席椅
□ 座椅	□ 与会者的舒适程度	□ 桌子:四脚桌、圆桌折叠桌、长形桌
□ 桌子	□ 视听器材的可行性	□ 舞台:活动式、固定式
□ 舞台	□ 讲员的需求	□ 布幔:落地式、移动式
□ 主桌	□ 洗手间的方便性	□ 灯光:一般、控制灯、探头灯
□ 视听器材	□ 动线安排	□ 讲台
□ 特殊供电	□ 是否有噪音干扰	□ 广播系统
□ 特殊装潢	□ 餐饮供应的方便性	□ 话筒:桌上型、活动型、悬挂式、落地式、无线式
▲ 决定预定的时段	□ 残疾人士的设施	□ 电力供应:交流电、直流电、电力箱位置
□ 24 小时	▲ 各会议室的情况	□ 延长线
	(会前必须再检查)	□ 白板及板擦

（续表）

◎ 费用及预定	◎ 场地选择法	◎ 器材部分
□ 半天 □ 4 小时 □ 每小时	□ 清洁程度 □ 配备情况 □ 空气流通性	□ 屏幕 □ 投影仪 □ 放映机：8 厘米 16 厘米 35 厘米
▲ 预估搭建及拆卸时间 ▲ 哪些是确认的项目？ □ 各预定使用会议室的表格、时间、编号及日期 □ 每个会议室的布置时间 □ 需要重新规划的房间 ▲ 签订书面合约 □ 要记明那些要使用的会议室，特别是有不同规划的房间	□ 光线亮度 □ 隔音程度 □ 任何堆积物 ▲ 应变计划 □ 同时举办的团体是谁？ □ 你的与会者增多或减少的情形发生 □ 改为大点房间或小点房间的可能性 □ 会展中心最近是否有装修计划 ▲ 将你需要的布置图交给会展中心主管	□ 室内灯光控制 □ 激光笔 □ 相关用品：便条纸、笔、水杯、旗帜、布幅、废纸篓等

表 6-2　会前说明检查表

◎ 设置现场说明计划	◎ 会前需要检查的项目
▲ 送达	
□ 会展服务经理	□ 餐饮/开立的菜单
□ 现场管理者	□ 节目
□ 会展办公室代表	□ 视听需求
□ 其他，如预约经理、场馆部门主任、餐饮主任等	□ 工程配合 □ 预订作业 □ 报到接待
□ 学、协会工作人员	□ 交通安排
▲ 会前需求表影本送达	□ 停车
□ 会展服务部门	□ 运输/货运
□ 相关展馆管理人士	□ 电话/电脑
□ 供应厂商	□ 清洁

（续表）

◎ 设置现场说明计划	◎ 会前需要检查的项目
▲ 内容	□ 特殊旅游行程
□ 名称、日期	□ 安全
□ 使用房间名称、大小	□ 财务作业
□ 开始及结束时间	□ 相关项目
□ 预定布置时间	▲ 要有相关配合单位的认知(如备忘录)
□ 谁负责管理这些会议室	▲ 要提供会展节目、流程给各相关人士
□ 房间平面图	□ 餐厅经理
□ 特殊设备及服务	□ 询问台
	□ 清洁部门主管
	□ 总机
	□ 活动主管

表 6-3　会议议程计划检查表

◎ 一般需求	◎ 讲师	◎ 贵宾节目	◎ 娱乐性节目
▲ 建立工作委员会来管理	▲ 决定目标及主题	▲ 发出贵宾问卷	□ 接待酒会
□ 教育性系列研讨会	▲ 讲师的来源	□ 简历	□ 鼓励讲者发送书面资料
□ 讲师	□ 征求论文	□ 兴趣	▲ 了解会议室的情况
□ 贵宾议程	□ 其他协会社团推荐	□ 职称/专长	□ 会议室容纳人数
□ 娱乐节目	□ 政府机构	□ 建议/需求	□ 服务人员
▲ 每个委员会都应配置	□ 大学	▲ 在预算内安排的节目可以是	□ 相关的配置、设备
□ 工作议程	□ 演讲局	□ 午餐会	
□ 截止日期	▲ 审核讲师	□ 鸡尾酒会	
□ 会议资源手册	□ 了解简历	□ 音乐会	
▲ 教育性系列研讨会	□ 取得相关演讲录像(音)带	□ 戏剧表演	
□ 了解需求	□ 参加实际演讲	□ 运动比赛	
□ 选择主题	▲ 通知预定邀请的讲师	□ 风景旅游	
□ 寻求认证	□ 演讲时间	□ 花园/古迹旅游	
□ 建立作业系统	□ 地点	□ 工程参观	
□ 执行评估做法	□ 特殊讲题	□ 健身活动	
□ 了解花费情形	□ 与会者资料	□ 演讲	
▲ 对各个教育性研讨会	□ 会议主题	□ 其他	
□ 要容易让人理解	□ 会场布置		
□ 视听支援	□ 付费条件		

（续表）

◎ 一般需求	◎ 讲师	◎ 贵宾节目	◎ 娱乐性节目
	□ 特殊服装要求	□ 宴会	
	▲ 要事先告知的信息	▲ 需要特别了解	
	□ 住宿安排	□ 节目的内容	
	□ 旅游条件（飞机、车、船）	□ 节目的时间	
	□ 会前宣传	□ 表演服饰	
	□ 视听配合	□ 舞台安排	
	□ 照片、简历	□ 灯光/音响	
	□ 陪同人士	□ 音乐	
	□ 是否需要排演	□ 化妆室	
	□ 配合的安排，如用餐、布置		

6.2　会展现场报到及接待工作

会展活动的项目管理强调事前的各项工作计划安排，重视各环节的准确衔接及开展，而这些事前的准备工作都是运用在预期来参加的与会代表、参观民众或是活动的参与者——“人”的身上，而且必须有效地运用在进入会议室、展览厅或活动大厅之前的“特定对象”的接待作业，这是因为最影响所有参与者的想法和印象的场面就是现场接待及报到的环境，因此许多大型国际性会展活动都会设置别具风格或特殊规划的区域，作为报到及接待使用。这项作业的规划是在让与会者（大多数是付费的消费者）有被重视的感觉，而且也会有不同的环境氛围。所以，从事各项策划工作，不能忽视现场的报到及接待工作的各个细节。

本节讨论如何规划接待区域，以应付同时涌入千人或万人与会者，并用什么方式去区隔不同身份的与会者。接待工作是面对面的贴心服务，要指导工作人员做好真正的接待工作，避免呆滞无神、公式化的接待失误。本节也将探讨接待人力的配置、职务安排、会前培训、应变做法及流程管制等重点。

6.2.1　确认报名报到机制及对象

任何一场会展活动，都有报到区域的规划及相关机制的设立，因为要预期参加的与会者，都会在大会预定的时间里，先后抵达预定的会场或场所。预定的与会人数再加上现场报名的人数，以及来参加开幕典礼的来宾，可能是数十人，更可能是数百人、数千人，甚至数万人，上海2010年世博会更是预期有数千万人来参加，如果不能设定好适当的区域、做好接待人力配置及流程分配，是极危险的规划作业，因为来参加的群众通常会因为信息的不明朗，或区域规划不佳，或流程管制失当，而产生排队、塞车、推挤或争吵等现象。因此，作为会展活动策划者，必须特别重视报名报到接待的作业规划。

（1）报名作业

大多数会展活动都采用事前的报名程序，在会前做好出席人数、准备资料、会务费收取、安排坐席、相关空间容量等规划。当然，也有采用不需报名，自由入场的会展活动，如许多消费性商展活动、公益性质的展示或是公共政策的说明会议等。但无论是采用事前报名还是采用自由入座的方法，都应该有个比较正确的估算和管制做法，这样才不会形成出席参加人员管理失控的混乱场面。

事前报名区分为以下几种：有的是邀请来的贵宾、讲师、主席或评论人，需要报名却不需要缴交会务及报名费；有的是协会会员，会务费可以优惠；有的是学生会员，会务费可以有大的折扣；有的是参展商，可以有免费入场的胸牌；有的是出席的贵宾，却不见得受邀参加晚宴；有的人士报名，却委托他人出席，这些都是事前报名时要一一弄清的，更重要的是主办单位要事前规范整体的报名流程及须知信息，如此才能够有效鼓动人们出席参加。本书建议各地会展活动的筹办者，将报名作业的整体会务费及所包含的项目详细名列，避免与会者的争执及不满。

除了会前的报名程序规划外，也可安排现场报名，以争取更多的人与会出席。但是现场报名作业需要更仔细的规划，更多的事前信息告知，更周到的现场服务，才不致形成更多的现场混乱情况。例如，许多国内召开的会议或展览要求外宾在现场报名时，必须在胸牌上贴上照片，这可能是主办单位希望收取5元的快照费用，也可能没有考虑国际惯例，而使得已经抵达会场的人士怨声载道，造成严重塞车、排队现象。除非是安全上的特别顾虑，否则要求与会者随身携带自己的照片，可能是非常不合理的规定。

（2）报名总表

处理会展活动的报名及报到程序，必须先整理出一套完整的报名总表，从而可以清楚知道有多少人已经预先报名，住在哪里，参加哪个分组，以及是否预约参与接下来的文化之旅等。随着科技的进步，互联网的运用越见频繁及便捷，每个参与者都可以在会展活动前预先知道自己的报名程序是否完成，大会的胸牌拼音或用字是否正确。更重要的是无论是机场的接机人员、饭店的经理人员还是会场报到台或旅游办理团体都能快速地知道你的名字，从而立刻展开合适的接待工作。

报名总表的设计依主办单位的需求不同而有不同的设计做法，表格的格式也可能不同，但重点是便于查询，迅速地回应与会者。在总表的设计上至少应该包括：

① 姓名栏（姓、名，中文、英文）

② 国籍、区域

③ 服务单位（公司、研究单位、政府机构等）

④ 职称（总经理、教授、处长等）

⑤ 证件编号(护照或身份证等)
⑥ 出生年月日(主要用于保险)
⑦ 抵达日期、班机(车船)(是否有接送安排)
⑧ 预定离开日期、班机(车船)(是否有接送安排)
⑨ 缴交会务费记录(参加各个活动的费用等)
⑩ 身份(是不是会员,是否担任讲师等)
⑪ 相关与会安排(是否参加开幕典礼、欢迎晚宴、文化旅游等,安排在第几组)
⑫ 特殊需求(如素食、眷属、相关需求安排)
⑬ 随行人员资料
⑭ 联络地址、电话、传真、电子邮箱
⑮ 预定住宿旅馆

以第二届两岸四地老年医学与家庭医师研讨会为例,其报名表如下:

第二届两岸四地老年医学与家庭医师研讨会

报　名　表

大会秘书处填写

收件日期	
报名编号	

※请以正楷填写

1. 与会者基本数据

姓名:	生日:公元　　年　月　日
服务单位:	岗位:
电话:	传真:
通讯处:	电邮:

2. 随行人员基本资料

姓名:	生日:公元　　年　月　日
身份(与与会者关系):	联络方式:
姓名:	生日:公元　　年　月　日
身份(与与会者关系):	联络方式:

3. 报名费

	2003 年 03 月 25 日前	2003 年 03 月 25 日后
一般与会者	□ $6000	□ $7000
随行人员	□ $2000	□ $2500

◇ 报名费包含四天议程以及欢迎晚宴、会议茶点、三次中餐。

4. 住宿及社交活动

	日期	时间	出席状况
欢迎晚宴	2003/5/22	18:00—21:00	□ 出席 □ 不克参加
养生讲座	2003/5/23	10:00—12:30	□ 出席 □ 不克参加

◇ 养生讲座于 23 日早上举办两场,单场费用 200 元整。

◇ 大会另将代为安排住宿及旅游活动,现正协商最优惠价格提供与会者选择,请先完成此报名表,大会将有专人与您联络,确认住宿及旅游事宜。

5. 付款方式

报名费与养生讲座总计: $____________________

请勾选以下三种方式之一:

□ 信用卡或付现

信用卡种类: □VISA □MASTER
身份证字号: □□□□□□□□□□□□□□
信用卡卡号: □□□□□□□□□□□□□□□□□□□□□□ 有效期限:________
金额: ____________________
持卡人签名: ________________
日期:____年 __月__日

□ 汇款(请务必于汇款当日传真电汇单及报名表至大会秘书处)

户名:圆桌会议顾问股份有限公司

解款行:上海银行

账号:× × × × × × × × × × ×

□ 签发即期支票 (请挂号寄至大会秘书处:圆桌会议顾问公司)

支票抬头请开立:圆桌会议顾问股份有限公司

- 大会秘书处将于收到报名表及完整之报名费后,尽速回示收据给报名者。
- 一人一表,不敷使用时,请自行影印。
- 报名表请传真或邮寄至大会秘书处:

圆桌会议顾问公司

台北市 × × 中山北路 × 段 × × 巷 × × 号 × 楼

电话: 886-2-× × × ×-× × × × 传真: 886-2-× × × ×-× × × ×

Email: ceo@ come2meet. com

(3) 大会报到资料提供

各项会展活动都会在举办前,先行提供各类宣传资料及信息,以吸引各地有兴趣的人士参加或与会,但是这些资料、信息会依照会展活动的计划变动而有所不同:论文的题目可能变更,讲者的人选有可能变动,活动的空间或地点作了调整,这些都会在大会报到的资料中有最终的版本,也就是定案的版本,而且每个报名参展、与会及即时报名的人士都希望能够在确定参加时、抵达会场时或完成报名程序时,拿到大会主办单位提供的(精心设计的)大会资料袋。

大会资料袋应该有相当丰富的内容、贴心的设计,具有纪念性质的安排,这样才能得到与会者的认同并留下好的印象,这是个重要的项目管理步骤,因为几乎每个与会者都希望在会前的几天,先了解整体会展活动的流程,所期望的活动或讲座举行的具体时间,大会晚宴会有哪些惊喜,所要预定的展商的展位,大会是否有些服装或礼仪的要求等。大会资料袋应当具备:时间性(它必须在会展活动举办前1—4天内完成制作,在会前一天或当日发送);实用性(提供与会者重要且必需的信息资料,如大会手册、地图、配挂的胸牌、城市相关各类介绍信息);纪念意义(小礼品及具有特殊设计理念的资料袋、邀请卡等);宣传性(贴有主办单位或赞助机构等不同设计及名称的宣传物、新闻稿或城市宣传资料等)。因此,在规划上要注重设计精致又实用的用途及功能。

许多主办单位不是很重视大会资料袋的提供,随意购买一些牛皮大信封袋或百货公司的购物袋,然后装入一些随意找到的资料,印制的手册又有诸多错误,这样的资料袋只会给与会者留下不专业或不规范的印象。另外,会展产业是重视环保及生态的,主办单位因此要重视大会资料袋的规划及安排,建议制作大会资料袋时可考虑采用环保袋(轻帆布的环保材质)方式,不仅轻软实用,携带方便,也具有大会主办单位重视环保的宣示意义。

下列清单可作为大会资料袋内容的参考:

- 与会者名牌及证件(主办单位依报名表制作)
- 大会主席欢迎信(主办单位安排)
- 当地城市领导或部委办领导欢迎信(主办单位向领导机关申请)
- 报名确认单(含报名费收据,主办单位发出)
- 大会手册(主办单位制作)
- 论文集(主办单位制作)
- 参展手册或与会者名册(主办单位制作)
- 城市地图或宣传资料(当地城市旅游委员会提供)
- 衣、食、住、行(当地城市旅游委员会建议)
- 邀请卡(向各邀请单位发出)
- 小礼品、奖品(主办单位或赞助单位提供)

- 中英文新闻稿(主办单位提供)
- 纸、笔(主办单位提供)
- 评估表(主办单位制作)
- 各项宣传资料(赞助单位、支持单位、参观单位等提供)
- 资料袋(主办单位或赞助单位或支持单位等提供)

6.2.2 报到工作流程及人力配置

要应付上百、上千甚至上万的与会者或参观人士的“瞬间”到达会场,并尽快疏通人潮到会场参加开幕典礼,确实不是件容易的工作。许多大型会展因为未能快速引导与会者报到程序,并安排好流程及路线,以致造成与会者有800人预期与会,却只有两百多位已经领到胸牌及资料袋的与会者坐在会场,领导及贵宾已经在准备开幕致辞,而报到区却还有五百多人预定与会而“滞留”在外。在处理大型国际会展时,要事先妥善规划报到的区域、工作流程及人力工作配置,以期在报到时间能有效发放大会资料袋,顺利完成报到程序,圆满推进会展流程。

(1) 报到区域的规划

做好会展活动的现场报到作业工作,必须先思考整体报到区域的规划,一个完整的动线安排,适当区隔的区域配比,可以让与会者在一定时间内完成报到程序,并进入会场参加活动,反之则容易造成塞车、争执、延误等状况。报到区域首先要作与会人数及报到时间评估,与会人数则依据最后报名的作预估。常常会出现以下情况:报了名却未出席,或者临时有兴趣而前来现场报名参加,这些都需要在设置报到区域时,先行依照预估规划和考虑。至于报到时间的安排,要避免因为人数太多,而产生不必要的拥挤及失序。本书建议先行将报到区域依比较宽松的与会人数估计规划,避免现场报名人数增加时,出现空间不足的情况。以下报到现场管理步骤,可以在主办单位进行报到区域规划时作为参考:

① 确实了解与会出席人数。统计人数应该加入:

- 预先报名人数
- 预期现场报名人数
- 讲师、贵宾的人数
- 工作人员的人数
- 媒体及相关摄影采访人数

② 安排较长的报到时间。一般会展活动的出席人员,为了避免拥挤,通常选择会前一日抵达,因此可以规划在会前半日(4—6小时)进行报到接待,发放大会资料袋。有的开幕典礼还会选择在下午或晚上,则报到时间可以安排在上午时段,从而有效疏散报到人群。

③ 安排规划一个独立但与全场相连的空间。报到现场的区域最好选在大

会指定住宿旅馆或举办开幕典礼的会展中心，从而方便各地的报名与会者寻得地点，快速完成报到手续，取得需求资讯。

④ 依照与会人数考虑空间及动线。由于与会者在报到的时间内会大量进出报到的区域，选择报到空间应该以多出 1/3—1/2 空间人数的估算规划安排。例如，800 人在 3 小时内陆续完成报到手续，最好考虑一间能容纳 300—350 人的会议室，这样能方便进行报到程序。

⑤ 依照分类进行区隔。前来与会的人士可以大致区分为：

- 讲师、贵宾（含领导）
- 国外报名（依字母进行排列，如 a—f、g—l 等）
- 国内报名（依照号码进行编排，如 100—250 号、251—400 号等）
- 媒体
- 服务柜台人员（住宿、旅游、餐饮等）

对于分类的区隔做法，建议采行实际并且较可行的做法，如此可以有成效地疏解报到人流。

⑥ 人性化的考虑。需要在报到区域安排指示标识看板，设置可以快速查阅自己报名资料的柜台，以及可以书写填表的高脚桌台，可以休息等待的区域，可以暂放行李的区域空间，可以提供咨询的柜台，可以提供简单茶点的区域等。越人性化、越精细服务的报到区域设计及安排，越容易给与会者留下深刻又难忘的与会记忆。

（2）规划报到流程

在会展活动的报到现场，会有非常多的状况及问题需要立即解决，而这些需要比较有效率的报到流程规划，适时妥帖地为与会者服务，例如：

- 报到现场接受刷卡服务吗？
- 哪里可以兑换零钱？
- 名牌上的名字打错了，该找谁去更改？
- 资料袋的内容有误，如何更换？
- 遗失物品如何查询？向谁查询？
- 会务费有哪些优惠的方式？
- 参展厂商的需求如何解决？

以上各种报到时产生的问题，都与报到流程设计有一定的关系。如果要先在报到区的东北角柜台了解报到流程，再走到西南角去交费，再凭着收据到东面柜台领取大会资料袋，而餐券又要在西面领取，与会者显然会心生怨言，更重要的是，这种不专业的做法会增加展会工作人员的负担。许多主办单位会找旅行社或不甚了解流程的饭店人员处理，这都容易造成失误，而委托给专业的会展服务公司，应该是比较好的做法。

在报到流程的安排上，要慎重考虑下列诉求：

① 线的重要性。有哪些柜台是必须设置的，应依照直线的报到流程安排，尽量避免折返、弯曲及重复的动线。

② 简单明确的流程。能够节省的服务窗口，就力求节省和简单化，如媒体报到台，就只在一个窗口交付名片，签字领取媒体专有的资料、新闻稿或餐券等，再由专人引导至会场的媒体中心。

③ 依照程序进行报到。安排一组专人在报到区协助新来却尚未报到的与会者，口头咨询是已预先报名还是现场报名，并且引导去相关的区域。

表 6-4　报到规划作业流程

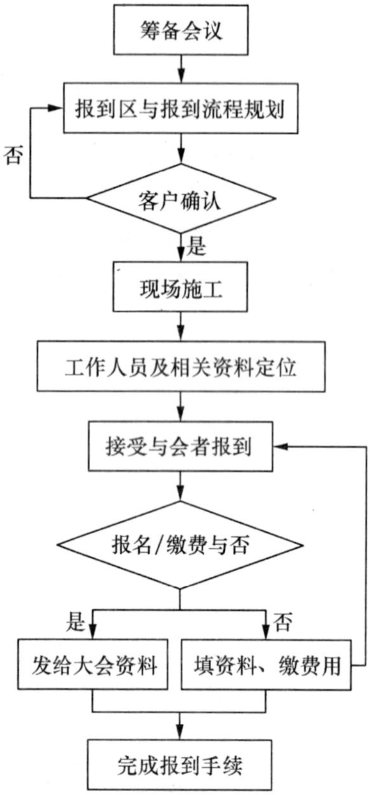

作业流程	配合单位	作业说明	需求窗体
	工作小组	定期召开筹备会议	
	工作小组	依与会人数、场地大小、现场动线设计报到区及规划报到流程	报到区平面图 报到台立面图
	工作小组	经客户确认后得以实施	
	业管组 工作小组	依进场作业办法进行施工	报到区平面图 报到台立面图
	业管组 工作小组	依会期工作手册规划之时间、人员及资料定位	报名缴费资料总表
	工作小组	依规定之时接受与会者报到	
	工作小组	查核与会者是否缴费	
	工作小组	现场报名者 现场制作名牌并开立收据	现场报名表 大会收据
	工作小组	缴费并取得数据即完成报到手续	

④ 建立问题处理小组。组成一个具有实际服务理念，有耐心本质的工作人员小组，再搭配资料完备的资料库，有一定沟通程度的外语人才，有效率的财务人员，配合规划的休息区和座椅，以及简单茶点的服务，这样的报到问题处理小组，可以是报到作业"解决问题"的唯一窗口。举凡补正名牌错误，大会资料袋内容缺漏，改变分组讨论的选择，加选新的旅游行程，提早离开的退款要求，遗失物品的查询等，处理小组都可以快速有效地提供服务，为大会主办单位提升专业形象。

（3）报到作业人力配置

会展活动的报到现场工作就是整个大会的"门面"，如果不了解消费者，即与会者的想法，很容易造成负面影响，而且报到现场人潮涌动，各式问答和查资料的作业同时运作，没有经过有效且实际工作训练的人员配置，报到工作很难做好。我们为主办单位提供了下列工作参考原则，期望能让报到工作及接待服务的人员迅速抵达服务岗位，开展有效率的报到接待服务。

① 选择有经验的工作人员。报到接待工作不是一般礼仪小姐可以应付的，而是要选择实际运作处理报名作业的工作人员及义工担任，即便是新选任的工作人员，也都要在会前一周及三天，分别施以训练，了解整个报到接待流程，看过预定来报到的名单，事先熟悉大会资料袋的内容，更应该如同问题小组一样知道如何解决基本的疑问。

② 实施区域职责分配机制。即便各个区域（如媒体、贵宾、国内外与会者）都有报名总表的资料，但是每个分配在不同工作区域的工作人员，他们的工作任务比重及作业有所不同，笔者建议每个负责 100 位或 70 位与会者的报到接待人员，应该在事前先了解并核查这些与会者的背景及报名资料，可以叫得出与会者姓名或职称的工作人员，通常让与会者很高兴，从而提高报到流程的效率。

③ 加强会前报到接待工作训练。除了要熟悉各种接待资料的准备及资料袋内容，也要知道报到接待的流程和问题解决方案。主办单位应该聘请专业讲师来指导全体报到接待工作人员，以耐心、笑容、应对的话语、解决问题的基本态度以及大会处理的原则去应对与会者。

④ 做个主动的接待人员。许多国际性会展活动的接待人员都会发挥主动精神，接待与会者，他们会在分配的接待区域主动趋前询问是哪个分组、参加什么活动、是否有需要协助的地方、是否需要引导现场报名的程序等。主动的做法，不仅避免塞车的状况，更使得与会者有服务至上、体贴用心的感受。

⑤ 做好人员工作时间分配。对现场预定前来的与会人数，工作人员必须先有计算时间的考虑。如果完成每个事前报名与会者的报到程序需时一分钟，而且 300 位与会者预估有 80% 会在会前报到，报到时间距离开幕时间只有一小时，那么每分钟须有 4 个与会者得完成报到，换言之，需要 4 个工作人员让 240 个与会者在 60 分钟内完成报到手续。

⑥ 对工作人员的规定。处理报到作业需要有经验的人员安排及执行,但由于会涉及收取现场报名费的问题,这是关系到大会的收入的,因此在工作原则上必须要有所规范,以避免因为现场紊乱而少了一些单据或短少收款。例如,贵宾机票的补助款(或退款)就应该规定要有贵宾的购票证明、登机证、签收款项收据、护照影本等。另外,许多外宾请接待单位代为收下机票去改日期或班机,但主办单位却未指导工作人员如何处理,因为确认机位并不需要机票正本,而机票一旦遗失,将造成非常大的困扰。

6.2.3　会展接待工作综述

就基本的原则而言,会展产业是属于高阶的服务产业,它包含着对各项筹备事宜的管理及策划,更关系着如何促进与会者的沟通交流,诚如第一章所述,会展的举办目的在于提高影响力,创造交易机会,促进交流联谊等,而会展活动的接待工作就是在主办单位与参展厂商、与会代表、讲师、贵宾及当地政府、公司等各个个人及群体之间,做好"良性沟通"的平台,这也是各个主办单位总希望请到"俊男美女"任接待工作人员的原因之一。但是,身着制服、举止优雅、身材高挑的礼仪小姐或先生真的能担当"接待工作"的重任吗?他们对整个流程清楚吗?对环境了解吗?接受过紧急应变的指导培训吗?

本节针对整体的会展活动接待工作进行探讨,希望能在会展人力资源管理观念及实用技巧上,充分发挥会展接待的实际功能及效益,以下是主要的工作要项及参考重点:

(1) 接待人员的选择及构成

接待队伍包括接待经理及接待人员,选择接待人员时,最大的考虑是他们的知识和经验、协调及合作的能力。在会展活动进行时期,各种可能的情景或情况都会发生,例如,与会者的大会资料袋遗失,其中还有他的护照和照相机;参加展览会却少带了名片,有可能找到快速印刷的店吗?由于有朋友参加另一个分组,可否代为调整去另一组?可否指点哪里有价廉物美又有氛围的餐厅,可以接待本地客人?因此,在选任接待人员时,会有些基本要求:

① 团队精神:要共同发挥接待团队精神才能达成任务要求。

② 丰富的经验:曾经有过相关会展活动接待工作的经验,可以快速地进入接待工作,而且熟悉接待任务需要。

③ 会展知识:了解会展活动的议程、流程、进行方式及各种基本的会展知识,如此可以快速学习。

④ 主动进取精神:接待工作力求主动为客人解决疑问、安排接洽、提供便利、服务沟通等。

⑤ 反应能力:对各种情况及疑问会尽快地从服务理念出发,迅速反应,使问

题得以解决。

⑥ 信任感：接待人员除了相信自己，也会让他人产生信任感，使得别人会赋予更高层次的接待任务。

（2）接待人员的技能要求

要解决会展现场的各项人与事的问题及困难，接待人员应具备相当的知识能力、管理技巧及专业技能，才足以应付和提供解答，在此有数项在技能上的要求：

① 解决问题的能力：懂得辨识问题，同时找出解决问题的方法，迅速沟通反应。

② 人际关系能力：在回答的语句及评语上，多了解适当的表达，即使是“不能”，也要寻求委婉的方式，使与会者及参展者都能感受人际关系的诚意。

③ 时间管理技巧：重视时间、遵守时间、掌握时间，使每项接待任务都是在有效时程内圆满完成。

④ 管理行为：管理工作讲求实际功效、优秀领导、充分配合发挥，以及自律尊重，在与会者眼中，管理行为的专业与否，透露着主办单位的用心与否。

⑤ 专业素质：包括内在性格、与人沟通的态度、外语应用能力、说话陈述的逻辑性，以及吃苦耐劳等种种素质，这些能反映接待人员的专业程度。

（3）接待人员培训规划

会展活动的接待人员可能出现在报到台、机场、技术参观展览柜台、文化之旅、大型餐宴、分组会场及大会旅游等不同场合，为保证接待工作人员的效率，促使他们充分发挥工作专业素养，培训有其必要性，可使接待人员充分认识工作技巧及应变做法。我们建议各个会展活动的主办单位在会展筹备之初，就编列预算，印制大会工作手册，排定工作人员培训会议，订定审核接待流程，建立联络机制等。工作人员培训会议的内容包括：

① 会展情况介绍：主办单位应该完整介绍这些会展的举办缘起、环境、筹备组织、与会环境、筹备工作进度及贵宾、讲师等的大致背景条件，使接待工作者能清楚整体状况。

② 环境介绍（包含平面图）：接待人员应该知道使用哪些展厅、会议室、秘书室、宴会厅及特殊场地等，并知道其周边的功能，甚至连洗手间、化妆空间、出入口及平面图等都应清楚。

③ 工作流程及规定：对每个工作分配的职责、区域及相关团队都应该与接待人员说明清楚，对各种规定，如不能私自兑换外币等都要言明。

④ 着装规定：制服的规定包括鞋、帽、领巾、领带、头发及相关的配件等，都有一定的安排，接待人员不可以自作主张地染一头黄红发、带着鼻环、穿着牛仔裤或球鞋去接待客人。

⑤ 时间安排:每个活动的时间都已经规划完成,接待人员要比与会者更知道时间流程,并了解掌握时间,如 10:40 茶歇休息时间中止,接待人员应在 10:38 起协助提醒与会者。

6.3 会场现场布置规划作业

为了突显参展会馆的气氛,勾勒描绘会展的理念,强化与会者及参展商的印象和信心,留下印象深刻的经验与感受,会展活动的主办单位应经常在各种功能性活动的办理之中,如接待酒会、开幕典礼、大会分组讨论、论坛研讨、主题晚宴、颁奖典礼、节庆游行、赞助活动、表演节目、舞会联谊、论文展示、义卖会或运动竞技赛等,尽心尽力地去安排、规划及布置,这些布置可以让与会者及参展商充分感受不同的主题和理念,进而延伸为主题的诉求。

会展现场布置的规划作业有许多不同的考量,有视听音响的安排,有影音声光、烟火特效等的表现,有动线及流量的考虑,也有经费、预算及协力厂商的管理问题,但在所有的布置的考量中,最重要的考虑是安全。如何确保布置的效果呈现,也维持着基本的安全考量,应该是主办单位相当重视的环节。

会场现场布置项目及考虑要点包括:

(1) 舞台背景

几乎每场大型或国际性会展活动都有舞台背景的设计需求,特别是各项仪式典礼及大型晚宴的舞台背景,这包括舞台设备、灯光、布幕、音响、演出背景及道具、悬吊及支架等。大型展会的舞台背景基本上是以室内舞台为主,少部分是室外临时搭建舞台。在背景的设计上一般要考虑其基本的理念是否与大会呈现的主题吻合,其色彩是否要以黄、蓝、红三色去发展,其文字要以中英文并列,但要完全正确地书写及检查;同时,将背景、色彩、图案、理念、文字融入设计空间之内,并要观察它们的组合效果,必要时,作为主办单位的筹划委员,有必要针对文字的尺寸、字距、设计要素的位置,色彩的变动,以及整体构图的意念去斟酌,如此才能让设计而成的舞台背景强而有力地表达大会的主题诉求。

一般而言,各式典礼、仪式及大型的晚宴舞台都采用木制的背景支撑,不过为了安全因素考虑,现代更多的舞台背景设置,采用组合角架支撑,不仅气势雄伟,更可以有较多的防护。笔者建议舞台背景的设置,应该要在会前一天先行完成(必要时,有多租用施工时段的考虑),并于完成后进行检查。

(2) 参展展位的搭设

大部分的展览及会议,多有上千个展位,少有十余个展位,进行各类商品、技术、研究及论文等的陈列展示。这样的展位搭设有各种类型,如标准展位(3m × 3m 长与宽)、道边形(在走道两侧,但为单开面)、内角形(两开面,面对的两个走道都可以看到)、外角形(指走道口的两开面)、半岛形(指三开面,面临三方信道)、岛形(无论从四开面的任何一面都能流转人潮)等,但是无论采用何种形式,展位的布置都要考虑展位平面图的设计、动线的流畅度、展台的大小及尺寸、特殊展位(特别是双层展位)的规划、相关墙板的安全、用电电源的规划、照明灯具的安排等作业。

无论是标准展台还是特殊展台,如果都采用同一种材质、同种颜色及同样的形状,则缺乏吸引力及凝聚力,不仅效果不佳,更不容易吸引参观者的注意及重视,反而易使整个展会失去主题性。因此,我们建议委托给专业展览工程公司,进行整体规划设计、平面规划、动线安排、展位搭设及施工监督作业,这样不仅能迅速整合设计理念方案,更可以依照安全的考虑搭设展位。

(3) 展示空间区域

展台不仅是展示产品的场所,也是展台人员工作的场所。展示产品、接待观众、洽谈贸易都是为了达到展出目的,因而展台不仅要有展示区域,也应该有接待区域、洽谈区域、办公区域、储存区域等功能区域。

① 展示区域就是展品、模型等占用的区域,包括场地、展馆、墙面。

② 公关区域是参观者观看展品,展台人员介绍产品、解说问题的空间。公关区域必须易于进出,易于走动,因此空间不能太小,要了解规划要接待的人数,了解是长谈、深谈还是简单询问,并作出相应的安排。

③ 登记与咨询区域是登记参观者情况、解答参观者询问的区域,它是展台的基本和主要功能之一,如果参展企业希望可以尽可能多地散发资料,设计人员可考虑将资料台或者资料架放在展台前部,方便参观者索取。

④ 招待和洽谈区域。在贸易会议上,参展企业需要考虑安排舒适的接待洽谈区,多设计成封闭式或半封闭式洽谈室或接待室,并配套提供冷饮和点心。

⑤ 大公司和集体展出一般要考虑安排办公区域,包括办公室和会议室等,并配备相应的办公设备。办公室也可能是参展企业接待展览会组织人员、接待新闻记者采访的场所。

⑥ 储存区域。设计人员还需要考虑安排适当的储存空间,放置资料、招待品、展品、工具、挂衣物等。

⑦ 休息区域是展台人员休息、饮食的区域,要考虑如何最好地接待潜在客户,方便其观看及谈判。

(4) 会展使用用具及用品

这主要是指展览架是展出的主要的、基本的道具。展览架有很多形式,一般分为定制展览架、组合展览架。

① 展览架是专门设计制作的,没有统一的规格标准,但有比较多的管理工作,如设计、制作、运输、包装、装卸、搭建、维护、拆除、储存等。定制展览架一方

面能根据参展商企业的要求设计,可以满足参展商的不同要求;另一方面是有个性,容易给人留下深刻印象。

② 组合展览架是按一定规格标准大批量制作的展架,成系列,展架有木结构、钢结构和铝合金结构之分。总的来说,传统形展架结构使用钢管或铁管作框架,四周放置玻璃,上下是木制顶板和底板,并在四周配以裙板,比较适用于展示性的展览会(如博物馆、科技馆、教育展览会等)。铝合金结构特点主要是标准化的铝合金框架和各种部件,可以合成很多种形状,满足各种设计要求。

③ 照明安排的原则是用光要充足、隐蔽,以免造成阴影及反光;要经济,不仅是费用上的经济,而且是效用上的经济,每一灯光都要尽最大效用。场地照明或者展台照明要注意灵活性,商业性展览活动性比较强、周期短,为了适应各种要求,最好采用灵活的光导轨和点射性与一般照明形式配合,但要注意安全,用电量不得超出负荷,同时须注意避免光线直射人眼及光线反射人眼等。个体照明可以吸引或分散人的注意力,使任何物体都可以在灯光下显得更生动。另外,使用投光和灯箱显示图片会收到很好的效果。

④ 视听音响设备。展览会上使用幻灯、录像、计算机等设备的情况很普遍。恰当地使用声像设备可以吸引观众,加强展品、图文的展示效果,因此必须负责通盘考虑安排声像设备,以便设备发挥最佳效果,加强整体展台的展示效果,同时不影响外围展台。要考虑声像设备的用途、设备位置、观众位置,要注意控制音量等,专业制作声像节目。

音响设备及其应用范围如下:

- 调音台:具有声音合成功能,包括放音和录音
- 吊杆式传音器:适用于电视、电影及特别声音源
- 盒式磁带收录机:现场录音
- 光盘播放器:播放器乐演奏音乐、其他音乐以及效果音乐
- 延迟式扬声器:用来把原声源的声音传送到更远的区域,有舞台布景的地方,延迟式扬声器可以安装在离观众一半的上方
- 数字音频录音机(DAT):播放同步音乐
- 全向麦克风:合唱
- 环形区麦克风(PZM):合唱、钢琴演奏等
- 全自动穿片机:幻灯或音频同步
- 扬声器:向特定地区或范围较大地区传送声音

⑤ 特技效果。活动组织经理人可以运用特技效果吸引观众的注意力,营造激动人心的气氛。把各种特技效果完美地结合成一个活动组织方案的关键,是要在设计过程中确定如何用特技效果支持或者扩展活动组织总体目标和具体目标。活动组织经理人在使用特技时,不能使宾客一头雾水,不知所云。活动组织

经理人应该把特技效果看成是整个活动组织战略中一个自然的组成部分。

- 气球下落：这种技术也常常用做气势恢弘的活动闭幕时的压轴节目或结束的信号元素，有时在气球内放置奖卷或礼品赠券
- 气动五彩纸屑发射器：喷出五彩纸屑，常用于活动的结束元素
- 干冰：在地上形成的低层烟雾，增加气氛
- 烟雾：魔术、激光束照射或喷射
- 烟火（室内）：常用于新产品推出、活动结束之时
- 烟火（室外）：引起注意，常为体育或其他活动结束的元素

6.4　现场安全管理及紧急应变处理

任何会展活动的主办单位及策划者，都要考虑会展活动的安全问题。世界上每年召开的数百万次的国际型或国内的会议、活动、展览、培训或会展型旅游都是以安全为最高考量，因此有许多政治活动、灾害频发或传染病流行的区域、国家都不是这些会展活动选择举办的地点。

在安全的环境中，会展活动是在没有干扰、担心的状况下开展的，不会引发负面的评价，对任何自然、社会、暴力、疏忽或不当行为造成的灾害损失，我们要有一定程度的应变措施，将灾害、损失及担心顾虑降到最低。例如，2000 年 9 月 21 日台湾的大地震即刻造成笔者当时举办的世华金融会的中止，除了立即收集各地的正确信息，与主办单位商议如何中止议程，并就各地外宾的飞机航班更动作最快的确认及安排外，还要依照紧急应变的协调联络窗口，发布中止办理的新闻讯息，并做好整体善后处理的规划，如在会志一周后发出至各与会者时，说明感谢及致歉。

6.4.1　现场安全管理机制

为了维护与会者、参观者、参展商及工作人员的环境安全及人身安全，有些必要的检查作业需要规划和考量：

(1) 了解会展场地及周边区域

作为会议主办单位或会议服务公司的一员，事前必须了解会场区域，从旅客、与会者、工作人员住宿的酒店到会议中心的各大会、典礼、仪式、宴会举办的会议室及房间，到展览区域的各个展区、休息区、仓储区、进货区及器材区等，到整个安排参观的工程工地、建筑物及厂房，都必须检查消防安全措施、参观路线的动线障碍、安全维护管理机制、邻近的医护急救医院、通讯系统的完善与否，有无危险的可能性。

(2) 收集各地与会者的信息

一旦与会者、参展者及参观者报名参加会展活动,一定要建立完整的联络网,如参与者的家中电话、移动电话、电子邮箱及可能的医疗记录(如参加者有心脏病、糖尿病或类似的需要特殊药物的疾病),以便可以在任何有紧急的状况时,进行适当的联系和安排。

(3) 保护贵宾

如果会展活动邀请了一些重要的领导、贵宾、讲师及名人,有必要收集相关的信息,必要时甚至要安排合适的男性或女性贴身进行保护,而且要安排称职的接待人员担任引导,节省通行时间。由于有的地方、城市会有持不同看法的示威者或抗议者,作为策划者,必须有相当准确的信息,及时保护贵宾。

(4) 制作紧急应变计划

为应对自然灾害,如台风、洪水、地震、海啸,及一些突发事件如失火、中毒或某贵宾的身体不适等情形的发生,必须先制订紧急应变计划,告诉筹备委员、工作人员,教导他们如何进行应变管理作业,如何通知其他单位(医药、消防队等)进行抢救。如果工作人员会实施心脏恢复术(CPR)或简单的急救方法,更应该在会前培训时,多加安排及规划。

(5) 安排必要的保险事宜

在筹备会展活动时,要征询专家或顾问,如何为与会者、厂商及工作人员购买一定的保险。例如,100 万元的意外保险理赔、10 万元的医疗保险,这些可以适用在旅行、展览、第三责任等不同的情况之中,当然,在会前的保险作业,要有完善的准备工作。

6.4.2　紧急应变方案拟订

为了应付各种临时紧急发生的状况,以及在紧急状况下以最有效率、最妥善的方式安排会展活动,有必要弄清楚急难灾害的定义、协助工作人员妥善处理的方式以及计划方案的拟订做法。

(1) 急难灾害的定义

急难灾害是没有预期、没有计划而发生的事件,这些灾害可能会造成与会者、参观者或工作人员的伤害和死亡,也可能会造成生理或心理或环境上的损害,也可能威胁到整体会展活动的进行,甚至造成中断,也可能造成设施的财务损失或损坏公众形象。

(2) 组织灾难工作小组

这个工作小组的最大任务是协助整个主办单位迅速、有效、妥善地作出正确处理及救难等决定,成立之初就要将每个工作人员的职务、工作责任及反应方式、汇报系统及协助机制说明清楚。这个小组的成立可以有效地解决信息不平衡、不理性反应及慌张失控等状况,也可以正确评估灾害发生的性质,准确地通报给社会大众和媒体。

(3) 紧急应变管理的作业方式

① 成功地应付各种灾难的重要步骤是“沟通”,要先了解灾难的本质信息的发生正确性(是否被正确地解释或理解),再依发生的状况进行规划处理。以下问题需要先行询问清楚:

- 谁需要知道这些信息?
- 谁负责传达,并和那些特定的“受众”进行沟通?
- 是否每个紧急应变工作小组成员都了解整个实情或现况?
- 我们真正要向与会者或参与者表达什么信息?
- 沟通传达的最佳时间点?

② 建立实施通信网。利用最便捷的信息联络方式,如电话、网络、短信等,快速联系,建立联系信息,使灾害发生时,能够以相互联系的做法,建立紧急应变的机制,并且调整各地可以取得协助的资源,如血浆、衣物、药物、救护及适当物品。

③ 建立媒体关系。在灾害急难发生时,媒体是联系公众的最重要的渠道。由于各种灾难的严重情况,未必能在灾难发生时被评估出来,因此各地媒体的畅通联系,可以保持比较主动及开放的分析,并进而提供比较正确的资料和信息;而且通过媒体可以对与会者、主办单位、各地分会、救难中心、工作人员及特殊团体发布紧急应变的方案。

④ 可能灾变评估及处理。会影响会展活动的灾变因素很多,如:

- 电脑中毒,导致档案遗失
- 与会者急患重大疾病或死亡
- 发生自然灾害(洪水、地震等)
- 供应商临时终止服务
- 炸弹威胁
- 会展中心起火
- 员工伤害案件
- 车祸
- 重大案件
- 抵制抗议及暴动

有必要针对各种情况先行规划处理,如紧急联络警局、消防单位,召开紧急应变会议,通知受伤家属,记录现场状况,保持正确信息的发布,确保其他与会者的安全等。

第7章　会展项目管理——会展收尾

精心策划的会展如期举行，热闹的盛会在忙碌中如愿结束，这时还有一系列很重要的工作要做，这些工作的重要性丝毫不亚于会展前和会展中任何一项工作，因为对于一个成功的会展来说，它的每一个环节、每一个细节都是亮点和支柱。会展项目的收尾主要包括会展后期服务、展后总结和展后评价三部分。

7.1　会展后期服务

（1）旅游服务

旅游是很多会展活动密不可分的组成部分，在很多时候，组织会后旅游甚至成为会议组织者吸引人们与会的一个有效手段。会议组织者在选择会议举办地时之所以看重饭店所在地的旅游资源和设施，其原因也正在于此。因此，旅游的安排对于会议而言有着十分重要的意义。饭店应协助会议组织者安排合理而精彩的旅游活动。

我国实行旅行社经营资格认证制度，大多数饭店不具有经营旅游业务的资格。在这种情况下，饭店在为与会者提供旅游服务时，更多的是帮助联系当地旅行社、提供建议等。如果饭店设有旅游部，则可自行组团旅游。此时，饭店须与会议组织者就以下基本问题达成一致：① 旅游线路与报价；② 旅游报价所包括的服务项目及标准；③ 每条旅游线路对人数的最低要求；④ 如果原订线路因故无法成行，用何种线路取代；⑤ 如果会议组织者取消旅游计划，那么在什么时间内取消不用交付违约金。

（2）票务服务

票务服务主要是为与会者离开会议所在地或会议期间旅游所提供的方便服务。票务服务尽管很繁琐，但对饭店会议服务经理来说是不需要花费太多成本的工作，他可安排专人与航空公司、火车站或旅行社联系。

① 票务工作通常由具有在航空公司或旅行社订票经验的人完成。根据会议大小，可设票务处，但多数情况下由登记处或询问处代办。

② 票务服务首先要为与会者提供准确无误的车船航班时刻表，包括离开或到达时间，便于与会者选择交通工具和乘坐时间。

③ 提供有关信息服务，包括车站、机场的位置，从会场到车站、机场和港口所需要的乘车时间以及车船航班的价格表，季节性的价格变动和有关手续费等

的说明。

④ 交通票的预订。会议如果在一周以内完成，登记时就应订回程的票；如果在一周以上，应提前三至六天订票。订票时，通常要求与会者填写一份订票表，内容包括订票人姓名、性别、单位、所需交通工具种类、离开的日期和时间、航班或车次、座位种类、押金数额，还应包括所交证件名称和编号以及所住的房间号和电话号码等。

(3) 结账

在会展活动结束后，饭店应在与会者离店时结清账目。结账时，涉及两个方面的费用，一类费用是由会议组织者支付，另一类则由与会者个人承担。饭店应根据与会议组织者所签合同中的规定分别收取。

① 与会者个人账务。针对会展活动参与人员众多的特点，饭店在提供结账服务时，应注意以下三点：

第一，合理安排结账时间。为避免出现与会者集中在同一时间到前台结账而造成拥挤嘈杂的现象，饭店应与会议组织者密切协调，合理安排与会者的结账时间。比较合理的做法是通知与会者在不同的时间段结账。

第二，根据客流量配备相应的收银人员和收款设备。即使与会者的结账时间能够被错开，但仍然可能出现结账人数骤然增多的现象，此时，饭店应相应增加收银员和收银设备，避免让客人排队等候，从而影响饭店的生意。

第三，准确快速地结账。离店结账时，与会者都想尽快完成相关手续，特别是那些要赶火车、轮船、飞机的客人。有经验和做事认真的客人，常常提前一两个小时去收银处结账，但有许多客人却是在离店之前将行李送到大堂时才匆匆结账。这时收银人员容易发生错误或漏收账款。因此，作为一名收银人员应熟悉结账业务和计算技术，准确迅速地结账收款，诚恳热心地为离店的客人服务，努力缩短客人结算离店的时间。

② 会议组织者账务。会议组织者的账务同样也应在其离店前予以结算。结算时，首先要做的工作是核对账单。饭店应整理好所有相关费用账单，然后交由会议组织者核对。在核对时，重点核对款项与合约有无出入，因为很多变更会发生在会展举办期间。例如，茶点数量提供可能因为人数预计有误而必须临时增减，或是视听设备临时增加等。在提供具体服务时，饭店方面应已就每一笔费用请会议组织者签字确认，此时所需的工作是请其再次确认，并确认总的费用。关于具体的支付方式，如果会议组织者无法一次性结清所有账目，饭店应根据对方的资信状况、实力加强对应收账款的管理，避免出现坏账死账。

7.2　展后总结

展会胜利闭幕并不说明展会的一切工作就此结束，办展机构还有必要对展会进行总结。通过展后总结,办展机构可以对本届展会的策划、筹备、招展、招商、宣传推广以及展会管理和服务等工作进行分析评估,总结好的经验以便下一届继续发挥,找出工作中的不足以便在下一届加以改进。展会一般都要一届一届地连续办下去,办展机构总是希望展会办得一届更比一届好,展后总结在这方面能起到很好的促进作用。

(1) 展后总结的作用

展会闭幕以后,很多办展机构都会组织办展人员针对该展会进行总结,这对于总结经验教训、改进业务流程和继续办好下一届展会具有重要的作用。

① 通过总结各种经验以继续发扬好的做法。从展会最初的策划立项、招展招商到最后圆满闭幕,各个工作人员都充分发挥自己的聪明才智,努力地工作;每个工作小组都充分调动各方面的积极性,协调配合,努力把各种筹备工作办好。在上述各种工作中,一定会涌现出一些富有创新意义的做法,对于这些好的做法,办展机构要认真总结。如果这些好的做法富有普遍性,可以将它们吸收进办展筹备的正式业务流程,在以后的工作中继续发扬;如果它们是针对某一问题的良好的解决办法,办展机构可以将它们作为备案保存,以备今后需要时使用。通过经验总结,可以将各业务人员的智慧集中为公司的智慧,将各工作人员的经验汇集为公司的经验,这样,今后的筹展工作将越来越顺利。

② 通过总结发现问题以改进以后的工作。会展工作是一项大型的社会公众性活动,工作繁杂,工作人员众多,牵涉面广,在筹备工作中难免会出现这样或那样的问题。对于这些问题,办展机构要通过及时的展后总结,分析问题发生的原因,探讨当时解决问题的办法是否最优。通过总结,发现问题、分析问题、解决问题,以便在今后的工作中能提前预防问题的出现,减少问题的发生;通过总结,发现现有工作流程中某些不合理的做法,以便在今后工作中加以改进。

③ 为继续办好下一届展会作准备。进行展后总结,固然是为了发现好的做法,避免问题的继续存在,但进行展会总结的一个根本目的,是为继续办好下一届展会作准备,为下一届展会铺平道路。通过展后总结,使本届展会的一些好的做法在下一届继续发扬,让本届展会出现的一些问题不至于在下一届再出现。展后总结,对于吸取本届展会的经验教训,改进下一届展会的策划、招展招商、展会服务以及现场管理等具有重要作用。

(2) 展后总结的内容

进行展后总结的一般形式是:组织所有参加展会举办、筹备和管理的人员召开一个总结大会,让大家就一些议题畅所欲言,在发言中,既可就自己所负责的工作进行总结,也可以对其相关工作进行评估;对于各种发言,大会派专人做好记录,会后整理成文;同时,还要求每个工作人员会后就自己的发言写一份书面总结,办展机构再将会议记录和该书面材料相结合,整理成一份完整的总结报告。展后总结会议的内容主要有：

① 对展会策划进行总结，内容包括：展会的举办时间、地点、展品范围、展会规模、办展机构组成、展会定位、展会价格、人员分工、展会品牌形象策划等。

② 对展会筹备工作进行总结，内容包括：展会工作的统筹、协调，各项筹备工作的安排和调整等。

③ 对展会招展工作进行总结，内容包括：目标参展商数据库的建立和改进办法、展区和展位划分、展览题材的增减、招展价格的合理性、招展函的编印、招展分工、招展代理的工作、招展进度安排、招展宣传推广和招展策略等。

④ 对展会招商和宣传推广工作进行总结，内容包括：目标观众数据库的建立和改进办法、招商分工、招商宣传推广、招商进度安排、观众邀请函的编印、招商渠道的建立等。

⑤ 对展会服务进行总结，包括对展会的展前、展中和展后各服务环节的服务，以及这些服务的质量、提供方式等进行总结。

⑥ 对展会现场管理工作进行总结，包括对展会布展、开展以及撤展等的现场管理进行总结。

⑦ 对展会的指定服务商进行评估，包括对展会指定展位承建商、指定展品运输代理、指定旅游代理、指定清洁和保安公司等的工作进行总结。

⑧ 对展会的时间管理办法进行总结，包括对展会的招展、招商、宣传推广、展会服务、筹展撤展以及展会整体时间管理等进行总结。

⑨ 对展会的客户关系管理措施进行总结。

⑩ 对展会的各种相关活动进行评估，包括对在展会展览期间举办的各种会议、表演、比赛及其他相关活动等进行总结。

⑪ 财务总结，包括对展会的预算、成本、费用支出时间安排、收益、收款状况以及其他财务问题进行总结。

对于以上内容，不仅要总结出经验和不足，还要注意针对不足之处提出改进的意见和建议。

不管是会议发言还是提交的书面总结材料，总结的内容一定要实事求是，切忌只表功不记过的做法。要注意不要让展后总结会议开成了表功大会，也不要将展后总结会议开成了批评大会。如果需要表彰，办展机构可以另开一个表彰大会，但一定不要将表彰大会和展后总结会议混为一谈；如果需要批评，办展机构或展会项目的负责人可以单独找有关人员进行交谈，交换彼此的意见，探讨改进的办法，那种将展后总结会议开成批评大会的做法往往得不到应有的效果。

另外，根据不同的用途，展会总结报告一般分为内部总结报告和对外总结报告两种。内部总结报告是供办展机构内部使用的，一般比较详细具体；对外总结报告主要是供新闻媒体以及参展商和观众使用的，一般比较简单。

（3）展会结束后的后续工作

在展后总结会议结束时，办展机构一般还会布置展会闭幕以后需要继续完成的一些后续工作。展会的后续工作既是本届展会的收尾工作，也是下一届展会的开始，所以，展会闭幕后的后续工作是不能省略的。

展会闭幕以后的后续工作主要有：

① 向客户邮寄展会总结并致谢。展会闭幕以后，要及时给所有参加展会的参展商和观众邮寄展会总结，并对他们参加本展会表示真诚的感谢。展会总结不仅要邮寄给展会现有的参展商和观众，对于那些暂时还没有来参加本展会的目标参展商和目标观众也要邮寄，这样可以有助于展会下一届的招展和招商；展会的致谢函可以只邮寄给现有的参展商和观众，但对于那些曾经帮助过展会筹办的机构（如各协办单位、支持单位、消防保安部门等）和个人也要致谢，对于一些重要的客户和机构，办展机构还可以派人亲自登门致谢。至于展会总结和感谢函的邮寄方式，可以采用信函、电子邮件和电话传真等。

② 更新展会客户数据库。一届展会完毕，办展机构的客户数据库可能会发生很大的变化：有新客户的加入，有老客户的流失，有些客户的信息发生变更等。办展机构要根据本届展会客户的实际情况，及时准确地更新客户数据库，并根据客户信息的变化，及时调整客户工作的方式和方向。成功的展会往往是那些客户工作做得出色的展会。更新展会客户数据库既包括对参展商数据的更新，也包括对观众的数据的更新，还包括对各种展会服务商以及业务代理的资料的更新。

③ 进行展会总结性宣传。展会闭幕以后，可以就展会总的情况进行一次总结性宣传，办展机构可以将展会的情况准备一份总结性的新闻稿，提供给各新闻媒体，让展会“有始有终”。很多办展机构都不注意展后的总结性宣传，其实，展后总结性宣传不仅是将本届展会的举办成果对社会和客户作一个“交代”，更是为下一届展会作舆论准备。进行展后总结性宣传，往往会获得比较好的效果。

④ 发展和巩固客户关系。展览期间，尽管办展机构有机会和客户面对面地进行交流，但由于办展机构和客户各自的时间都很紧，业务也很多，双方很多时候都不能进行很好的交流和沟通。展会闭幕以后，办展机构要继续保持与客户的联系，继续加强与客户的交流和沟通，发展和巩固客户关系。对于一些重要的客户，办展机构还可以亲自登门拜访。

⑤ 处理展会可能存在的一些遗留问题。展览期间，由于时间有限，业务又较多，可能会遗留一些问题，如有些客户的款项可能还没有完全付清，有些客户的展品还没有处理完毕，有些客户还需要展后商务考察等。展会闭幕以后，办展机构要组织力量，及时处理展后遗留问题，尽量不要将这些问题拖到下一届展会，更不能让这些问题影响到下一届展会。

⑥ 准备下一届展会。展会闭幕以后，办展机构要开始着手准备下一届展会

的各项筹备工作了。例如,准备下一届展会的策划方案,制定下一届展会的招展和招商办法,策划好下一届展会的宣传推广方案,编印下一届展会的招展书、观众邀请函,制定展区和展位划分办法等。

其他行业的从业人员一般是按“年”计划和筹备业务事项的,但展览行业则不一样,一般都是根据展会的办展频率,按展会的“届”计划和筹备其业务事项。其他行业的从业人员每过一“年”业务就来一个轮回,而“展览人”则是每过一“届”展会业务就来一个轮回。所以,展览行业里有一句流行的话:“展览人”是按展会的“届”来过年的,每成功举办一“届”展会,“展览人”就长了一岁。所以,尽管业务不断轮回,但使每届展会都进步一点,是每一个“展览人”的追求和梦想。因此,从这种意义上讲,不仅新创立的会展需要有精心的策划和营销,就是已经举办了多届的老的会展每举办一届也都需要有创新的策划和营销,这样,会展才不会由于因循守旧而走向衰落。

7.3　展后评价

展后评价首先是一个学习过程。展后评价是在会展成功举办之后,通过对本次会展目的、会展执行过程、会展效益、会展作用和本次会展的影响所进行的全面系统的分析,总结正反两方面的经验教训,使本次会展项目的决策者、管理者和建设者学习到更加科学合理的方法和策略,提高决策、管理和建设水平。其次,展后评价又是增强投资活动工作者责任心的重要手段。由于展后评价的(透明性和公开性)特点,通过对投资活动成绩和失误的主客观原因分析,可以比较公正客观地确定投资决策者、管理者和建设者工作中实际存在的问题,从而进一步提高他们的责任心和工作水平。最后,展后评价主要是为投资决策服务的。虽然展后评价对完善已办展会、改进在筹展会和指导待筹展会有重要的意义,但更重要的是为提高投资决策服务。

展后评价通常在展会后期运作阶段或展会结束之前进行。它的内容包括展会预期成果测评、展会效益评价和展会管理评价。展会效益评价主要是对应于展会项目前评价而言的,是指展后对本次会展项目投资经济效果的再评价。它以会展投入运行后的实际数据资料为基础,重新计算会展中产生的各项经济数据,得到相关的投资效果指标,然后将它们同会展项目前评价时预测的有关经济效果值(如净现值 NPV、内部收益率等)进行纵向对比,评价和分析其偏差情况及原因,吸收经验教训,从而为提高会展项目的实际投资效果和制订有关的投资计划服务,为以后相关会展项目的决策提供借鉴和反馈信息。会展管理评价是指当会展结束以后,对前面(特别是实施阶段)的会展项目管理工作所进行的评价,其目的是通过对会展项目实施过程的实际情况的分析研究,全面总结会展项目管理经验，为今后改进会展项目管理服务。可见，展后评价是全面提高项目决策和项目管理水平的必要和有效手段。

展后评价还具有重要的监督功能。如前所述，展后评价是一个向实践学习的过程，同时又是一个对投资活动的监督过程。展后评价的监督功能与会展项目的前期评估、实施监督结合在一起，构成了对投资活动的监督机制。例如，世界银行对投资活动的监督，主要依靠在会展项目准备阶段的评估（派评估团）、在会展项目实施过程中的监督检查（派检查团）和在会展项目完成后的后评价（派评价团）实现。会展项目的实施监督和后评价监督还具有向银行高层及时反馈问题和意见的责任。此外，世界银行的后评价还要对整个银行的业务执行情况进行监督和评价。

展后评价与会展前期的准备阶段的评估，在评估原则和方法上没有太大的区别，采用的都是定量与定性相结合的方法。但是，由于两者的评价时点不同，目的也不完全相同，因此也存在一些区别。会展前期评估的目的是确定本次会展项目是否可以立项或建设，它是站在项目的起点，主要应用预测技术分析评价该项目未来的效益，以确定投资该项目是否值得并可行。展后评价则是在会展完成以后，总结会展的准备、实施、完工和运营，并通过预测对会展项目的未来进行新的分析评价，其目的是总结经验教训，以改进决策和管理服务。所以，展后评价要同时进行会展项目的回顾总结和前景预测。展后评价是站在项目完工的时点上，一方面，检查总结会展的实施过程，找出问题，分析原因；另一方面，要以展后评价为基点，预测项目未来的发展。会展前期评估的重要判别标准是投资者要求获得收益率或基准收益率（社会折现率），而展后评价的判别标准则重点是对比前期评估的结论，主要采用对比的方法，这是后评价与前评估的主要区别，如图 7-1 所示：

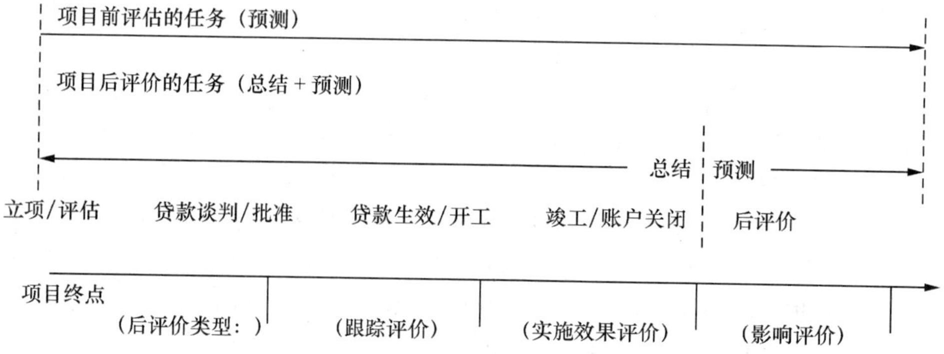

图 7-1　项目后评价与项目前评估的区别

由展后评价的定义及所涉及的内容可以看出，展后评价与前期评价、中期评价相比具有如下特点：

第一,现实性。展后评价是以实际情况为基础,对会展建设、运营现实存在的情况、产生的数据进行评价,所以具有现实性的特点。这和会展前期评估不同,如在前期评估中,会展项目可行性研究是预测性的评价,它所使用的数据为预测数据。

第二,公正性。展后评价必须保证公正性,这也是一项很重要的原则。公正性是指在评价时,应持有实事求是的态度,在发现问题、分析原因和作出结论时避免出现避重就轻的情况,始终保持客观、负责的态度对待评价工作,客观地作出评价。公正性意味着展后评价及评价者的信誉,应贯穿于后评价的全过程,即从后评价项目的选定、计划的编制、任务的委托、评价者的组成、具体评估直到报告形成。

第三,全面性。展后评价是对会展实践的全面评价,它是对会展项目立项决策、设计施工、生产运营等全过程进行的系统评价。这种评价不仅涉及会展生命周期的各阶段,而且还涉及会展项目的方方面面,不仅包括经济效益、社会影响、环境影响,还包括会展项目综合管理等,因此是比较系统、比较全面的技术经济活动。

第四,反馈性。展后评价的结果需要反馈到决策部门,作为新项目立项和评估的基础以及调整投资计划和政策的依据,这是展后评价的最终目标。因此,展后评价结论的扩散和反馈机制、手段和方法便成为展后评价成败的关键环节之一。国外一些国家建立了"项目管理信息系统",通过项目周期各个阶段的信息交流和反馈,系统地为项目后评价提供资料和向决策机构提供项目后评价的反馈信息。

例如,到 1995 年,国家开发银行、中国国际工程咨询公司和中国人民建设银行等相继成立了后评价机构。这些机构大多采取类似世界银行的模式,具有相对的独立性。国家一级的后评价管理机构和组织正在酝酿之中。

一般情况下,国家发改委和国家开发银行选择后评价的项目主要有:

- 国家特大型项目,尤其是跨地区、跨行业的项目
- 与国家产业政策密切相关的项目,特别是带有引导发展方向的项目
- 有特点的项目,如采用新技术、新融资渠道、新政策的项目
- 国家急需要了解情况的项目等

(1) 展后评价的主要内容

展后评价是以会展项目前期所确定的目标和各方面指标与会展项目实施结果之间的对比为基础的。因此,展后评价的内容范围和会展项目分类大体上与前期评估的范围和分类相同。基于现代展后评价理论的发展,展后评价应包括会展项目效益后评价和会展项目管理后评价两方面内容。

① 会展效益后评价。会展效益后评价是展后评价理论的重要组成部分。

它以会展投产后实际取得的效益（经济、社会、环境等方面）及其隐含在其中的技术影响为基础，重新测算会展的各项经济数据，得到相关的投资效果指标，然后将它们与会展项目前期评估时预测的有关经济效果值（如净现值 NPV、内部收益率等）、社会环境影响值（如环境质量值 IEQ 等）进行对比，评价和分析其偏差情况及原因，吸取经验教训，从而为提高会展的投资管理水平和投资决策服务。会展效益后评价具体包括：

一是经济效益评价。展后经济效益评价主要是指会展项目的财务评价和经济评价（或称国民经济评价），其主要原理与会展前期评估一样，只是评价的目的和数据取值不同。

二是环境影响评价。展后评价的环境影响评价是指对照会展前期评估时批准的"环境影响评价"，重新审定会展环境影响的实际结果，审核会展环境管理的决策、规定、规范，参数的可靠性和实际效果。实施环境影响后评价应遵照国家环保法的规定，国家和地方环境质量标准、污染物排放标准以及相关产业部门的环保规定。在审核已实施的环评报告和评价环境影响现状的同时，要对未来进行预测。对有可能产生突发事件的会展项目，要有环境影响的风险分析。如果会展项目生产或使用对人类和生态危害极大的剧毒物品，或会展项目位于环境高度敏感的地区，或会展项目已发生严重的污染事件，那么，还需要提出一份单独的项目环境影响后评价报告。环境影响后评价的内容一般包括项目的污染控制、区域的环境质量、自然资源的利用、区域的生态平衡和环境管理能力。

三是社会影响评价。从社会发展的观点看，会展的社会影响评价是分析会展项目对国家或地区发展目标的贡献和影响，包括会展项目本身和对周围地区社会的影响。社会影响评价一般定义为对会展项目的经济、社会和环境方面产生的有形和无形的效益和结果所进行的一种分析。

四是可持续性评价。会展可持续性评价的要点包括：

第一，确立会展项目目标、产出和投入与相关"持续性因素"之间的真实关系（即因果联系）。

第二，区别在无控制条件下可能产生影响的因素，即行为因素与需执行者调整的结构因素。其中重要的一点是，一个因素对某些执行者来说是结构方面的问题而对其他人则可能是行为因素。

第三，区分在会展项目立项、计划、投资（决策）、运作和维持中各种因素的区别。对于会展项目各方面的了解是很重要的，因为对同一发展项目不同的人和机构（如投资者、财政部、银行、执行单位、项目组织实施单位和当地社区）的看法可能是不一致的，包括对问题的不同理解、采取的不同措施和不同的目的等。

五是会展综合效益。会展综合效益评价包括项目的成败分析和项目管理的各个环节的责任分析。综合评价一般采用成功度评价方法,该评价方法是依靠评价专家或专家组的经验,综合后对各项指标的评价结果,对项目的成功程度作出定性的结论,也就是通常所说的打分的方法。成功度评价是以用逻辑框架法分析的项目目标的实现程度和经济效益的评价结论为基础,以项目的目标和效益为核心所进行的全面系统的评价。

② 会展项目管理后评价。会展项目管理后评价是以会展完工验收和会展项目效益后评价为基础,结合其他相关资料对会展项目整个生命周期中各阶段管理工作进行评价。其目的是通过对会展项目各阶段管理工作的实际情况进行分析研究,形成会展项目管理情况的总体概念;通过分析、比较和评价,了解目前会展项目管理的水平;通过吸取经验和教训,保证更好地完成以后的会展项目管理工作,促使项目预期目标更好地完成。会展项目管理后评价分为会展项目的过程后评价、项目综合管理后评价及项目管理者评价,主要包括以下几个方面:

一是投资者的表现。评价者要从项目立项、准备、评估、决策和监督等方面评价投资者和投资决策者在项目实施过程中的作用和表现。

二是借款人的表现。评价者要分析评价借款者的投资环境和条件,包括执行协议能力、资格和资信,以及机构设置、管理程序和决策质量等。世界银行、亚洲开发银行贷款项目还要分析评价协议承诺兑现情况、政策环境、国内配套资金等。

三是项目执行机构的表现。评价者要分析评价项目执行机构的管理能力和管理者的水平,包括合同管理、人员管理和培训以及与项目受益者的合作等。世界银行、亚洲开发银行贷款项目还要对项目技术援助、咨询专家使用、项目的监测评价系统等进行评价。

四是外部因素的分析。影响到项目成果的还有许多外部的管理因素,如价格的变化、国际国内市场条件的变化、自然灾害、内部形势不安定等,以及项目其他相关机构的因素,如联合融资者、合同商和供货商等。评价者要对这些因素进行必要的分析评价。

会展项目后评价的程序一般包括选定后评价项目、制订后评价计划、确定后评价范围以及选择执行项目后评价的咨询单位和专家等。

(2) 会展后评价项目的选定

选择会展后评价项目有两项基本原则,即特殊的项目和规划计划总结需要的项目。一般来讲,会展后评价项目包括:

一是由于项目实施而引起运营中出现重大问题的项目。

二是一些非常规的项目,如规模过大、建设内容复杂或带有试验性的新技术项目。

三是发生重大变化的项目,如建设内容、外部条件、会址布局等发生了重大变化。

四是急迫需要了解项目作用和影响的项目。

五是可为即将实施的国家预算、宏观战略和规划原则提供信息的相关投资活动和项目。

六是为投资规划计划确定未来发展方向的有代表性的项目。

七是对开展行业部门或地区后评价研究有重要意义的项目。

跟踪评价或中期评价的项目选定属于第一类项目，因为这类项目评价更注重现场解决问题，其后评价报告更类似于监测诊断报告，并针对症结提出具体的措施建议。一般后评价计划以项目为基础，有时难以达到从宏观上总结经验教训的目的，为此不少国家和国际组织采用了“打捆”的方式，将各行业或一个地区的几个相关的项目一起列入计划，同时进行评价，以便在更高层次上总结出带有方向性的经验教训。

一般国家和国际组织均采用年度计划和2—3年滚动计划结合的方式操作项目后评价。我国国家重点项目的后评价计划由国家发改委重点建设项目协调管理司编制，以年度计划为主，按行业选择一些有代表性的项目进行后评价。

(3) 会展项目后评价的执行

在会展项目后评价任务委托、专家聘用后，后评价即可开始执行。后评价的类型很多，要求各不相同。

① 资料信息的收集。项目后评价的基本资料应包括项目自身的资料、项目所在地区的资料、评价方法的有关规定和指导原则等。项目自身的资料一般应包括：

- 项目自我评价报告、项目完工报告、项目完工验收报告
- 项目决算审核报告、项目概算调整报告及其批复文件
- 项目开工报告及其批复文件、项目初步设计及其批复文件
- 项目评估报告、项目可行性研究报告及其批复文件等

项目所在地区资料包括国家和地区的统计资料、物价信息等。

项目后评价方法规定的资料则应根据委托者的要求进行收集。目前，已经颁布项目后评价方法指导原则或手册的国内外主要机构或部门有：联合国开发署、世界银行、亚洲开发银行、经济和合作发展组织、英国海外开发署、日本海外协力基金、中国国家发改委、中国国际工程咨询公司、国家开发银行等。

② 后评价现场调查。项目后评价现场调查应事先做好充分准备，明确调查任务，制订调查提纲。调查任务一般应回答以下问题：

- 项目基本情况
- 目标实现程度
- 作用和影响

③ 分析和结论。后评价项目现场调查后,应对资料进行全面认真的分析,回答以下主要问题:

- 总体结果
- 可持续性
- 方案比选
- 经验教训

(4) 会展项目后评价的四个阶段

国内会展项目后评价一般分为四个阶段:

① 会展项目自评阶段。在项目自评阶段,由项目业主会同执行管理机构按照国家发改委或国家开发银行的要求编写项目的自我评价报告,报行业主管部门或发改委、开发银行等部门。后评价项目的自我评价是从项目业主或项目主管部门的角度对项目的实施进行全面总结,为开展项目后评价做好准备。

项目自我评价的内容基本上与项目完工报告相同,侧重找出项目在实施过程中的变化,以及该变化对项目效益等各方面的影响,并分析变化的原因,总结经验教训。在我国,由于国际金融组织(如世界银行、亚洲开发银行)、国家发改委和国家开发银行及各部门和地方对项目后评价的目的、要求和任务不尽相同,因此项目自我评价报告的格式也有区别。根据国家有关规定,从 1998 年起利用国内商业银行贷款的项目,凡是投资总额超过 2 亿元以上的,在项目完工以后必须进行后评价。因此,项目单位需要在银行评价之前提交一份项目执行自我评价报告。

② 行业或地方初审阶段。在行业或地方初审阶段,由行业或省级主管部门对项目自评报告进行初步审查,提出意见,一并上报。

③ 正式后评价阶段。在正式后评价阶段,由相对独立的后评价机构组织专家对项目进行后评价,通过资料收集、现场调查和分析讨论,提出项目的后评价报告,这一阶段也称为项目的独立后评价。项目的独立后评价要保证评价的客观公正性,同时要及时将评价结果报告委托单位。世界银行、亚洲开发银行的项目独立后评价由其行内专门的评价机构完成,称这种评价为项目执行审核评价。为了达到后评价总结经验教训的目的,项目独立后评价的主要任务是,在分析项目完工报告、项目自我评价报告或项目竣工验收报告的基础上,通过实地考察和调查研究,评价项目的结果和项目的执行情况。

④ 成果反馈阶段。反馈是后评价的主要特点,评价成果反馈的好坏是后评价能否达到其最终目的的关键之一。在项目后评价报告的编写过程中应该广泛征求各方面意见,在报告完成之后要以召开座谈会等形式进行发布,同时散发成果报告。反馈是后评价体系中的一个决定性环节,是一个传达和公布评价成果信息的动态过程,可以保证这些成果在新建或已有项目中以及其他开发活动中

得到采纳和应用。后评价反馈系统通过提供和传送已完成项目的执行记录,可以增强项目组织管理的责任制和透明度。反馈过程有两个要素:一是评价信息的报告和扩散,其中包含评价者的工作责任。后评价的成果和问题应该反馈到决策、规划、立项管理、评估、监督和项目实施等机构和部门。二是后评价成果及经验教训的应用,以改进和调整政府的决策程序及相关政策,这是反馈最主要的管理功能。在反馈程序里,必须在评价者及其评价成果与应用者之间建立明确的机制,以保持紧密的联系。

(5) 项目后评价的常用方法

国内项目后评价的方法主要参考项目前期评估的评价方法和国际上通用的后评价方法,国家发改委和国家开发银行已经颁布了有关规定,并在不断地完善。国际上通用的后评价方法有统计预测法、有无比较法、逻辑框架法(LFA)、定性与定量相结合的分析法。

现以统计预测法为例介绍项目后评价的方法。

项目后评价包括项目已经发生事实的总结,以及对项目未来发展的预测。因此,在后评价中,只有具有统计意义的数据才是可比的,后评价时点前的统计数据是评价对比的基础,后评价时点的数据是对比的对象,后评价时点以后的数据是预测分析的依据。项目后评价的总结和预测是以统计学原理和预测学原理为基础的。

① 统计原理和方法及其应用

一是统计调查。统计是一种从数量方面认识事物的科学方法。统计工作包括统计资料的收集、整理和分析三个紧密联系的阶段。统计资料的收集,一般称为统计调查。统计调查是根据研究的目的和要求,采用科学的调查方法,有计划、有组织地收集被研究对象的原始资料的工作过程。统计调查是统计工作的基础,是统计整理和统计分析的前提。统计调查要实事求是,所收集的资料必须准确、及时、全面。

二是统计资料的整理。统计资料整理是统计工作的第二个阶段。它是根据研究的任务,对统计调查阶段获得的大量原始资料进行加工汇总,使其系统化、条理化、科学化,以得出反映事物总体综合特征的工作过程。统计资料的整理工序有三个步骤:第一步,科学的统计分组,这是资料整理的前提;第二步,科学的汇总,这是资料整理的核心;第三步,编制科学的统计表,这是资料整理的结果。统计资料的汇总方式可分为:逐级汇总、集中汇总和综合汇总。

三是统计分析。统计分析是根据研究的目的和要求,采用各种分析方法,对研究的对象进行解剖、对比、分析和综合研究,以揭示事物的内在联系和发展变化的规律性。统计分析过程是揭示矛盾,找出原因,提出解决问题的办法的过程。

统计分析的步骤如下：

首先，根据统计分析的任务，明确分析的具体目的，拟订分析提纲。

其次，对应于分析的统计资料进行评价和辨别真伪。

再次，将评价并肯定的统计资料进行比较对照分析，从而发现矛盾，并探明问题的症结所在。

最后，对分析的结果作出结论并提出建议。

进行统计分析的方法有：分组法、综合指标法、动态数列法、指数法、抽样和回归分析法、投入产出法等。统计分析的综合指标包括：总量指标、相对指标、平均指标和标准变动度等。

四是统计学原理和方法在项目后评价中的应用。根据项目后评价的概念，后评价大量的基础资料是以统计数据为依据的，后评价的调查在许多方面与统计调查相同，其数据的处理和分析方法也与统计分析类似。因此，统计原理和方法完全可以应用在后评价实践中，也是后评价方法论原则之一。特别应指出的是，在经济和效益的统计中，统计学确定的不变价理论，使数据具有统计性和可比性，是项目后评价中效益评价的一项重要原则。

② 预测

预测是对尚未发生或目前还不明确的事物进行预先估计和推测，是在现时对事物将要发生的结果进行探讨和研究。预测的过程是从现在和已知的情况出发，利用一定的方法和技术去探索或模拟不可知的、未出现的或复杂的中间过程，推断出未来的结果。

（6）会展项目后评价报告的内容

会展项目后评价报告是评价结果的汇总，是反馈经验教训的重要文件。后评价报告必须反映真实情况，报告的文字要准确、简练，尽可能不用过分生疏的专业化词汇。报告的结论、建议要和问题分析相对应，并把评价结果与将来规划和政策的制订、修改相联系。

一般会展项目后评价报告的内容包括项目背景、实施评价、效果评价和结论建议等几个部分。

首先，项目背景。项目背景主要应说明以下几点：

① 项目的目标和目的

这主要指简单描述立项时社会和发展对本项目的需求情况和立项的必要性，项目的宏观目标，与国家、部门或地方产业政策布局规划和发展策略的相关性，建设项目的具体目标和目的，以及市场前景预测等。

② 项目建设内容

这包括项目可行性研究报告和评估，提出主要产品、运营或服务的规模、品种、内容，项目的主要投入和产出，投资总额，效益测算情况，以及风险分析等。

③ 项目工期

这包括项目原计划工期，实际发生的科研批准、开工、完工、投产、竣工验收、达到设计能力以及后评价时间。

④ 资金来源与安排

这包括项目批复时所安排的主要资金来源、贷款条件、资本金比例以及项目全投资加权综合贷款利率等。

⑤ 项目后评价

这包括项目后评价的任务来源和要求，项目自我评价报告完成时间，后评价时间程序，后评价执行者，以及后评价的依据、方法和时点。

其次，项目实施评价。项目实施评价应简单说明项目实施的基本特点，对照可行性研究评估找出主要变化，分析变化对项目效益影响的原因，讨论和评价这些因素及影响。世界银行、亚洲开发银行项目还要就变化所引起的对其主要政策可能产生的影响进行分析，如环保、扶贫等。

① 设计

评价设计的水平、项目选用的技术装备水平，特别是规模的合理性。对照可行性研究和评估，找出并分析项目涉及重大变更的原因及其影响，提出如何在可行性研究阶段预防这些变更的措施。

② 合同

评价项目的招投标、合同签约、合同执行和合同管理方面的实施情况。对照合同承诺条款，分析和评价实施中的变化和违约及其对项目的影响。

③ 组织管理

组织管理的评价包括对项目执行机构、借款单位和投资者三方在项目实施过程中的表现和作用的评价。如果项目执行得不好，评价要认真分析相关的组织机构、运作机制、管理信息系统、决策程序、管理人员能力、监督检查机制等因素。

④ 投资和融资

分析项目总投资的变化，找出变化的原因，分清是内部原因还是外部原因，如是汇率变化、通货膨胀等政策性因素，还是项目管理的问题，以及投资变化对项目效益的影响程度。评价要认真分析项目的主要资金来源和融资成本的变化，讨论原因及影响，重新测算项目的全投资加权综合利率，作为项目实际财务效益的对比指标。如果政策性因素占主导，应对这些政策的变化提出意见、对策及建议。

⑤ 项目进度

对比项目计划工期与实际进度的差别，包括项目准备期、施工建设期和投产达产期，分析工期延误的主要原因，及其对项目总投资、财务效益、借款偿还和产品市场占有率的影响，同时还要提出今后避免进度延误的措施建议。

⑥ 其他

这包括银行资金的到位和使用，世界银行、亚洲开发银行安排的技术援助，贷款协议的承诺和违约，借款人和担保者的资信等。

最后，效果评价。效果评价应分析项目所达到和实现的实际结果，根据项目运营和未来发展以及可能实现的效益、作用和影响，评价项目的成果和作用。

① 项目运营和管理评价

根据项目评价时的运营情况，预测出未来项目的发展，包括产量、运营量等；对照评估的目标，找出差别，分析原因；分析评价项目内部和外部条件的变化及制约条件，如市场变化、体制变化、政策变化、设备设施的维护保养、管理制度、管理者水平、技术人员和熟练工的短缺、原材料供应、产品运输等。

② 财务状况分析

根据上述项目运营及预测情况，按照财务程序和财务分析标准，分析项目的财务状况。主要应评价项目债务的偿还能力和维持日常运营的财务能力。在可能的情况下，要分析项目的资本构成、债务比例以及需要投资者、政府和其他方面提供的政策和资金，如资本重组、税收优惠、增加流动资金等。

③ 财务和经济效益的重新评价

一般的项目在后评价阶段都必须对项目的财务效益和经济效益进行重新测算。要用重新测算得出的数据与项目可行性研究评估时的指标进行对比分析，找出差别和原因，还要与后评价计算的项目全投资加权综合利率相比，确定其财务清偿能力。同时，评价根据未来市场、价格等条件，进行风险分析和敏感性分析。

④ 环境和社会效果评价

这部分评价的一个关键是项目对受益者产生了什么影响。一般应评价项目的社会经济、文化、环境影响和污染防治等，如人均收入、就业机会、移民安置、社区发展、妇女地位、卫生与健康、扶贫作用、自然资源利用、环境质量、生态平衡、污染治理等。

⑤ 可持续发展状况评价

项目可持续性主要是指项目固定资产、人力资源和组织机构在外部投入结束之后持续发展的可能性。评价应考虑以下几个方面：

- 技术装备与当地条件的适用性
- 项目与当地受益者及社会文化环境的一致性
- 项目组织机构、管理水平、受益者参与的充分性
- 维持项目正常运营、资产折旧等方面的资金来源
- 政府为实现项目目标所承诺提供的政策措施是否得力
- 防止环境质量下降的管理措施和控制手段的可靠性
- 对项目外部地质、经济及其他不利因素防范的对策措施

第 8 章　会展客户关系管理

8.1　客 户 管 理

客户管理是会展项目管理的核心,客户管理不善,其他工作都将毫无意义。

8.1.1　全国客户管理

许多公司都在内部设置专门的机构管理其主要客户,即大客户。一些公司称之为全国客户,另一些公司称之为"看家"客户、合作客户或主要客户。这些客户对展览公司十分重要,因为它们通常构成展览公司利润的绝大部分。除了大规模参展外,主要客户往往还会因大的投入提高展览会的档次。

从参展者的角度看,参展涉及的客户存在地域差异。即使在同一区域,包括高层经理在内的几个经理人员都会影响参展决策。大客户还将要求价格折扣、特殊服务等。不同地域的展览人员有时要服务同一客户,而同一客户显然不想混淆不同展览人员,也不想为每一地域内的参展签订不同的合同。巨额费用常常使其他职能领域的经理人员甚至总裁牵扯进来。无论展览方内部还是参展方之间都必须加强组织协作。许多展览管理人员认为由于主要客户地位非常重要,仅仅依靠一般的地域展览代表处理与他们的关系是不够的。于是,许多公司对展览组织进行重组,从而保证为这部分客户提供更好的服务。下面是三种常用的组织方式:

(1) 独立的展览队伍。近年来,许多公司专为主要客户设置独立的展览队伍。其变化形式是主要客户展览由总部服务,而一般展览由分部和各地办事处服务。

(2) 经理人员的使用。有些公司安排展览和市场营销高层经理或地区展览经理负责主要客户的展览。这是不能负担独立展览队伍的公司的替代方案。主要客户较少的公司也觉得这一方案很有用,即由高层经理负责拜访主要客户,拥有定价的能力和分配权。

(3) 独立部门。公司也可为主要客户设置独立的服务部门,这种组织结构有利于整合,并更好地为客户服务。

8.1.2　区域客户沟通

展览区域是指位于特定地理范围之内,分派给某个展览人员、分支机构或中间商(零售商或批发商)的一定数量的当前和潜在顾客。

展览区域定义的关键词是顾客而不是地理范围。为了理解这个概念,我们必须明确市场是由人而不是由地方组成的,市场不是以平方英里,而是以人口乘以其参展力计量的。

一个公司,尤其是大中型企业,可以从精心设计的区域结构中得到好处。相对而言,由于只有几个人在一个地方市场上展览,小公司可以不需要展览区域。在这种情况下,即使没有展览区域的帮助,管理层也能策划和控制展览运作,并且仍然能够享受正式区域结构的好处。

建立展览区域对管理的好处主要有:

(1) 确保对潜在市场的适当覆盖。如果给每个人员分配一个具体的地理区域,且不允许他们到其他区域展览,那么他们可能会更加努力地开发市场。

(2) 改善顾客关系。区域结构能改善展览人员提供给顾客的服务质量。规律性的展览拜访对那些稳定的、重复参展的客户尤其重要,如果熟悉的展览人员不在场,订单将很容易让竞争对手抢走。

(3) 提高展览人员的士气和效率。在展览人员拥有自己的区域时,他们实际上是在为自己劳动,他们意识到要对自己区域的结果负完全责任,会更仔细地设计路线,更好地安排拜访频率。

(4) 有助于展览队伍的控制和评价。划分展览区域为管理者提供了一个有效的控制机制。对照区域潜力或指标,管理层可以评价展览代表的实际业绩。

(5) 降低展览成本。把展览人员限制在一个区域内比让他们在所有市场上东奔西跑节省差旅费用,展览人员差旅时间的减少意味着他们有效展览时间的增加。

(6) 促进其他展览和营销展览的效果。相对把市场作为一个整体而言,在展览区域基础上分析展览和成本显得有益。管理层可以更有效地用营销设定可行的指标和准备展览费用预算。

区域设计的理想目标是使所有区域在展览潜力和展览人员的工作负荷上都相等。在展览潜力相等的时候,评价和比较展览人员的业绩就变得更容易。机会均等也减少了管理层和销售队伍之间的争吵,有利于鼓舞展览人员的士气。虽然这两个目标只能是理想的目标,在现实中难以达到,但并不意味着管理者可以减弱为实现这个目标而进行的持续努力。

市场环境的变动促使企业不断调整展览区域。区域设计可以采用不同的步骤程序。但是,公司的区域结构受到公司的市场潜力、工作负荷要求或者展览队伍预计展览的影响。展览区域的建立和再设计包括以下六个步骤:

- 选择展览区域的边界控制单元
- 确定顾客的位置和潜力

- 确定基本的展览区域
- 分配区域展览人员
- 进行展览队伍的区域覆盖规划
- 持续进行区域的展览和成本研究

8.2 会展客户关系管理计划

一个成功的展会,离不开行业内众多企业的长期支持和合作。随着会展业市场竞争越来越激烈,人们越来越意识到与客户建立和保持长期良好和稳固的合作关系的重要性。展会客户关系管理就是要在全面了解客户的基础上,通过办展机构内部的资源整合和对客户提供创新服务,与客户建立互利、互信和合作双赢的关系,以促进展会长期稳定发展。展会客户关系管理是发掘新客户和保留老客户的有力手段,没有良好和稳固的客户关系,一个展会很难取得成功和发展壮大。

8.2.1 展会客户关系管理的基本内容

在展会策划和营销实施的过程中,展会客户关系管理是重要的一环。随着我国会展业从原始积累阶段逐步迈向追求规模化增长阶段,展会的客户数量随着展会规模的扩大而飞速增长,传统的简单记忆和初级客户资料整理方式已越来越满足不了展会服务和管理客户的需要,而展会对客户掌控能力严重不足会极大地影响展会的进一步发展。因此,展会要通过对其客户进行有效管理,与他们建立良好的关系,将老客户变成展会的忠实客户,将潜在客户变成展会的真正客户,促进展会的发展。

(1) 进行客户关系管理的必要性

目前,在我国,许多办展机构完全没有客户管理的理念和信息平台。大量的目标参展商、目标观众、合作单位以及其他客户信息分散在各个部门或不同员工的手里,还有一些办展机构尽管已经将大量的客户信息完整地储存在电脑里,但因为不重视客户关系管理,没有将这些客户信息整理提炼成有用的客户信息,为展会的发展服务。另外,在我国会展行业,客户的信息一般每年都以20%—25%的速度在变化,这要求办展机构必须及时更新相关客户资料,否则展会原来的客户数据库就变得非常不可靠,展会的客户工作将大受影响。

(2) 进行客户关系管理的重要性

尽管我国会展企业已经普遍认识到客户对展会的重要性,但是,由于认识不足或管理滞后,它们在展会客户关系管理方面都有十分严重的缺陷。参展商和观众招来之后,展会一旦闭幕,就对他们不闻不问。客户关系管理的严重缺陷使我国各种展会的客户流失十分严重。据统计,我国大部分展会的客户流失率高达45%,有些展会的客户流失率甚至高达70%,严重的客户流失极大地影响了展会的发展。为减少展会客户流失,有必要对展会进行卓有成效的客户关系管理。对展会进行客户关系管理的重要性体现在下述几个方面:

① 客户关系管理是会展业本身特点的需要。会展业具有以下四个基本特点:第一,会展业既是一种经济活动,也是一种社会公共事件。每届展会开幕,都会有许多企业参展和大量的观众积聚。展会主办单位瞬间面对的客户群体非常大。第二,参展企业里,大、中、小企业都有,观众来源复杂,不同企业参展和不同观众参观的目标各不相同,其所期望得到的服务也不一样。第三,中小企业在参展商中所占的比例一般都较大,加上大量的观众,这使展会服务对象的数目非常庞大。第四,参展商和观众所需要的服务面很广,尤其是当一个展会规模较大时,简单的初级记忆和传统的客户资料整理方式已经难以满足客户服务的需要。展会主办单位很难了解每一个客户的特点和需求,也很难对客户提供个性化的服务。办展单位对客户的整体掌控能力严重不足,展会发展中客户管理的基石因此而动摇,展会发展也因此而停滞。会展业的上述特点使展会客户关系管理日益为会展企业所重视。

② 客户关系管理是适应会展业竞争日益激烈的需要。目前,我国会展业竞争已经非常激烈,主要表现在:第一,办展主体之间的竞争日益多样化。随着我国加入WTO和《关于建立更紧密经贸关系的安排》(Closer Economic Partnership Arrangement,CEPA)的签署,我国会展业办展主体日益多元化:国有展览机构、行业协会和商会、民营展览公司和国外展览机构各有所长,共同在国内市场上展开竞争,竞争日益激烈。第二,同题材展会之间的竞争日益白热化。我国会展业一大特点是重复办展多,在同一年里同一题材的展会在不同的时间和地点举办,共同瓜分有限的展览市场。例如,全国一年办57个建筑装饰题材的展览、54个汽车展;在珠江三角洲的广州、深圳和东莞,每年3、4月间有6个家具展,展会同质化日益严重。第三,展会城市之间的竞争日益突显。由于会展业的巨大带动作用,我国许多城市都将会展业列为本市重点发展的产业而大力扶持,城市之间争夺展览题材的竞争日益突显。第四,我国会展业越来越多地参与国际竞争。由于我国加入WTO和CEPA的实施,外国和我国香港地区的展览主办机构开始大举进入我国内地展览市场,它们在北京、上海、广州和深圳等地设立分公司和办事处,移植国外品牌展会在国内举办或重新策划新展,使国内许多展会直接面对它们的竞争。第五,会展业相对垄断的趋势越来越明显。会展业是规模经济,一两个知名展会相对垄断某个题材的展览市场是大势所趋,也是会展业发展的必然趋势。目前,我国会展业还未成熟,大家都争着要将自己的展会培育成行业的知名展会,进而相对垄断该题材的展览市场。为在会展业激烈的竞争中生存

和获取优势，展会必须进行有效的客户关系管理。

③ 对客户关系价值重要性的重新认识的需要。随着竞争的日益激烈，不同展会对有限的客户资源的争夺更加白热化，办展单位也日益认识到客户稳定对展会发展的重要性，认识到客户关系在展会经营中的重要地位。办展单位不再将客户仅仅看做是利润的来源，它们希望与每个客户都保持一种有效的合作双赢共荣的关系，以此获取差别化竞争优势。办展单位日益认识到，开发新客户的成本很高，保留老客户所付出的成本却较低，忠诚的客户关系具有相对的稳定性，它能够消除环境变化给展会带来的冲击。认识到这一点，许多办展单位开始将客户关系管理作为促进展会稳定发展的一项战略，“关系也是一种资产”，对客户关系的管理也就是对展会战略资产的管理。

④ 客户接触和服务日益复杂化的需要。展会的客户群体大而且复杂，展会与客户面对面接触的机会很多，面对众多需求各不相同的客户，展会与客户的接触及提供的服务日益复杂化：一方面，与客户接触和沟通的方式越来越多，如电话、传真、电子邮件、互联网、直接邮寄、客户拜访等。面对不同客户的不同“渠道偏好”，展会面临着细分沟通与接触渠道、降低接触与沟通成本的任务。另一方面，由于不同的渠道沟通的效果不同，展会还面临着如何优化渠道组合、最大限度地实现与客户沟通的问题。接触和服务的复杂化使办展单位必须创新客户管理办法，让每个业务员有效分享展会的客户信息与资源，准确地把握每一个客户的需求，为客户提供个性化的服务。

⑤ 技术飞速发展的需要。信息技术的飞速发展使展会客户关系管理体系日益成熟。如果一个办展单位能比其他竞争对手更好、更快和更廉价地利用客户关系管理分析客户的需求并提出相应的解决方案，它就必然能在市场竞争中获得比竞争对手更多的竞争优势。为此，应用新技术解决新问题成为许多先进办展企业的必然选择。促进展会客户关系管理体系日益成熟的信息技术主要包括数据库、互联网、计算机联机数据分析处理、数据挖掘和聚类分组算法等。这些技术使办展单位可以从大量繁杂的客户信息中找出有用的信息，分析客户的需求和偏好，预测客户的需求和行为，创造更好的客户管理和服务流程。通过这些技术，在客户关系管理的指引下，办展单位可以将基本的客户数据转变为有用的客户信息，并进一步将这些信息转换为实用的客户知识，进而把潜在的客户变成忠实的客户，把老客户变成终身客户，展会因此而长盛不衰。

总之，由于我国会展业目前的形势和办展机构在展会客户关系管理方面的现实需要，展会客户关系管理已成为我国会展业目前的迫切需要，同时也成为其面临的紧迫课题。

8.2.2　展会客户的范围

在制订展会客户关系管理计划之前，首先必须明确“展会客户”的含义，即展会客户应包括哪些范围。如果对展会客户的范围没有一个全面的认识，那么，所制订的展会客户关系管理计划必然是不全面和不完整的，而不全面和不完整的客户关系管理又必然会疏漏一部分客户的需求，忽视对他们的服务并引起他们的不满，长期下去，会严重影响到展会与客户的关系，影响到展会的长远发展。

在谈到展会客户时，许多人习惯地认为，展会的客户只包括参展商。这种认识是对展会客户含义的一种严重的误解。实际上，展会的客户至少包括参展商、观众和展会服务商。

(1) 参展商

参展商包括展会现有的参展商和潜在的目标参展商。展会现有的参展商是已经参加了展会的参展商，潜在的目标参展商是因种种原因目前还未参加展会，但展会认为将来有可能参加的那些目标客户。潜在的目标参展商尽管目前还未参展，但他们是展会扩大展览规模、提高档次的重要客户来源，因此，在进行展会客户关系管理时，他们是不可忽视的重要客户群体之一。参展商在展会客户群体中处于核心地位，是展会经济效益的主要来源，展会主办者的办展经济收益主要来源于参展商的参展费用；参展商在行业中的影响力和代表性直接关系到展会的品质和档次的高低；参展商是否连续参加展会是一个展会成功与否的重要标志。另外，参展商的参展收益是展会综合效益的重要组成部分，参展商收益高，展会主办者的经济收益才有可靠的保障；如果参展商的参展收益不高，展会主办者的经济收益就难有保障，即使展会其他各方面都做得很好，但只要参展商的参展收益不高，展会的效益就会畸形和难以持久。因此，参展商是展会客户关系管理的中心环节。

(2) 观众

观众是展会另一个重要的客户，很难想象，一个展会只有参展商而没有观众。和参展商一样，观众也有现有观众和潜在的目标观众之分。现有观众是已经来参观展会的观众，潜在的目标观众是目前还没有到会参观，但展会认为将来可能来展会参观的各种业内人士。潜在的目标观众是展会扩大观众数量的基础，在规划展会的客户关系管理时，不能只看重展会的现有观众而对潜在的目标观众置之不理。展会的观众还有专业观众和非专业观众之分。专业观众是展会观众的核心，专业观众的多少往往是展会成功与否的一个重要标志。专业观众对展会很重要，但并不是说非专业观众对展会而言就毫无意义。专业观众和非专业观众对展会的影响如何，主要依据展会的性质及两者比例的不同而不同。

观众和参展商是展会相互影响的两方面。一方面，参展商到会参展，不论其参展的主要目的是什么，都离不开观众：贸易成交需要有观众采购，产品展示需要有观众观看，收集的信息很大部分需要观众提供，新品发布的主要对象往往也是面向观众。因此，没有观众，参展商参展是没有任何意义的。另一方面，观众参观展会的目标的实现也离不开参展商：贸易成交的采购对象主要是参展商，了解行业最新动态离不开参展商的展品展示，收集信息的来源许多来自参展商。

不仅如此，在一个展会的展期里，参展商与观众的数量还应该相匹配，任何一方的不足都会影响到展会的长远发展。例如，如果参展商较多而观众很少，参展商的参展目的就很难达到；反之，如果观众太多而参展商很少，观众到会参观的目的往往也会落空。

(3) 展会服务商

展会的服务商主要包括展会展位的指定承建商、展品的指定运输代理以及展会的指定旅游代理、指定接待酒店和指定保安机构等。在展会客户群体里，展会服务商是与参展商和观众不一样的客户：参展商和观众基本都是向展会支付费用，展会为他们服务；但展会服务商却相反，展会向展会服务商支付费用，展会服务商为展会服务。基于这种不同，很多展会主办机构在考虑展会客户时往往会忽视展会服务商，但其实，展会服务商也是展会客户的重要组成部分，原因如下：

① 展会一旦将一些服务事务交给展会服务商完成，展会服务商即与展会融为一体。展会服务商这时是代表展会而去与参展商、观众以及其他各有关方面打交道的，展会服务商的形象直接影响到展会的形象，展会服务商的办事效率和办事结果直接影响到展会的声誉。

② 参展商和观众会将展会服务商提供的各种服务视为展会本身提供的服务，将展会服务商的服务失误直接视为展会的服务失误。这样一来，展会服务商服务的好坏和服务质量的优劣直接影响到参展商和观众对展会的整体评价。因此，展会必须与展会服务商协调，统一行动。

值得一提的是，会展业是一个综合性很强的服务行业，举办一次展会就是一个涉及方方面面的庞大的系统工程，展会组织的许多具体工作是分成一个个环节和服务小组完成的。对于展会主办单位来说，为确保展会成功和客户满意，只有一个环节连着一个环节，一个过程连着一个过程，如此环环相扣才不会出问题。如果上下环节之间出现差错，整个展会系统就会受到影响。于是，在办展单位内部，业务流程的环节与环节之间就形成了供应方与客户之间的关系。人们习惯于为企业以外的客户着想而忽视了企业内部上下流程环节的工作人员之间的关系，淡化了服务意识，造成业务流程和服务的脱节；同时，在企业内部，下游环节对上游环节的不满往往不正面抗议，而常常将不满转嫁到企业外部客户身上，导致展会服务质量的下降和客户的不满。因此，很多企业在进行客户关系管理时，将本企业内部有关的员工也考虑在“客户”范围之内。

8.2.3　展会客户关系管理的含义

目前，很多会展企业都不能理解展会客户关系管理的确切含义。例如，很多会展企业认为，展会客户关系管理仅仅是一个信息系统或是一套计算机软件，企业只要安装了这套软件就可以进行展会客户关系管理了。其实，这是对展会客户关系管理的一种严重曲解，理解的错误必然导致行动的错误，他们在实际工作中也就难以通过管理展会客户关系取得竞争优势。

实际上，展会客户关系管理，是指办展机构通过收集客户信息，在分析客户需求和行为偏好的基础上积累和共享客户知识，并有针对性地对不同客户提供个性化的展会专业服务，以此培养客户对展会的忠诚度和实现展会与客户的合作共赢共荣。

为了理解展会客户关系管理的含义，必须把握好以下几点：

(1) 从办展机构企业整体的战略高度上看，展会客户关系管理是一种现代展会经营管理战略。这种战略强调“以客户为中心”，将客户视为和企业的设备、资金一样的企业重要资产之一，企业通过各种营销渠道和沟通手段增加与客户的互动，了解客户的需求，理解、分析、预测和管理展会的现有客户和潜在客户，为客户提供个性化的服务，提高客户对展会的满意度和忠诚度。作为一种企业经营管理的宏观战略，它需要各部门的一致行动。因此，展会客户关系管理不仅是市场和销售部门的事，也是技术支持和后勤服务部门的事

(2) 从办展机构营销策略上看，展会客户关系管理是一种“以客户为中心”的展会营销战略。展会客户关系管理借助于数据分析技术，将纷杂的客户基本数据转变为有用的客户信息，办展机构根据这些信息，对客户进行追踪和分析，发现不同客户的不同需求和偏好，对不同的客户采取符合其个性需求的不同应对方案或营销策略，最大限度地赢取客户。通过对客户的有效识别，发展与特定客户之间的良性、长期和有利可图的关系；同时，由于不同的客户具有不同的价值，办展机构的个性化营销策略的重点是那些对展会价值最大的客户，必须用差别化的措施最大限度地满足他们的个性化需求。

(3) 从办展机构的技术支持微观层次上看，展会客户关系管理意味着一套客户关系管理(Customer Relationship Management，CRM)应用软件系统。基于数据库、互联网、计算机联机数据分析处理、数据挖掘和聚类分组算法等信息技术而形成的CRM应用软件系统，将办展机构内外部客户的资料数据集成在同一个系统里，在展会客户关系管理理念的指导下，让办展机构所有与客户接触的营销、服务和销售人员都能够按照授权，适时地更新和共享这些客户资源，使有关人员能紧密协作，快速而妥善地处理客户需求，从而提升客户的满意度和展会的

办展水平,增强展会的市场竞争力。

可见,展会客户关系管理绝不仅仅是一套 CRM 应用软件系统,它代表着办展机构管理客户的一种战略和营销办法,办展机构首先需要使所有员工具有"以客户为中心"的思想,并整合企业的业务流程和操作办法,借助于 CRM 应用软件系统实现企业的客户关系管理理念。所以,CRM 应用软件系统只是一种应用工具和手段。如果办展机构没有"以客户为中心"的服务思想,那么,即使它有最先进的 CRM 应用软件系统,也难以管理好自己的客户。

8.2.4 展会客户关系管理的目标和作用

办展机构实施展会客户关系管理的目的,是实现展会与客户之间的合作共赢共荣。一方面,对办展机构来说,实施展会客户关系管理,不仅可以为展会赢取新客户、赢返流失的客户和识别出新的关系细分群体,从而增加展会拥有的客户数量;而且可以通过培育客户对展会的忠诚度、挽留和发展有价值的客户以及减少客户流失,发展与客户的长期合作关系,为展会赢得更多的长期稳定客户;还可以通过有针对性的个性化服务提高现有客户的购买数量,扩大展会的展位销售和增加观众参观。另一方面,对于客户来说,展会的各种个性化服务手段可以满足自己的特殊需求,增加自己的参展(参观)效果,实现自己贸易成交、收集信息、产品发布或产品展示等具体目标。只有实现展会与客户的合作共赢共荣,展会与客户的长期合作关系才会牢固,展会才能长盛不衰。

办展机构实施展会客户关系管理的作用主要表现在:

(1) 提高销售和服务功能

展会客户关系管理是一种以客户为中心的营销策略,它在信息技术的支持下,通过分析不同客户的不同需求提供个性化的应对措施,制订有针对性的营销计划,对不同客户提供符合其需求的个性化服务,这极大地提高了展会展位销售能力,提高了展会的服务质量和服务水平。

(2) 降低获取客户的成本

研究表明,开发一个新客户的成本比挽留一个老客户的成本平均要高出五倍。展会客户关系管理通过有针对性的个性化服务,能够很好地挽留老客户,赢返流失的客户,从而降低展会获取客户的成本;在开发新客户时,展会客户关系管理可以通过客户聚类分组技术,识别有价值的客户,减少新客户开发的盲目性,节省不必要的开支。

(3) 增加客户价值,提高客户满意度

参展商和观众参加展会的主要利益,在于通过参加展会实现自己的参展(参观)目标。展会通过分析不同客户的特殊需求,采取积极的应对措施,最大限度地满足客户的各种需求,努力帮助他们实现其参展(参观)目标,客户的价值因此而增加,他们对展会的满意度也因此而提高,客户与展会的长期合作关系因此也变得更加牢固。

8.2.5　展会客户关系管理的技术支持

前面曾经提到,展会客户关系管理在宏观、中观和微观三个层次上分别表现为办展机构的现代展会经营管理战略、“以客户为中心”的展会营销战略和一套CRM应用软件系统。从这种意义上讲,展会客户关系管理的技术支持来自三个方面:展会经营管理战略支持、展会营销战略支持和CRM应用软件系统支持。

(1) 展会经营管理战略支持

办展机构要将展会客户关系管理上升到企业发展的战略高度对待,要像支持展会招展和招商一样大力支持和倡导开展展会客户关系管理工作,让所有员工都有客户关系管理的理念,并制定相关行为准则,让员工遵守和切实执行,减少在企业业务流程、具体操作和管理控制等方面的阻力。没有展会经营管理战略支持,CRM应用软件系统将仅仅是一个工具而已,它对改变企业的展会经营和客户掌控策略的帮助将十分有限。

(2) 展会营销战略支持

办展机构要将展会客户关系管理的理念融合在展会营销战略里,并在具体执行时贯彻实行。只有这样,办展机构才能与客户进行有效的沟通,并通过各种营销手段为客户提供个性化的服务,满足客户的特别需求。没有展会营销战略的支持,展会客户关系管理将无法达到其预期目标。

(3) CRM应用软件系统支持

要实施展会客户关系管理,办展机构应有一套符合公司实际的CRM应用软件系统,这套软件系统必须具备:第一,一个强大的客户数据库,能将有关客户的数据集成在这个数据库中,客户数据能及时更新删补,敏感数据能得到有效保护;第二,较强的数据聚类分组分析功能,能按办展机构的要求和展会的行业特色对有关客户信息进行聚类分组分析;第三,较强的数据挖掘功能,能从大量繁杂的客户数据中探寻出有用的客户信息;第四,应用软件的使用符合一般展会的办展业务和服务流程,能促进该流程的合理化和规范化。CRM应用软件系统是展会客户关系管理实现的重要工具,它只有符合办展机构的展会经营和客户掌控战略才能发挥更好的作用。

总之,展会客户关系管理不仅仅是有一套CRM应用软件系统就能解决问题的,还必须有经营和营销战略的支持。

8.3 客户价值和关系的盈利性

并不是所有的客户都能给展会带来盈利,也并不是所有的客户关系都能帮助展会实现与客户的合作双赢。展会必须通过客户关系管理,关注各种不同关系的盈利性,通过让尽可能多的客户满意并帮助客户增加价值延长客户关系的生命周期,从而达到实现展会与客户之间的合作共赢共荣、保持展会长盛不衰这一目的。

8.3.1 客户满意

客户满意是客户参加展会后对展会的综合满意的程度。使客户满意是展会客户关系管理的主要任务之一,要取得客户的满意,办展机构必须把满足客户的现实需求和潜在需求作为展会发展的重要组成部分,并在展会服务的各个环节中尽可能地满足客户的需求;同时,展会还要及时跟踪研究客户对展会满意度的变化,并据此改进展会服务、研究展会定位、调整办展业务流程,以稳定老客户,赢得新客户。

客户对展会的满意可以分为纵向三个层次和横向五个层次:

从纵向层次上看:第一,物质满意,即客户对展会的功能、品质、定位和效用等感到满意,这是客户对展会满意的核心层。第二,精神满意,即客户对展会的服务、展会展场环境、工作人员的态度、服务的有形展示和服务的过程等感到满意,这是客户对展会满意的外延层。第三,社会满意,即客户对在参展参观过程中所体验到的展会对社会利益的维护感到满意。综上,展会要取得客户的满意,不仅要在丰富展会功能上下工夫,还要在展会服务和维护社会公共利益方面努力。例如,展会对知识产权的保护会赢得大多数客户的好感。

从横向层次上看:第一,对展会办展理念的满意,即展会的办展理念给客户带来的满足程度,包括展会的定位、价值观、经营理念和经营哲学等。第二,对展会营销的满意,即展会的运行状态给客户带来的满意程度,包括展会的参展规则、行为规范、宣传推广、业务流程和布展撤展规定等。第三,对展会的外在视觉形象的满意,即展会的有形展示给客户的满意程度,包括展会的 Logo、标准色、标准字、展场环境和办展机构的外在形象等。第四,对展会实物的满意,包括展会包装、档次、价格等。第五,对展会服务的满意,包括展会服务的专业性、规范性、灵活性、及时性以及便利性等。

为了更准确地掌握客户对展会满意的程度,必须了解用来表示客户满意程度的指标"客户满意度"。客户满意度是由客户在参加展会前对参加展会的期望与其参加展会后对展会的实际感受的吻合程度决定的,直观的表示办法是:

客户满意度 = 参加展会的期望所得 – 参加展会的实际所得

在上述公式中,“参加展会的期望所得”是客户在参加展会前,根据种种信息而对展会产生的期望,或者说是客户认为自己参加展会能够实现的利益;“参加展会的实际所得”是客户参加展会后的真实所得,即他们参加展会而得到的实际利益。如果前者大于后者,客户就不满意;如果前者与后者基本吻合,客户就基本满意;如果前者小于后者,客户不仅会感到满意,而且还会产生意外的惊喜。

展会的客户满意目标不是客户基本满意,而是“客户惊喜”,即努力使客户在展会的实际所得大于客户参加展会的期望所得。为此,展会必须深刻理解客户对展会的期望以及客户参加展会的不同需求,理解客户对展会满意的不同层次。通常,鉴于以往的参展经历和借鉴别的展会的参展经验,客户在参加一个展会时,往往会事先认为应该理所当然地获得某些收益、享受到某些服务;参加展会以后,即使这些收益和服务得到满足,客户通常只是基本满意,他们并不会感到特别满意。同样,大多数办展机构并不能让客户特别满意,因为它们的工作往往按部就班。如果每件事情都按部就班,那么展会为客户所做的可能就是不够的;只有超出客户的期望,让他们惊喜,才能在激烈的市场竞争中高人一等。所以,展会必须为客户提供与众不同的个性化服务。

办展机构对展会的宣传推广是客户形成对展会的期望的重要信息源,尤其是在客户对展会的了解还不多的时候,这些信息能极大地影响客户对展会期望的形成。例如,如果办展机构言过其实地宣传自己的展会,结果必然会导致客户对展会产生过高的期望,等到客户参加展会,必然发现自己“上当”,由此也必然对展会产生不满;如果办展机构实事求是地宣传自己的展会,客户对展会产生的期望必然与参加展会的实际所得相接近,客户就会对展会基本满意;如果办展机构在宣传自己的展会时有意识地留有余地,客户参加展会后,必然发现自己的所得超出当初参展的期望。有鉴于此,办展机构可以有意识地调整自己的宣传推广策略,引导客户对展会期望的形成。当然,办展机构对展会的宣传切不能言过其实,并且只宣传自己能办到的事情,因为一旦对外宣传,就务必兑现承诺。

除了宣传推广外,还有一些因素会影响到客户对展会的满意度:

(1) 展会的效果。展会的效果是客户参加展会的基本理由,它也是展会进入市场的基本条件,这是展会能带给客户最基本的东西。如果展会效果不好,客户满意将永远不会出现。

(2) 展会服务和系统支持。随着会展业竞争的日益激烈,展会同质化倾向日益严重,许多展会的功能和效果大同小异,客户参加不同展会的所得差别很小,这时,客户对展会效果就不太关心。可是,此时如果展会能提供别的展会所没有的展会创新服务和系统支持,客户必然会对该展会更加满意。

(3) 展会现场环境因素。展会现场环境布置、展位装修等对客户的满意度的影响也很大,例如,现场布置简洁明了、参观指引一目了然、展区划分规范科学等。

(4) 承诺的兑现。客户都希望顺利参展并顺利实现参展目标,他们在参加展会前一般都会按办展机构的宣传和筹展通知作参展准备。但是,如果办展机构在展会期间不能兑现当初的承诺,客户在展会期间必然会意外遇到各种各样的问题,这会引起他们对展会的极大不满。很多展会都是在这一点上永远地失去了一些客户。

(5) 客户互动。会展业是一个办展机构与客户高度频繁接触的服务行业,展会工作人员与客户的互动过程和结果对客户的满意度会产生较大的影响。

(6) 情感因素。每一个客户都有被尊重的需求,客户经常会谈到他们参加不同展会的感受。有时候,客户对展会的满意度可能会因某一个展会工作人员的态度而大打折扣。展会工作人员的态度对客户满意度的影响不能不引起展会的重视。

综上可见,影响客户满意度的因素从展会本身到服务,并逐步深入到人际互动和正面的情感因素。客户需求的层次越来越高,而展会如果能使客户满意,那么,展会为客户创造的价值将越来越高,客户与展会的关系也会越来越稳定,展会的市场竞争力势必越来越强。

8.3.2 客户价值

增加客户价值是展会客户关系管理的另一个重要的任务。所谓客户价值,是指客户让渡价值,即客户从参加展会及其服务中所获得的总价值减去为参加展会而支出的总成本。即:

客户让渡价值 = 客户总价值 - 客户总成本

客户总价值是客户从参加展会及享受其服务中所获得的全部收益,包括五个方面:展会价值、服务价值、人员价值、形象价值和个人价值。客户总成本是客户为参加展会而支出的所有耗费,包括货币成本、时间成本、精力成本和心理成本四个方面。客户考虑是否参加一个展会的过程其实就是客户对这些价值和成本进行比较参考的过程,如果客户的收益比付出的成本高,那么,客户对参加展会比较满意,他们可能就参展或者继续参展;如果客户付出的成本大于所得到的收益,那么,客户就可能不考虑参加该展会了。

可见,为了让客户最大限度地对展会满意,办展机构必须充分注意增加客户的总价值。同时,办展机构还必须努力减少客户参加展会的总成本。为了做到这一点,必须搞清楚“客户总价值”和“客户总成本”各个构成部分的含义,以便在展会上做得更好。

(1) 客户总价值

客户参加展会是客户享受展会服务的一个过程,客户借助于展会这个平台实现自己参加展会的目标。客户参加展会的目标一般不是唯一的,同时,又由于展会的服务业特性,客户参加展会的收益一般也不是唯一的,办展机构必须明白这一点,否则办展机构就很难在展会上很好地为客户着想、为客户服务,展会也很难切实为客户的需求服务。客户参加展会的收益一般有五个方面:

① 展会价值。即展会的功能、特点、品质、品牌等展会自身的效果,客户参加展会是冲着展会的自身价值而来的,如果展会本身的效果很糟糕,那么,展会工作人员的笑容再灿烂也无济于事;如果展会本身不能引起客户参加展会的兴趣,那么他们根本就不会参加展会。展会本身的价值是客户价值的第一构成要素,办展机构必须努力按客户的需求健全展会的各项功能,提高展会的效果,这样展会对客户才有核心吸引力。

② 服务价值。客户参加展会的过程也是客户享受展会服务的一个过程,展会服务是与展会密切相关但又可以独立评价的一个展会附加价值,而客户评价展会服务的标准只有一个:满意。客户对展会服务的评价不仅包括展会展览现场的服务,还包括展会的展前和展后服务,如果客户对展会的服务不满意,客户参加展会的积极性也会受到很大的影响。为此,办展机构的展会服务一定要比展会本身更加为客户"定身度制",投其所好,在提供规范化的展会服务的同时尽量为不同的客户提供不同的个性化服务。

③ 人员价值。展会工作人员和服务人员的语言、行为、服饰、服务态度、专业知识、服务技能等会极大地影响客户在特定时期的情绪和心情,有些展会工作人员和服务人员能让客户轻松愉快,而有些却让客户心情沉重。客户不愉快的参展经历大多与展会工作人员和服务人员的表现有关。因此,展会工作人员和服务人员的价值就是让客户满意,让客户时时刻刻感受到被关怀,时时刻刻感受到被尊重。

④ 形象价值。以展会品牌为基础的展会形象价值是客户价值的重要组成部分。对客户来说,品牌可以帮助其整理、加工、储存和解决展会的识别信息,简化参展决策。良好的展会形象可以降低客户的参展风险,增强其参展的信心,可以使客户获得超出参加展会所获得的收益之外的社会收益和心理收益。

⑤ 个人价值。展会是一个使行业人士大量聚集的大平台,许多行业内知名的企业和人士往往集中在展会的一个屋檐下,真可谓一时人才济济、信息荟萃、智慧激荡。客户参加展会,除了完成本职工作之外,往往在增加个人知识和阅历、广泛开拓社会关系网络等方面受益匪浅。

对上面这五个方面的收益,客户在参加展会之前往往有一定的心理期望。如果展会事先对此有充分的感知和准备,客户参加展会的收益必将大大增加;反之，如果展会对此漠然视之或者挂一漏万，客户参加展会的总收益必然会大大缩减。所以，展会不仅要努力搞好自身的建设，还要时刻关注从展会、服务、人员、形象和个人价值等方面增加客户的价值。

（2）客户总成本

参加展会对许多客户来说是一项浩大的工程，他们为参加展会的耗费不仅仅是货币方面的支出。例如，参展商参加展会时，参展费只占他们参展耗费的一部分，他们花费在参展方面的时间和精力巨大，有的甚至还要专门为此而调整公司的有关日程安排。可见，和客户总价值一样，客户总成本也不是唯一的，它包括以下四个方面：

① 货币成本。它是客户参加展会的所有货币支出，包括展位租赁费、展品运输费、展位装修费、人员费和相关宣传费等。货币成本是客户在决定是否参加展会时首先需要考虑的成本。

② 时间成本。很多行业的产品采购和销售都有自己的时间规律，有些季节很旺，有些季节很淡。和行业规律一样，客户对自己的时间往往也有安排，有些时间很重要，有些时间相对不是很重要。客户在参加一个展会之前，一般会考虑展会是否符合自己的时间安排，自己花费在展会上的时间是否值得等。

③ 精力成本。它是客户在参加展会时在精神和体力等方面的支出。参加一个展会会涉及很多相关问题，如交通、住宿、吃饭、安全等，客户为了解决这些问题往往要花费大量的时间和精力。

④ 心理成本。客户参加展会是要付出一定的心理成本的，例如，参加展会前对展会效果的担心、对参加展会的花费及社会和安全等感知风险的担忧、对展会噪音和拥挤的忍受等。心理成本是无形的，由于接收到的有关展会的信息的不同，不同的客户参加展会的心理成本是不一样的。

上面这四方面的成本构成客户参加展会的总成本。对于这些成本，客户基于自己以往的经验或者别人的经历，在参加展会前会有一个心理准备。如果展会事先感知到这一点并做好准备，采取相应的措施尽量减少客户总成本，那么，客户对展会的满意度必定大大提高，客户参加展会的收益必将大大增加。所以，办展机构减少客户参展成本并不仅仅是减少他们参展的货币支出，还必须减少他们的时间成本、精力成本和心理成本。

需要指出的是，客户价值和客户成本有些可以精确计算，如贸易成交额和货币支出等；有些只能为客户所感知但不能精确计算，如展会的服务价值和客户心理成本等。所以，展会及时与客户沟通，多与客户交流，及时采取措施解决问题，对增加客户价值和减少客户成本将有很大的帮助。

另外，客户价值和客户成本是一种相对的指标，不同的客户对展会的收益期望是不一样的，即使是同一客户，他在不同的时期对同一展会的收益期望也是不同的。所以，展会需要不断创新，并不断地满足客户的需求以及实现客户对展会的期望，只有这样，客户才能成为展会的忠实客户，展会才能长盛不衰。

8.3.3　客户关系的生命周期

展会总是希望所有的客户都是自己忠实的客户，但这几乎是一件不可能的事，展会总会有一些客户流失，总会有一些客户对是否参展举棋不定。为什么对于同一个展会，不同的客户的表现如此不同？经研究发现，除客户本身的需求不同外，关系的生命周期对此影响很大。

所谓客户关系生命周期，是指展会与客户的关系所能维持的时间。对于新客户，他们对展会一般都会有一个从不信任到信任、从不熟悉到熟悉的过程；对于老客户，他们对展会也会有一个从信任到不信任、从熟悉到陌生的过程。一旦一个新客户对展会产生信任，他必将成为展会的忠实客户；而一旦一个老客户对展会产生不信任，展会很可能会失去这个客户。客户从对展会的不信任到信任，从信任到不信任的过程，就是客户关系生命周期的变化过程。当然，如果展会能始终令客户满意，客户价值能始终在展会得到实现，那么，客户就将变成展会的忠实客户。

延长客户关系生命周期是展会客户关系管理的重要任务之一。因为，只有延长和巩固与客户的关系，客户才不会流失，他们才会继续参展和参观，否则他们就会抛弃展会而转向去参加竞争对手的展会。显然，没有客户支持的展会是没有前途的展会。为此，展会必须通过客户关系管理，了解和认识客户关系生命周期变化的规律，并及时对已经弱化的关系采取有效的补救措施，最大限度地留住客户。

客户关系生命周期的变化规律一般有以下五个阶段：

(1) 关系培育阶段

展会通过市场细分，确定特定的目标客户群，并通过市场调查识别目标客户的需求，然后针对这些需求采取有效的营销手段吸引他们对展会的注意，使目标客户逐步对展会产生一种认知。在此阶段，展会与客户之间并没有发生真正的接触，客户基本上都是通过各种信息渠道了解展会，展会则是通过各种营销渠道和营销手段培育客户与展会的关系。对展会来说，客户此时只是“潜在客户”；对客户来说，展会只是他们可选择参加的目标之一，展会与他们之间的关系还很脆弱。在这一阶段里，展会的宣传推广等营销手段和口碑传播至关重要，它们的好坏直接影响客户的决策，影响到展会与客户关系的进一步发展。

(2) 关系确认阶段

通过展会的宣传推广等营销手段和口碑传播，客户在持续认知展会的基础上开始考虑是否参加该展会。客户通过对参加该展会所期望获得的价值和准备付出的成本的评估,决定是参加该展会还是参加其他同类展会。一旦客户决定参加该展会,那么潜在的客户就变成了现实的客户;如果客户认为参加该展会得不偿失,那么他们就可能去参加其他同类展会。客户一旦参加了该展会,则客户与展会之间的关系就得到初步确认。

(3) 关系信任阶段

客户刚开始参加某一个展会,大多出于一种尝试,即他对该展会还并不是特别信任,他必须通过自己的亲身经历增强自己对该展会的判断:该展会是否值得参加? 要得到答案,客户往往要参加一次或几次展会。如果参加几次展会以后,客户已经完全信任该展会能实现自己参加展会的目标,那么他就会成为展会的忠实客户,展会与客户之间的信任关系就得以建立。

(4) 关系弱化阶段

客户的需求和参加展会的目标是随着时间的变化而变化的,除非展会能不断创新以满足客户的需求,否则,客户在参加几次展会之后必然会发现展会已经对自己没有吸引力,参加展会的所得很小而成本却很大,这时,他们对展会就会由信任而改变为不信任。一旦客户对展会产生不信任,客户与展会的关系就将开始弱化。

(5) 关系消失阶段

客户与展会的关系开始弱化后,如果展会不及时采取补救措施,那么该关系就会继续弱化,当这种弱化的客户关系达到某一个客户不能容忍的临界点时,客户就将不再参加展会,这时,客户就会流失,展会与客户的关系就将基本结束;如果经过展会的客户挽留措施,客户还是难以挽回,那么,展会就将失去该客户,展会与客户的关系就将消失。

客户关系生命周期的上述五个阶段描述了展会与客户的关系发展的一般过程,揭示了展会与客户的关系由弱到强、又由强到弱的一般变化规律。当然,并不是所有的客户关系都要经历上述五个阶段。例如,有些客户可能刚一参加展会就对该展会产生信任。这时,关系的确认阶段和关系的信任阶段就基本会合二为一;有的客户刚一参加展会就立即发现该展会根本不适合自己并从此不再参加该展会,这时,客户关系就直接从关系确认阶段进入关系消失阶段了。

认识客户关系生命周期的五阶段变化规律对我们提高客户关系管理水平、提高客户对展会的忠诚度具有重要的作用:

(1) 延长客户关系生命周期,最重要的是要延长客户关系的“关系确认阶段”和“关系信任阶段”,尤其是要延长“关系信任阶段”。只有这样,展会才能不断地将现有客户变成展会的忠实客户,将忠实的客户变成展会的终生客户。而拥有大量忠实客户和终生客户的展会必将是不怕竞争的展会,是无敌的展会。

(2) 要延长客户关系的“关系确认阶段”和“关系信任阶段”,最重要的是要努力提高客户对展会的满意度,增加客户的价值,只有这样,客户才能在一次或几次参加展会后在最短的时间内对展会产生信任,否则客户将对是否参加该展会始终处于摇摆状态,展会客户关系管理的难度将加大,展会也难以赢得客户的持续支持。

(3) 在客户关系的不同发展阶段,展会客户工作的重点应有所不同:在关系培育阶段,展会客户工作的重点应放在展会的宣传推广等营销方面,这样才能更好地让客户认知展会;在关系的确认阶段,展会客户工作的重点应是提高展会的效果,这样才能满足客户的参展需求,增加客户的价值;在关系的信任阶段,展会客户工作的重点应是跟踪客户的需求变化,采取措施满足客户变化的需求,这样才能继续保持客户对展会的信任;在关系的弱化阶段,展会客户工作的重点应是找出客户对展会产生不满意的原因,并采取措施消除这些使客户产生不满的因素,重新赢得客户的信任;在关系的消失阶段,展会客户工作的重点应是尽量消除客户流失给展会带来的不利影响,并通过创新继续保持展会的吸引力和竞争力。

(4) 处于不同发展阶段的展会要注意特别关注客户关系发展的不同阶段。对于新开发的展会,由于绝大多数客户都是新客户,客户基本还没有对展会产生信任,这时,关系的培育阶段、关系的确认阶段就尤其重要,因为只有培育更多的新客户,让更多的客户参加展会,新开发的展会才能发展;对于已经成熟的展会,就需要特别关注客户关系的弱化阶段,因为尽量减少客户流失对于成熟的展会来说至关重要;对于处于培育期的展会,就尤其需要关注客户关系的信任阶段,因为只有不断地取得客户的信任,将现有客户变成忠实客户,展会才能稳定。

8.3.4 关系的盈利性

延长客户关系生命周期对展会就一定有利吗?其实不一定。那么,延长什么样的客户关系对展会才有利?为了弄清楚这个问题,就要关注关系的盈利性。

所谓关系的盈利性,是指在客户关系生命周期里客户能给展会带来收益的可能性。众所周知,并不是所有的关系都能盈利,换句话说,并不是所有的客户都能给展会带来盈利。客户关系到底能不能盈利取决于客户关系给展会带来的价值和展会发展该关系所付出的成本之间的差额,如果前者大于后者就盈利,如果前者小于后者就亏损。

(1) 客户关系给展会带来的价值

不同的客户给展会带来的价值是不同的,有时候,即使是同一客户,给展会带来的价值也不是唯一的。归纳起来,客户给展会带来的价值一般有以下四种:

① 经济价值。即客户能直接带给展会的经济效益,主要表现为其经济盈利性。经济盈利性是所有商业性展会在考虑客户关系时首先考虑的因素,因为如

果客户不能给展会带来利润，展会将失去根本。

② 示范价值。即某一特定客户参加展会后给行业带来的示范效应。在每一个行业里都有一些大的知名企业，这些企业的一举一动深受行业同行关注，如果这些企业参加展会，可以带动一大批企业跟进；如果这些企业不参加展会，将极大地影响其他企业参加展会的积极性。

③ 推荐价值。即某一特定企业参加展会后向行业同行进行的口碑传播作用。有些客户在参加展会后会充当推荐人的作用，积极向同行推荐该展会；有些客户则相反，他们会积极劝告同行不要参加该展会。

④ 能力价值。即展会通过维持与该客户的关系而从他们那里学到和吸收自身缺乏的知识的价值。例如，有些客户经常参加世界各地的展会，他们会将别的展会好的做法告诉本展会，帮助本展会改进办展思路和方式；有些客户对行业了解很深，他们能给展会提供很多有价值的改进建议等。

可见，展会发展客户关系，不能只着眼于经济价值，还要兼顾示范价值、推荐价值和能力价值，这在展会的大客户管理方面表现尤其突出。展会的大参展商一般参展面积大但价格低，展会从他们那里基本无利可图，可是，这些大参展商往往具有极大的行业号召力，示范价值很大。还有一些客户，如行业专业杂志和行业协会，展会在他们身上基本也无利可图，但他们的推荐价值和能力价值很大。所以，对于那些经济价值很大的客户，由于关系的现行盈利性明显，展会理所当然地应该与他们搞好关系；对于那些经济价值不大但其他价值很大的客户，由于关系的潜在盈利性很大，展会与他们搞好关系不仅不会亏损，反而会收益多多。

（2）展会发展客户关系所付出的成本

展会发展和维护客户关系是要付出成本的。从客户关系生命周期发展阶段的角度上看，这些成本主要包括以下三种：

① 关系的初始投入成本。即展会与客户建立起最初关系所耗费的成本，它主要花费在客户关系的培育阶段。

② 关系的维持成本。即客户关系建立后，展会为持续维护和培育该关系所花费的成本，它主要花费在关系的确认阶段、信任阶段和弱化阶段。

③ 关系的结束成本。展会与客户的关系结束时，展会并不就对客户置之不理，而是要对客户施加积极的影响以免客户给展会散布负面的影响，展会为此而花费的成本是关系的结束成本，它主要发生在客户关系的消失阶段。

通过将客户关系给展会带来的价值和展会发展客户关系所付出的成本进行对比，我们就可以评价该客户关系的盈利性。

8.3.5　影响关系盈利性的主要因素

从长期看，只有能给展会带来盈利的客户关系才是值得延长的客户关系。客户关系的盈利性反映的是该关系主体能给展会创造利润的能力，显然，凡是影响关系创造利润的因素都将影响关系的盈利性。一般地说，影响关系盈利性的因素主要有七个：

(1) 客户参加展会的频次。即客户在其生命周期内参加展会的次数，对参展商而言是参展的次数，对观众来说是参观的次数。即使是最优质和关系最好的客户，如果他们不参加展会，其关系的盈利性也将受到影响。

(2) 客户消费能力。它主要是指参展商每次参展面积的大小。

(3) 客户消费份额。即客户参加本展会在其所有参加展会计划中份额的大小，它反映了客户在进行参加展会选择决策时有多大的可能会选择本展会，也反映了展会对客户的影响力的大小。

(4) 协议价格。即展会与客户就客户参加展会所达成的价格。有些客户的影响力很大，展会宁可低价也要争取他们参展；有些客户由于是老客户，展会会给他们优惠而对他们特别降价。

(5) 办展成本。展会的办展成本也极大地影响到客户关系的盈利性。有关办展成本的构成可参见前面有关章节。

(6) 关系策略。展会的客户关系策略对关系的盈利性有直接的影响，如它直接影响到关系成本的大小；对关系的盈利性也有间接的影响，如影响客户的消费份额等。

(7) 客户忠诚度。高忠诚度的客户对价格的敏感性较低并能多次参加展会，这直接影响到关系的盈利性。

8.4　开发新客户

新客户是展会发展的后劲，展会客户关系管理内容和作用就是通过有效的客户管理办法，在目标市场中寻找和发现新的目标客户，并通过有效的传播手段与他们沟通，最终将他们变成展会的现实客户。

8.4.1　在目标市场中寻找潜在客户

新客户是展会宝贵的市场资源，也是展会未来的发展空间，新客户数量的多寡决定着展会未来发展规模的大小。不仅新策划创立的展会需要大力开发新客户，已有的展会现有的客户量趋于减少时也需要开发新客户。传统获取新客户的方法主要是根据目标客户的需求，采取媒体广告或者直接营销手段实现，但一个新创立的大型展会的客户数量可能高达几十万,如此庞大的客户数量,如果用传统的办法开发,不仅费用昂贵,针对性不强,还无法准确掌握客户的详细资料。

所以,展会客户关系管理要求有与传统方法不同的新客户开发方法。这种方法是:通过市场细分选定特定的目标市场以后,经过特定的渠道收集目标客户资料,然后将这些资料输入客户数据库,通过聚类分组将客户按展会的需求分成不同群体,再通过数据挖掘技术,从大量的数据中发现有用的信息,寻找到展会的潜在客户。一般步骤如下:

(1) 确定目标市场

它主要是根据展会的展览题材范围和展会定位,经过市场细分确定目标参展商范围;根据展会展览题材产品用户特征,经过市场细分确定目标观众的范围。有关市场细分的方法见第一章的有关论述。

(2) 收集客户信息,编制客户数据库

确定目标客户范围以后,可以通过以下渠道收集展会目标客户的具体信息:

① 通过行业企业名录收集。很多行业都有一些资料齐全的行业企业名录或者企业大全,在这些书或光盘里收集了该行业大量企业的基本资料,如企业名称、地址、联系办法等。有些企业名录还每年更新。办展机构可以从这里找到大量的目标客户信息。

② 通过商会和行业协会收集。各行业的商会或者协会一般与本行业内的企业联系密切,它们有一定的会员单位,掌握了大量的企业信息,办展机构可以通过与商会和行业协会的合作得到这些有用的资料。

③ 通过政府主管部门收集。政府主管部门对自己主管的行业的企业一般比较了解,与企业也有一定的联系,因此是一个重要的信息来源。

④ 通过专业报刊收集。各行业的专业报纸和杂志掌握着本行业的最新动态和信息,它们经常走在行业发展的前列,与行业内企业的往来密切,掌握了一定数量企业的信息。另外,通过收集专业报刊上企业的广告也可以掌握一定数量的客户信息。

⑤ 通过同类展会收集。同类展会是收集目标客户资料的一个理想场所,在展会上,可以到各展位直接收集每一个参展商的信息,也可以通过购买展会会刊或参展商名录收集,还可以通过参展设立展位专门收集客户资料。

⑥ 通过外国驻华机构收集。展会是企业进行商品营销的一个重要渠道,各国驻外机构每年都会向本国企业推荐一批著名的展会供它们作参展选择,因此,通过外国驻华机构收集该国企业信息也是一种不错的选择。

⑦ 通过专业网站收集。专业网站上有大量的企业注册用户,也有很多企业在上面做广告,是收集客户信息的一种快捷途径。

⑧ 通过电话黄页收集。电话黄页与行业企业名录类似,里面也有大量的企业信息。电话黄页对于那些收集某一特定地区范围内的企业的信息尤其实用。

另外,还可以利用朋友、熟人、社会和行业知名人士牵线搭桥等方法收集目标客户资料。

这些目标客户资料收集到以后,可以将它们输入到 CRM 客户数据库中,通过进一步的处理分辨出哪些是真正有用的目标客户。

(3) 通过聚类分组和数据挖掘技术找到潜在客户

通过上述渠道,CRM 客户数据库中的目标客户资料可能达上万条,甚至可达十几万条,为了准确掌握哪些信息是有用的,哪些信息是无效的,可以借助于 CRM 软件系统的帮助,先通过将客户进行聚类分组分析,统计和归类客户的行业属性、产品特性和需求特点,然后通过数据挖掘技术筛选出符合展会定位需求的潜在客户,并将他们作为展会开发新客户的来源。

8.4.2　与潜在客户沟通

从严格意义上讲,经过上述筛选的 CRM 客户数据库中的潜在客户还不是真正意义上的新客户,因为到目前为止,对于这些客户来说,他们对展会还是一无所知,只是展会主观地将他们定为潜在客户,至于他们是否最后认知展会并变为其新客户,还需要展会与他们进行有效的沟通。与潜在客户沟通的步骤主要包括:

(1) 确定与谁沟通

沟通的第一步是要首先弄清楚我们将与哪类客户打交道,也就是说,要按照展会定位的需要,将经过上述筛选的客户进行再分类:他们哪些是潜在的参展商?哪些是潜在的观众?潜在参展商主要生产什么产品?潜在观众主要采购什么产品?这些潜在的参展商和观众都分布在什么地方,各有什么特点?

(2) 确定预期沟通目标

与潜在客户沟通,如果沟通一次就能达到让他们来参展(参观)的目标当然最好,但往往很难,这时就要有计划地一步一步地实现沟通目标。站在客户的角度,他们从最初接触展会信息到最后决定参展(参观)一般会有五个阶段的反应过程:知晓、认识、接受、确信、参展(参观)。沟通当然首先要让对方知道你是在介绍哪一个展会,并要慢慢让对方认识该展会,还要让对方接受该展会,这样,通过进一步的努力,对方才会进而对展会产生信任,才会决定参展(参观)。尽管潜在客户可能不会在初次与我们接触后就参展(参观),但只要我们每次接触都能达到上述五个目标中的一个,这个潜在客户就有可能最终变成我们的新客户。

(3) 设计沟通信息

沟通要达到预期的目标,就必须根据展会的优势和特点,结合客户的需求精心设计沟通的信息。一般来说,不同内容的信息对不同的客户所起的作用大不相同。例如,对于那些理性诉求倾向较强的客户,我们的信息设计就应从客户的利益出发,着重描述展会的优势、特点以及能给客户带来什么样的利益;对于那些情感诉求倾向较强的客户,我们的信息设计就应努力激发起客户的某种特定情感;对于那些道德诉求倾向较强的客户,我们的信息设计就应利用客户的道德感强化他们参加本展会的理由,如此等等。

(4) 选择沟通的渠道

与潜在客户的沟通在很多时候是与展会展位营销和展会宣传推广一起进行的,所以,展位营销和展会宣传推广的渠道也是与客户沟通的重要渠道,如报纸、杂志、电视、互联网、电子邮件、广播、人员推销、公共关系、赞助、营业推广等。我们要根据潜在客户接收信息的渠道偏好选择合适的沟通渠道,例如,习惯看杂志的客户往往不注意报纸的内容,而习惯看电视的客户往往不关注杂志的内容等。另外,我们可以多渠道同步与客户沟通。对于一些重点客户,面对面的沟通是非常必要的。

在与潜在客户沟通时,要特别注意沟通的连续性和一致性,沟通的信息在实体上和心理上要彼此关联。从信息的实体上看,通过不同渠道沟通的信息要遵从展会定位的统一要求,要采用同一口径和展会 Logo;从心理上看,还要有统一的客户利益主张和展会定位诉求,只有这样,才更有利于与潜在客户沟通。

8.4.3 将潜在客户转化为现实客户

与潜在客户进行卓有成效的沟通是将潜在客户转化为现实客户的第一步,除此之外,展会还要通过各种营销手段将展会的有关信息传递给潜在客户,以便促进他们向展会现实客户的转化。在促进潜在客户向现实客户转化的过程中,展会必须做好以下几点:

(1) 重视客户的需求

促进潜在客户转化为现实客户的展会营销必须从客户的需求出发,强调展会的特点和品质与客户需求之间的一致性,潜在客户才会逐渐接受该展会,否则尽管展会的特点和品质客观存在,但如果它们与潜在客户的需求不相符,客户对展会仍会视而不见。所以,在与客户沟通时,要对潜在客户的参展(参观)需求、客户的个性品位、客户对展会的评价标准等进行充分了解,对潜在客户来说,根据这些信息制定的营销和沟通策略才最不可抗拒。

(2) 完整地传播展会信息

一般地,展会要掌握所有潜在客户的需求是一件非常困难的事情,展会往往只能尽可能地了解它能与之接触的客户的需求,对于那些未曾谋面的潜在客户,展会就难以了解；同时，即使是接触的客户，对他们的需求的了解可能也不全面，为此，展会必须采取措施弥补这些不足。展会可以通过精心策划展会的营销，通过多渠道和多途径的营销完整地向潜在客户传播展会的信息，使潜在客户对展会有一个全面而完整的认识，从而促进他们参展（参观）。

第9章 会展谈判

9.1 会展项目谈判原则和相关知识

在会展项目实施和管理中，每个会展项目的不同活动都需要成本费用，在成本经费固定的情况下，某个活动成本费用增加就必然意味着其他活动成本经费减少，双方必然发生矛盾，这种矛盾具有建设和破坏两种作用。如果项目管理者都具备良好的谈判协商能力，就能使双方都获得满足，工作也就顺利进行。

国外学者研究结果发现，随着现代组织的功能分化，矛盾成为其固有的、不可避免的特性。所以，为消除矛盾，取得一致而相互磋商的能力，即谈判能力越来越成为项目管理者的必备素质。美国谈判学会会长杰勒德·尼尔伦伯格认为，谈判是人们改变相互关系而交换意见，为取得一致而相互磋商的一种行为，目的是直接影响人际关系，对参与各方产生持久利益的一种过程，其中主要因素有：

- 涉及两个或几个个人或组织代表
- 正式或非正式的形式
- 以面对面的方式进行
- 用口头语和体态语进行沟通
- 起始与进行阶段存在矛盾
- 结束时，双方都参与作出决定

(1) 谈判的特点

① 双方由利益驱动，从而产生谈判行为。

② 谈判的结果：双方都获胜，谈判是合作的行为，谈判者是解决问题的协作者，谈判的目标应该是双方正式协议，而非一方独得的胜利，谈判双方都必须感到自己有所得。谈判同时也是一种双方相互作用的动态过程，其基本目标为：

一是双方相互影响，达成一致的行为和意见。竞争是市场经济的基本存在方式，但竞争结果并非你死我活，一荣一损。现代社会为成功提供了许许多多的机会，但要求各方面的合作，才能优势互补，即要求通过合作式的谈判寻求共同点，以获得共同获利机会。

二是信息交换。现代社会，组织与组织之间，管理者与管理者之间关系复杂，企业单位为了参与竞争，就必须了解各种情况，调整自己的行为，这已成为管理者经常性的工作。信息的交换，会促进组织的成长。而谈判，无疑是获得信息的最佳渠道之一。

(2) 谈判流程

油轮大王奥纳希斯在总结自己事业成功的经验时说:"我从一天赚二美元到一天赚二十万美元,我谈生意都是单枪匹马,没有女秘书,不带法律顾问,也不携带档案,许多人认为我的记忆力特别好,事实上,只是我事先做好准备而已!"

谈判是一个极其复杂的过程,它包括几个阶段,在谈判前需要谈判者做好准备。在谈判过程中,需要谈判者进行谈判的战略选择。最终协议的达成是建立在相互作用、相互信任的基础之上。

谈判犹如两军对垒。谈判之前,充分的准备工作必不可少。

美国公共关系学会列出了需准备的具体事项:

① 背景

- 谈判的具体内容
- 谈判对方的经历、经验、能力等有关知识
- 对方的需要
- 谈判时间
- 谈判地点

② 目标

- 我们的目的是什么
- 所期望的最佳结果
- 可接受的最坏结果

③ 优势与不足

- 自身的优势:技术、价格、经验时间等
- 自身的劣势:技术、价格、经验时间等
- 对方的优势、劣势分析

④ 本身的优势中心

一是设定最高目标。设想自己在谈判中可获得的最佳结果,把这种设想作为自己谈判的努力目标。

二是设定最低目标。谈判是相互妥协的过程,其中必须有让步,确定让步的最后限度,将使自己从容不迫。

了解对方的重心在于了解将影响谈判对方的重要因素,如同企业谈判,首先了解对方的生产状况、全年利润、流动资金,从而了解、推测对方在谈判中会提出什么样的利益要求,并努力推断出对方的最高目标与最低目标。

需要注意的是,无论是集团之间、组织之间,还是国家间的谈判,最终参与者还是单个个人,所以个人准备十分关键。个人准备就是运用自己的想象力把谈判中可能出现的情况详细地加以估计,并自我设计应付的方法。

(3) 谈判过程

大部分学者认为,讨价还价、妥协与让步的过程是谈判的中心,他们认为谈判一般可分为以下三个阶段:

① 谈判者进入角色,此时,谈判者应意识到自己本身并不代表自己,而是代表组织、团体或企业,应明确自身的目标,增进双方了解,创造良好的谈判气氛。

② 双方陈述各自的立场,据理力争,同时适应、满足对方的需求,达到双方互利的目的。在此过程中,谈判并非开始时那么严肃、正式,个人的参与增多,以个人和代表的双重身份参与谈判,以增加达成协议的可能性。

③ 双方回到各自代表的角色中,作出决定,达成协议。

需要指出的是,一般来讲,成功的谈判最终价格限定于最终接受区内。讨价还价是管理者必备的能力之一,谈判存在于我们的工作与生活中。

谈判,给双方必要的满足,美国谈判学会在对谈判结果的研究中,提出了四种模式,如表 9-1 所示:

表 9-1 谈判的四种结果

双方 / 结果	A	B
1	胜利	失败
2	胜利	胜利
3	失败	失败
4	失败	胜利

对于任何一名谈判者来说,至少要保持自己获得利益,即自己感到是有利的。所以对谈判者 A 来讲,可选择的结果只有 1、2,而 3、4 是自己绝对排斥的。事实上,对成功的谈判者来讲,结果只有两种,即合作型和胜负型。而在这两种结果中,更为成功的谈判人如何选择?让我们先来看两种结果的特点,如表 9-2 所示:

表 9-2 合作型与胜负型谈判的特点

	合作型	胜负型
利益	双方获利	冲突对立
态度	完全信任	相互怀疑
信息	相互传递	拒绝合作
方式	双方协商	一方完全屈从另一方
结果	双方长期合作	很难进行再次合作

谈判并非为了某种标的的简单交换,谈判是一种行为或行动方式,用以求得

信任、尊重。胜利,不仅仅意味着目标的实现,而且包括自信心、自尊心得到满足。如果说谈判结果要满足需要,那么谈判本身也能满足双方的需要。

成功的谈判应以相互信任、获得自尊,双方都得到满足而结束,下面是两种谈判:

一是合作型,最佳选择。有一个人尽皆知的故事:兄弟两人分一块饼,两人都坚持要一块大的。父亲提出建议:一个人可以随意切,但必须由另一个人先选择。两人接受了建议,都觉得自己得到了公平的待遇。这是一个圆满的合作型谈判。在合作型谈判中,双方都应抱着一个宗旨:每一方的对立面都不是谈判的另一方,而是双方遇到的困难。也就是说,要把双方的冲突看做一个有待解决的困难,这可以提高双方的地位,并使双方互相接近。

二是胜负型。缺乏经验的谈判者,往往趋向于这种方式,他们不顾一切,只求达到自己的目标而丝毫不顾及他人的需要,硬把自己预定的结果强加于人,具体表现在:

- 固执立场,有强硬的要求,并试图破坏双方的预期目的
- 策略情绪化,一旦达不到目的,便会显得激愤,举止失态
- 轻视对方,不懂得礼尚往来,把对方的让步看成自己前进的机会

两种谈判的结果,对双方的未来合作都很重要。作为一名有长远计划和远大目标的谈判者来讲,合作型谈判无疑是最佳选择。

(4) 谈判战略

谈判战略是对谈判的长期的总体的把握,它与谈判的结果休戚相关。谈判战略的制定,并不是随心所欲的,一般可采用以下基本战略:

一是AB模式战略。这是一种谈判中一方占绝对优势的模式。例如,某种商品的独家货主了解到对方需要自己的商品,自己处于十分有利的谈判地位,或者有充分回旋余地的卖主,可以在不同买主中选择,出于这种有利的地位,采取AB模式战略。该战略的特点是:

- 无法判明对方的信誉,即履行义务方面的可靠性
- 由于自身的条件,完全不可能同时采用别种战略

二是立断战略。这种战略一般适用于下列情境中:

- 供谈判支配的时间有限
- 处于相对有利的地位
- 双方的条件已经明朗,没有必要浪费宝贵的时间

三是乌龟战略。即采用一种长期的、谨慎的态度,采用缓慢节奏的战略,一般在以下情境中进行:

- 有充足的时间
- 结果对双方至关重要

- 一方感到力量不够,处于不利地位,需要用时间弥补,改善自身地位

谈判成功需要技巧,下面是一些谈判基本功:

(1) 忍耐是金。在谈判桌上,对参加谈判人员有一个最基本的要求,就是学会忍耐。当对方提出出乎意料的苛刻条件时,就是考验一个谈判者忍耐的时候。如果不忍耐,立即就会使谈判陷入紧张状态,甚至中断。

适可而止是一种忍耐,在谈判中,对于谈判者来说,最重要的是懂得应在什么时候取得某种利益,同时懂得应在什么时候放弃某种利益。设身处地地为对方考虑,是学习忍耐的一种方法。谈判中,双方毫无疑问地要首先考虑自己的利益,都想在利益上占据优势。为此,双方可能争执不下,结果往往使问题得不到有效地解决。但是如能为对方想一想,矛盾也许就能有所缓和,使谈判出现转机。一名优秀的谈判者应做到,在对方盛怒的情况下,自己不怒,而且能够认真地理解对方的心情,在谈判中,这种心情的沟通会使谈判气氛发生微妙的变化:从敌对到合作,从针锋相对到相互体谅,最终达成双方都能接受的互利的协议。记住,忍耐不仅是谈判中的一种手段,而且是谈判者是否成熟的标志。

(2) 动人的言语力量无穷。在谈判中,表达能力至关重要,成功的表达,往往能有力地说服对方,发现双方的共同目标和利益,取得谈判的成功。美国著名律师马格安·伯伦说过:谈判最大的秘诀和最重要的能力之一,就是将自己表达的观点渗进对方的头脑中。表达的基本要求有:

① 动人。使对方心动是说服的前提,动人的表达是双方进行有效沟通的手段。

② 清楚。双方只有听清楚谈话内容、要点之后,才能进行深入的谈判。

③ 简练。谈判不是报告会,谈判的双方不希望在一些常识性的琐碎的问题上投入过多的精力。一般来讲,情况介绍不要超过十分钟。要在短短十分钟内进入问题实质是一门艺术,它会为你树立起讲效率的形象。

(3) 倾听——成功的基石。在谈判桌上,倾听对方的讲话是一门艺术,无论何时何地,一名成功的谈判者都必须掌握一点:认真倾听。也许有人会认为,听人说话是最容易不过的事情,但事实并非如此,调查表明,54%的争吵、冲突并不是因为双方意见不一致,而往往是因为双方相互误解,没有真正理解对方。

在谈判中,参与谈判的管理者常常碰到这样一个问题,即如何及时有效地发问。发问是有力的工具,为了解对方真实的想法与意图,必须十分机警地利用多种方法和技巧,探知对方的要求。同时,发问是常用的获得信息的手段。

老练的谈判人员总是在仔细倾听的基础上,结合密切观察对方的行为、眼神,进行恰当而有效的发问。记住,发问并非随心所欲,必须符合以下要求:

① 尊重对方

你的任何发问,对方的第一反应都是防御性的,都会产生一种不安的情绪,

此时切忌表现出自己高于对方的情绪,从而使对方感到自尊心受到伤害。

② 问题不要具有压迫性

要给对方以足够的回旋余地,如向对方说:“赶快签约吧?”不如说:“我想立即签约对我们双方都有利,不知您意下如何?”

③ 把握发问时机

这往往是赢得谈判主动权,并引导谈判按发问者思路进行的关键之所在。

发问重要,但如何问更为重要,掌握形式多变的发问方式,有利于达到发问的目的,从而确保达到谈判目的。提问,或发问,在英国语言学家李普斯·伦的《语言学》一书中,划分为以下几种:

一是明确性发问。用来保证探明对方所说的真正含义,保持双方的沟通,如:“你是否认为你的价格已无下降的可能?”

二是澄清性发问。这是针对对方的答复重新措辞,以令其证实或补充原来的答复。如:“你说对目前的往来安排可以考虑,这是不是说你拥有全权跟我进行谈判?”澄清性发问不仅可以促进各方能在“同一语言”的基础上进行真正的沟通,而且是针对对手的言语进行反馈的一种方式。

三是探索性发问。探索性发问是针对双方的答复要求举例说明的一种提高,如:“你说你们对所有的承销商都一视同仁,按定价的20%给予折扣,并对行销量大的人给以5%的奖励。请问,你们确定行销量大的标准是什么?”探索性发问不仅可以较充分地发掘信息,而且可以用来启示对方产生新的考虑。

四是强迫性发问。它是一种把自己的意见强加给对方,使其在窄小范围内进行决策选择的发问,如:“你希望8月2日还是8月3日来我厂验货?”这种咄咄逼人的提问方式要慎重使用,以免出现僵局,但有时却不得不用。

五是提示性发问。这种发问对对方有强烈的暗示性,引导对方作出回答,如:“讲求商业道德的人是不胡乱要价的,你说是吗?”这种发问令对方很难作出有选择性的回答。

需要指出的是,发问方式并无优劣可言,最好的发问是最有益于谈判成功的发问。其具体运用还需要谈判者长期实践。

(4) 说服——成败在此一举。谈判双方的出发点都要对方改变初衷而心甘情愿地接受己方的意见,这就需要说服。谈判中的说服不同于一般的说服,谈判中当你试图说服别人时,你同时也处于被他人说服的地位,你的说服必然会遭到种种有形与无形的抗拒。为了说服对方,应掌握以下几个方面:

① 建立轻松愉快的洽谈气氛。一个人考虑是否接受说服之前,他会衡量说服者与他的熟悉程度和亲善程度,因此,在说服之前,应与之建立相互信赖、热情友好的人际关系。

② 假如同时有两个方面要进行说服。其中一方面较悦人心,另一个较不合

人意，则先对第一方面进行说服，其后再对第二方面进行说服。

③ 强调立场的一致比强调立场的差异更容易提高说服的认同感和可接受程度。

④ 先透露一个使对方好奇而感兴趣的消息，然后再提出自己的看法。

⑤ 把正在争论的问题同已解决的问题相联系，就容易说服对方达成协议。

（5）让步——可推进自己前进。让步是保证谈判获得圆满成功的原则和策略，它是双方合作精神的具体体现。美国前国务卿基辛格在他的回忆录中曾说过：任何成功的谈判都必须建立在一种均衡让步的基础之上，但如何达到均衡却是一个复杂的过程，作出让步的先后顺序关系是重大的。如果在对方相应的让步明朗之前，自己坚持一步不让，而不把每一步作为全部的一个分部看，那么谈判就可能失败。在谈判中的妥协让步，绝不是一件容易的事，它需要气度、勇气，也需要特定的技巧。

① 不作无谓的让步，应体现出有利于己的宗旨。记住，每一次让步都是为了换取对方在其他方面相应的让步。

② 让步要让在刀刃上，使自己较小的让步给对方带来较大的满足。

③ 不要承诺同等幅度的让步。例如，对方在某一条款或项目上让我方60%，并要求我方在另一项目上也作出同样的让步，我方应含蓄地给予拒绝，并暗示对方："我方只能让步40%"。

④ 每一次让步的幅度不宜过大，节奏也不能太快，应做到步步为营，因为让步过大，会给人一种软弱或自信心不足的感觉。在这种情况下，让对方作出让步就困难了。

有效谈判的成功技能，并非每一个人都能掌握，正因为如此，它才格外重要。成功的管理者应是谈判的能手，谈判越成功，所获得的就越多。①

9.2 会展谈判中的技巧和艺术

虽说是会展谈判，但会展本身也是一种商业运作，所以会展谈判和商务是相通的，下面以商务谈判中的技巧和艺术为进行会展谈判的人员作一指引。

9.2.1 商务谈判的三部曲

商务谈判中，谈判的双方毕竟不是敌对的关系，但也并不是不存在利益的冲突和矛盾。在没有任何技巧与原则的谈判中，谈判者往往会陷入难以自拔的境地，要么谈判陷入僵局，要么双方在达成协议后总觉得双方的目标都没有达到，

① 参见申明、姜利民、杨万强编著：《管理沟通》，企业管理出版社1997年版。

或者谈判一方总有似乎失掉了一场对局的感觉。

我们认为,有两种重要原因导致上述结果:一是谈判双方至少有一方在谈判中没有很高的诚意。二是谈判双方没有能够在有限的谈判时间内充分掌握谈判的原则与技巧,使双方的利益得到最大化,同时,双方也没有意识到谈判的成功要求谈判者除了熟练掌握商务谈判的专业内容之外,还要遵循一定的科学方法与步骤控制谈判的进程。

在谈判双方彼此存在长期合作诚意的前提条件下,我们提出一个"商务谈判三部曲"的概念,即谈判的步骤应该分为申明价值、创造价值和克服障碍三个进程。我们的目的就是给每一位商务谈判者提供一个有效掌握谈判进程的框架。许多国外著名商学院都是遵循这样的"三部曲"训练学生的谈判技巧与能力的。国外许多成功的谈判也是遵循这样的谈判步骤与原则。下面将"谈判三部曲"分述如下:

(1) 申明价值

此阶段为谈判的初级阶段,谈判双方彼此应充分沟通各自的利益需要,申明能够满足对方需要的方法与优势所在。此阶段的关键步骤是弄清对方的真正需求,因此其主要的技巧就是多向对方提出问题,探询对方的实际需要;同时,也要根据情况申明己方的利益所在。因为越了解对方的真正实际需求,越能够知道如何才能满足对方的要求;同时对方知道了你的利益所在,才能满足你的要求。

然而,也有许多所谓"商务谈判技巧"诱导谈判者在谈判过程中力图迷惑对方,让对方不知道你的真正需要和利益所在,甚至想方设法误导对方,生怕对方知道了你的底细,会向你漫天要价。我们认为,这并不是谈判的一般原则,如果你总是误导对方,那么可能最终吃亏的是你自己。

(2) 创造价值

此阶段为谈判的中级阶段,双方彼此沟通,往往申明了各自的利益所在,了解了对方的实际需要。但是,以此达成的协议并不一定对双方都是利益最大化。也就是说,利益并不能有效地达到平衡。即使达到了平衡,此协议也可能并不是最佳方案。因此,谈判中双方需要想方设法去寻求更佳的方案,为谈判各方找到最大的利益,这一步骤就是创造价值。

创造价值的阶段,往往是商务谈判最容易忽略的阶段。一般的商务谈判很少有谈判者能从全局的角度出发去充分创造、比较与衡量最佳的解决方案。因此,也就使得谈判者总觉得谈判结果不尽如人意,没有能够达到"赢"的感觉,或者总有一点遗憾。由此看来,采取什么样的方法使谈判双方达到利益最大化,寻求最佳方案就显得非常重要。

(3) 克服障碍

此阶段往往是谈判的攻坚阶段。谈判的障碍一般来自于两个方面:一个是谈判双方彼此利益存在冲突；另一个是谈判者自身在决策程序上存在障碍。前一种障碍需要双方按照公平合理的客观原则协调利益；后者需要谈判无障碍的一方主动帮助另一方能够顺利决策。

“商务谈判三部曲”是谈判者在任何商务谈判中都适用的原则。只要谈判双方都牢记这一谈判步骤，并有效地遵循适当的方法，就能够使谈判的结果达到双赢，并使双方利益都得到最大化。①

9.2.2　商务谈判的艺术

雷·斯坦伯格是汤姆·克鲁斯在电影“Jerry Maguire”中所演的角色。斯坦伯格是体育精英的经纪人，他为“斯坦伯格和穆拉特”公司充当一百多名运动员的经纪人，商谈几百万美元的协议。他嗅到商业世界里自由经纪人市场的壮大，于是研究扩大业务的方式，包括代表企业需要吸引的人才进行谈判。作为一名律师和商人，他与好几家高科技公司打交道，包括 Interplay Productions Inc.，Motion Vision Inc.，East Sport。

但斯坦伯格与众不同的是他谈判的方法。对他来说，谈判是日常生活的一部分，需要带着明确目标和原则处理。他说：目标不是毁掉对方，而是寻找最有利可图的方法来完成对双方皆可行的协议。他坚持让他的客户不但将他们的谈判和运动生涯看成对才能的考验，而且看成是对个性的考验。他鼓励客户将自己庞大收入的一部分回赠他们的社区，建立基金或捐给慈善事业。

斯坦伯格在《以诚取胜：争取应得的，但不卖灵魂》一书中，指出了商业哲学、谈判方法、取得正面结果的技巧。为此，《快公司》杂志向斯坦伯格讨教：

每个人都是谈判者。我们总是在谈判，在生活的每一天和每一个场合：男女朋友商量看哪出戏，夫妻商议住在哪个城市等。我们都在谈判，但仍对此有根本的恐惧感。这种恐惧会使我们行事激进、愤怒，甚至谈判破裂。人人都能学谈判，所需要的是理解人类心理和开放思维。你需在谈判中聆听和尊重他人；你不需要表现出难以对付；你要将谈判看成是令人兴奋的过程，是改善你的环境或处境的机会，而不是令人恐惧的对抗。

(1) 与自己谈判——关键的第一步是自审。你需要尽可能明确自己的目标；你要诚实地认清自己的重点，生命中没有十全十美，你将要抉择。如果不面对现实，你将可能碰到认识上的不一致：你感觉到共有的选项不断开裂，你越来越迷惑。这种迷惑引致压力，因为人的心理支持不了如此大的压力，你将被引诱去作决定——甚至是错误的——仅为缓解压力。

---

① 参见刘燕君：《商务谈判——走上成功事业之路》，http://www.china-trainers.com/Article/Info/2008723152310.html，2009年8月10日访问。

所以，你要以全面的个人资料开始：你最重视什么？是短期增长还是长期保障？是可以在特定地理区域生活或工作吗？是你公司的文化或与你共事的人的看法吗？是高度的自主权或发挥创造力的机会吗？在这些方面，每一个因素都可能重要，问题是哪一样最重要：你进入谈判前，要先建立自己优先考虑的因素。

① 你的价值——确认自己重视的方面后，下一步就是理解你在世上的价值。你独一无二的技术和才能是什么？你是否因具有这些才能和技术而无可取代，或有人能代替你吗？要作回答就要研究自己的成绩，有各式各样工具可用。谈到员工价值问题的内外文件都有，有时你可得到实际的雇员评级。你还可以通过与他们交谈取得重要信息。其他可比公司的雇员薪金如何？你的服务在你公司外的市场如何？你也要研究你的谈判对手，他的议程是什么？他有多大权力？他想打动他的上司吗？他以往的纪录如何？你能找出他以前参加的谈判的情况吗？他的谈判脾性如何？

② 找出他人的议程并抓住它——作研究时，你必须把谈判对象放入脑海。你要自问：对他来说什么是成功的结果？谈判中什么构成他的胜利？你如何使他看来更不错？找出他的议程并假设他也会对你做同样事情。你要做好功课才能参加商谈，否则会让别人觉得你缺乏尊敬。

③ 对付恐惧——大多数谈判是在"地狱"边缘跳舞。事实上，这可能是你干得最棒的工作，可能是你赚钱最多的一次。但若恐惧使你充满焦虑，你会气馁。记着永远可以选择离开谈判桌。你要忽略失业的担心。

驱除恐惧的一个方法是直面使你害怕的语言，这样它们就失去了戾气。练习讲你听着最难受的话，或你最难讲出口的话："如果你不采取这个建议，那么我想我们没啥可谈的。""我要开始另找人代替你。"或者你想积聚离开的勇气："显然这不是我呆的地方。我要找份新工作。"

（2）在商言商——谈判会带有感情。但你要提醒自己这是生意。人的天性是尝试省钱，所以谈判时不要让这种态度摆在脸上。记着钱不能反映你作为人的价值，或你是否活得有道德。

（3）与公平无关——你不能让谈判转到你的个人情况。真正的问题是，你所做的有什么市场价值？

（4）捏造成分——在大多数的一对一谈判，即没其他人可能有兴趣竞投你的服务时，应在一开始就提出明智的建议，但里面可能会有一些捏造成分。人本性中有不好的一面，但这是现实生活：如果不经讨价还价的过程，我们就不会觉得满意。所有人都想要成就感，希望觉得自己赢得了什么东西。他们还想证明花在谈判中的时间是合理的，所以你的开价要高于你最后得到的。

（5）如何对付僵局——所有的谈判似乎都会出现僵局。首先，你为谈判作准备时，应假设这个时刻迟早会到。到来时，不要心慌，不要气馁。设想任何谈判都会出现分歧,出现似乎不能解决的问题。其次,解决问题的关键是感情上的反抗,你必须面对似乎不能解决的僵局,然后退回来休整五分钟、一小时或几天,可以暂停休息一会儿、出去走走或离开产生僵局的话题,或换一个新环境,改变谈判背景。当与对方重新聚集在一起时,双方都带着解决问题的新法子回来。双方可以利用休息时间重新着眼于自己或相互的重点上。双方可以不再把重点放在产生僵局之处,而是开始着重于有价值之处:某人将拥有自己喜欢的工作,某人将拥有自己珍视的员工。谈判应回到原来的目标上。

(6) 将要失败时,要创新——永远不要将一场完全失利的辩论进行到底,当开始面临僵局,知道不能赢时,应抽身而回,想出一个新方法解决问题。

谈判不是一项搜索与摧毁的任务,在多数情况下,一次谈判不是你与对方的最后一次交手。既然在工作场所或在稍后的谈判中,还要与对方打交道,那么你的目标应是寻找最有利可图的方法完成双方互利的协议。

你永远别想将一次谈判看做得到公平结果的最后一次机会。如果谈判变成看来很恐怖的对抗,则应另觅方法处理问题。你要照看全局和整体关系,特别是你的长远利益。

(7) 完成协议的艺术。大多数人,特别是雇主为了让协议完成,会提出一些让步。缔结协议的一个方法是首先同意一个仍有点粗略的整体框架,然后完成协议其余部分,因为此刻,合作关系已取代对抗,双方解除了“武装”。但你不要松懈,以为事情几乎完成,结尾时有关键之处要谈判和成交,你必须集中注意力,直至真正结束。

你要预料到谈判的另一部分:当协议接近完成,似乎仍未解决问题,一方极可能盯着合同某部分说:“如果这是你所意味的,那么整个协议就要推倒。”此刻重要的是要提供动力,让对方留下来谈判——“看,我们几乎完成了。在这个阶段总是会出现这种事的”——因为在最后一分钟,有关不够诚心的指责会出现。开始时小心翼翼,然后取得你所认为的合作关系,现在,随着双方放松警惕,就会产生一些似乎会威胁整个协议的东西,这时你要保持理性。

(8) 花点时间庆祝——一旦协议制定出来,应举行某种庆祝活动。与对方庆祝一下,一起吃晚饭,一起喝上一杯,互赠礼物等,以纪念这个时刻,使之成为特别时刻。象征意义是重要的。如果没经过毕业典礼,你会真正从学校毕业吗?会的。但你有完成的感觉吗?可能没有。所以当你达成协议后,记着庆贺所取得的成绩。[①]

① 参见《谈判的艺术》,http://trade.9c9c.com.cn/cklc/chutp/topic_511.html,2009年8月10日访问。

9.2.3 商务谈判中的语言艺术

成功的商务谈判都是谈判双方出色运用语言艺术的结果。

在商务谈判中,语言应用应做到如下几点:

(1) 针对性强

在商务谈判中,语言的针对性要强,做到有的放矢。模糊、啰嗦的语言,会使对方疑惑、反感,降低己方威信,成为谈判的障碍。针对不同的商品、谈判内容、谈判场合、谈判对手,要针对性地使用语言。另外,还要充分考虑谈判对手的性格、情绪、习惯、文化以及需求状况的差异。

(2) 方式婉转

谈判中应当尽量使用委婉语言,这样易于被对方接受。要让对方相信这是他自己的观点。在这种情况下,谈判对手有被尊重的感觉,他会认为反对这个方案就是反对他自己,因而容易达成一致,获得成功。

(3) 灵活应变

谈判过程中往往会遇到一些意想不到的尴尬事情,因此要求谈判者具有灵活的语言应变能力,巧妙地摆脱困境。当对手逼你立即作出选择时,你若是说"让我想一想"之类的语言,会被对方认为缺乏主见,从而在心理上处于劣势。此时,你可以看看表,然后有礼貌地告诉对方:"真对不起,我得与一个约定的朋友通电话,请稍等五分钟。"于是,你便很得体地赢得了五分钟的时间。

(4) 无声语言

商务谈判中,谈判者通过姿势、手势、眼神、表情等无声语言,往往在谈判过程中发挥重要的作用。在有些特殊环境里,有时需要沉默,恰到好处的沉默可以取得意想不到的效果。

第10章　信息技术在会展中的应用

10.1　信息技术在会展中的应用

随着科技进步,互联网的飞速发展,信息技术也日趋完善并在很多领域取得显著成效。很多企业应用信息管理系统对本公司的日常事务进行处理,在会展企业中应用信息技术也是大势所趋,下面就谈谈会展中信息技术应用的几个方面。

10.1.1　网络技术在会展中的应用

网络技术除了在会展中的传统应用如可视化会议、电邮函件、网络营销、网上调研咨询等,还有一个很重要的非传统应用就是网上会展。

进入21世纪,人类社会步入了"全球经济的网络时代"。网络日益成为人们生活的第二空间,构成现代社会信息交流的一个重要平台。同时,网络技术也渗透于人类经济社会生活的各个方面,并使企业进行市场营销和对外交流、联系的方式、途径发生了巨大变化,给会展业带来了新的机遇和挑战。会展业必须顺应潮流,借助网络技术提升产业竞争力,实现可持续快速发展。

网上会展即利用网络技术手段,在互联网上举行会议或展览会。它是传统会展利用网络和电子手段的虚拟表现,其中会展的组织、交流和交易活动都通过计算机和网络实现。① 网上会展包括网上展览会、网上会议、视讯会议等。

(1) 网上展览是对实物展览会的虚拟,展览的组织、展出及展览活动的各个环节都实现了电子化,组展者、参展商和观众之间的交流通过计算机和互联网络进行。网上展览属于电子商务的范畴。②

(2) 网上会议基于网络实时交互式多媒体通信平台技术的支持,提供语音、视频、数据共享等全面高效的实时通讯服务,任何地方的单位和客户只需有普通上网浏览器,就可足不出户、安全快捷地通过互联网共享远在千里之外的文件、程序、网页、话音、图像、视频,甚至操作远端的计算机,可以将声音和视频传递给

---

① 参见金蓓:《电子商务在现代城市会展行业中的应用》,载《北京城市学院学报》2005年第3期。

② 参见《网络展会发展现状及趋势浅析》,http://jpkc.gench.com.cn/hzgl/doc/dybg/dy12.doc,2009年8月10日访问。

对方,实现实时、交互的在线会议,可以更加节约、高效地与客户、同事或合作伙伴进行交流沟通。网上会议不需在用户端添置设备,也不需要昂贵的启动费用,用户只需拥有电信服务账号,上网访问网上会议站点,即可获得网上会议服务。网上会议可以在销售、市场、技术、客服等各部门得到广泛的应用,从而增加销售、节约开支,提高工作效率及客户服务的满意度。

(3) 视讯会议是以宽带为主,兼容窄带接入的一种交互型视讯多媒体业务,能实现点对点、点对多点的视讯传输,将不同地点的图像信息和语音信息安全可靠地、实时地相互传递。只需购置视讯终端设备放于办公场所,通过通信线路接入,即可获得远程视讯服务。其优点是节省会议时间,提高工作效率;节约差旅费用,免受舟车之劳;可随时召开紧急会议、跨国跨区会议;多组会议可并行召开,彼此不干扰;多种速率适配:支持多种协议速率的终端可同时接入召开一个会议,如 ISDN(384K、512K)、E1、ADSL 等。

除了网上会展以外,实物会展大量应用网络技术寻求发展空间。

展览会上大量应用网络信息技术,将进一步完善展览会的媒介功能,这种数字化、信息化建设最终将促使服务内涵的拓展,当然对于展览管理等硬件设施的信息化建设也显得越发必要,为展览商和观众提供更多的方便。到 2005 年,将有 80% 以上的参展企业和组展商通过网络进行沟通,电子邮件、企业网页、电子支付手段和服务、网络身份的安全认证技术、信息和数据的网上传播和自动化处理、网上商品交易系统等电子技术都已随着网络应用而参与到展览业中,提高了工作效率,降低了成本。

网络技术应用于展览活动的各个环节。在展览项目宣传、展出项目的选择、参展商与组展者之间的多种契约和业务往来、发运人与承运人之间的联系和约定、参展商与海关的联络中,互联网络承担了大量数据和信息的传播功能;在展出过程中运用智能卡收集观众和客户资料,对来访客户和观众进行统计和分析。可以说,展览活动中凡是涉及展出、展品和展出活动参与人的信息和数据的收集、传递、处理的环节都是网络技术的用武之地。

① 网络应用提高了展览活动的工作效率。在组织、参加展览的各个环节信息收集、传递、处理的电子化和自动化都使展览业务处理效率空前提高。一些展出项目的上网发布,使得组展者与参展商的联系更为直接,从而避免一些中间环节及由这些环节产生的错误和时间耗费。大多数展览会组织者试行网上招展、网上旅行机票和旅馆预订、对客户的咨询通过电子邮件及时回复以及网上下载客户需要的有关展览会的各种资料(展馆展位平面图、展览日程安排、展览会服务手册)等。

② 网络应用提高了展览活动的经济效益。网展可以解决传统的实物展览会的时空限制问题。组展者、参展商、观众之间的联络手段从传统的高收费的电

话、传真、信件中解放出来，使得业务费用降低；网络应用使得展览项目宣传更为广泛，组展者、参展商和观众可获得比以往更为丰富、深入的信息资料，从而避免选择项目时的盲目性及由此带来的经济损失。自动化程度提高工作效率，经济效益自然提高。

③ 网络应用促进了展览工作的规范化。网络中信息资源的可存储、可再用特性是展览事务处理程式化和业务流程标准化的技术基础。

④ 网络应用促进了展览业协调管理的科学化发展。展览业的协调管理机构是在掌握大量信息和数据、在多个组展单位及其项目中选优汰劣的基础上开展工作的，展览业流程的标准化和展览运作规范化都将使展览协调管理机构有据可依，从而为其进行科学化管理奠定基础。

⑤ 网络技术促进了展览业的全球化、国际化发展。网络使得展览项目、组织机构的对外宣传面向全世界进行，展览信息从定向发布走向非定向发布，为展览会的宣传挣脱了地理位置的束缚。网上会展使得展览业的国际范围内竞争成为现实。

建立和管理网站目前显然不是传统展览会组织者的强项，但展览会组织者可以与专业网络公司合作创办网站，或直接与网络公司现有网站合作，利用他们成熟的网络技术发展自己的展览会网上业务，这既能彼此共享资源和经验，又能节省时间和资金。未来的现代展览会组织者应该高度信息化，可以独立自行举办网上会展，使实物会展与网上会展比翼双飞。①

10.1.2 网络技术在会展实践中的应用

除了上述应用外，网络技术还应用于会展的其他方面：

(1) 利用网络技术为展馆服务

展馆内部采用局域网，统一接入互联网，运行统一的 OA、项目管理、流程管理软件；采用客户机/服务器数据库管理方式，进行展商与观众的管理与营销；建立网站开展客户关系管理的销售自动化，实行网上报名、网上订单服务、网上支付等；建立网络展商应答中心，开展网上营销；建立网站为展商提供个性化服务，如展出信息自行维护、展览顾问系统等。

① 展会前。包括网上会展门票远程预定、展会观众胸卡制作。

② 展会中。包括观众现场登记、个人信息显示、智能卡身份识别、现场人像制作、现场观众信息统计传输。

③ 展会后。包括会展观众数据整理、会展观众详细统计分析、展会远程参

---

① 参见《网络展会发展现状及趋势浅析》，http://jpkc.gench.com.cn/hzgl/doc/dybg/dy12.doc，2009年8月10日访问。

观访问、展会现场摄像直播、大屏幕网屏等系列产品应用。

④ 电子商务。包括展馆电子商务平台建设、展馆展示、服务介绍、展馆服务预定、展会发布、展会报道、展会统计分析等。

⑤ 系统集成。包括展馆内部系统集成建设、上网接入、Internet web 服务器运行、展馆信息数据服务器建立、展会网络建设等。

⑥ 系统管理。包括展馆内部信息化管理系统、展馆信息资源管理系统、展馆网络商务管理系统、展馆展会服务管理系统。

⑦ 科技服务。包括网上观众登记、展会现场观众登记统计分析。

⑧ 信息统计。包括展馆信息资源统计整理、商务活动运作安排、数据仓储建立。

(2) 利用网络技术为展会组织者服务

会展组织者首先利用网络技术实现办公和管理上的信息化,实现企业办公和经营管理的各种信息、数据、指令的发布、传送、查询、控制、保存的计算机网络化;其次运用于会展的运作、营销和功能拓展,展馆信息、展会信息、参展商信息、采购商信息、招展过程和围绕展会各企业相互间的信息沟通都可以通过网络实现。高效、充实、开放的信息平台不仅有助于提高展览公司、展会的知名度,促进营销,还将为参加展会的企业创造新的价值。依托网络信息技术发展起来的展会,由于其招展的便捷、高效、互动、覆盖面广、能够为参加展会的企业创造新的价值,因而有可能迅速做强做大,使会展业进入良性循环的轨道。

① 展会前。建设展会的互联网商务平台,发布展会信息,有效利用网络优势进行展会推广、展会招商、展位预定、服务合作、服务预定、参展商信息发布、网上观众预定、网上调研等,建立包含多功能的大型数据库等。

② 展会中。包括展会现场新闻报道、信息发布,展会现场图片直播、摄像直播,展会现场观众登记统计分析、观众条码识别胸卡制作、观众信息识别管理,参展商、观众统计信息发布。

③ 展会后。包括数据库展会信息资源整理、展会信息资源数据库提交、展会信息资源详细统计分析、展会成效成本统计分析、网上展会系统管理。

④ 电子名片制作。会展组织者为参展商和参观者特制电子参展证,通常用磁卡或带条形码的材料制作。在签发该证前,会展组织者要求参展商或参观者输入个人资料,包括公司名称、联络办法、本人职衔、公司性质和业务范围等,然后把这些资料存入卡中。有了电子名片,展览会可以实行电子化管理,从而准确记录入场人数,同时节省人力物力。

(3) 利用网络技术为参展企业服务

① 展会前。包括展会查询、展会比较、展位预定、服务查询预定。

② 展会中。包括现场报道、展台摄像、网上展会、网上企业路演。

③ 展会后。包括网上展示、展台布置、展品特效、在线交易。

④ 网上报名。可以让出席者直接在网上填写申请表,在网上浏览会议详情,自动统计出席者人数,自动监控财务交易。运用网上报名数据库的一个最大的优点是能将所有报名资料都汇总在一起,使会展组织者拥有一个不断更新而准确的报告。

⑤ 住宿安排。展会组织者还应该引导展会参加者在网上预定旅店,可以把免费团体住宿安排应用软件、网上预定工具和报名数据库结合起来使用,把所有住宿安排信息都储存在一个在线数据库中,及时监控住宿安排情况,并可以提前几个月或几个星期根据定房情况的变化及时调整住房安排结构。

⑥ 旅行。让会展参加者在网上作旅行安排、网上预定机票,或是与网上报名和网上预定房间系统相结合。

⑦ 电子名片使用。参展商可以自由选择租用组委会提供的电子名片读取设备,将其连接到自己的电脑,这样就可以使用电子名片了。买家把名片归还给参展商时,只需要把存有自己资料的入场证在读取设备上划过,所有资料就会在眨眼间被传输到参展商的电脑里。参展商还可以把双方谈话的要点记录在相应备注栏里,从而有条理地管理买家资料。

⑧ 网上会议服务范围。给任何地点的任何人作讲演;在线软件、产品演示说明;可以让会议中任何人观看、编辑发言人的各种电子文档;向所有与会者播放发言人计算机里的多种媒体文件;发言人带领其他与会者共同浏览网页;发言人计算机里的任何应用程序可共享,对方可以进行各种操作;使用桌面控制功能进行远程技术支持;视频功能使会议更人性化;VOIP 语音功能可以节约大量的电话费用,以上所有功能都是实时、交互的。

⑨ 网络营销。网络营销必须考虑企业的外部环境和内部情况。外部宏观环境包括网民人数、在线交易额、互联网技术状况、互联网法律的完善程度、政府对待互联网的态度等。企业内部情况包括产品、资金、人才等。产品是最重要的考虑因素。对于软件和书籍、影视类可以通过数字形式传播的产品,企业应该努力用信息流替代物流。对于服务类和个性化、贵重产品,不能或者不适合通过物流配送体系提供的,可借助互联网进行营销传播,用传统营销的分销渠道和零售终端最终达成交易。[①]

① 参见任俊峰:《基于网络技术的会展研究》,南昌大学 2007 年硕士论文。

10.2　信息技术在会展人力资源管理中的应用

10.2.1　会展人力资源管理中应用信息技术的重要性

（1）会展人力资源管理信息化有利于提高工作效率,改善服务质量

会展项目的各个环节都离不开人的参与,人力资源是关系到项目管理成功与否的决定性力量之一。良好的人力资源管理与开发将直接改善一个项目的内外部环境,优化业务流程,提升竞争能力。具体来说,人力资源管理部门的价值,是通过提升团队成员的工作效率和组织的效率实现的,而提升团队成员与组织绩效的手段,就是要创建良好的项目团队文化、个性化的符合公司实际情况的薪酬体系与激励制度,特别关注对人力资源的深入开发。实际上,对人才的吸引、使用、保持以及培养等工作的成败,关键在于营造一个适于团队工作的环境,这就需要人力资源管理者花更多的时间做好定性与定量两方面的工作。定性工作主要是指制度的制定、业务流程的设计、面试、员工沟通、人力资源分析报告的制作等。定量工作主要是指根据既定制度与流程完成对客观事务的处理,比如根据薪资制度计算本月员工工资等,这是需要日常处理的重复性工作,手工操作不仅效率低下,而且容易出错。同时,因为缺乏有效的技术手段,一些基础性的人力资源信息收集和分析工作显得十分繁杂,而且收集到的信息经常出现不准确、滞后的现象,不能为领导决策提供支持。人力资源管理信息化可使有关信息和资料直接传递到项目团队有关负责人,有利于管理措施的实施。另外,人力资源管理信息化有助于企业迅速、有效地收集各种信息,加强内部沟通,加强对全系统人力资源管理的实时监控,提高人力资源管理部门的工作效率。加强人力资源管理信息化建设,有利于整合管理资源,降低管理成本。通过开发或者引入集成性的人力资源管理系统,企业可以整合现有的管理资源,为其他管理系统提供基础平台。同时,集成性的人力资源管理系统可使企业实现电子化操作和无纸化办公,大大减少办公费用和人工费用等方面的成本支出,如员工考勤、薪资计算等。较之手工管理,信息技术的应用将大大降低例行性工作占用人力资源管理人员时间的比例,无疑会极大地提高人力资源管理部门的工作效率。

（2）会展人力资源管理信息化有利于业务流程优化并提供基于信息的决策支持

信息技术在人力资源管理中主要是作为工具来应用,它可以用来处理所有定量的问题,合理而完善的人力资源管理软件应该是管理技术与信息技术之间的融合,在消化吸收先进的人力资源管理理念的基础上,可以在软件中阐释人力资源管理的全部内容与业务流程,从而使得人力资源管理系统可以被用来定义

人力资源管理部门的工作内容,优化和规范其业务流程,从而成为企业人力资源部门信息化、职业化、个性化的管理平台。

合理而完善的人力资源管理系统软件还为人力资源管理者带来另一个显著的益处:因数据库完整地记录了企业所有员工的人事、考勤、考核、培训、薪资、福利等各方面信息,系统将能快捷、方便地获得各种统计分析结果,这些信息及其分析结果可用于制定公司的发展战略、市场营销策略。

网络技术的应用,还可以为人力资源管理部门之外的其他管理人员及员工提供各种形式的自助服务,比如项目经理可以在网上查看企业人力资源的配置、重要员工的状况、人力资源成本的分析、员工绩效等;对直线经理而言,可以在网上管理自己部门的员工,比如可以在授权范围内修改属下员工的考勤记录、审批休假申请、进行绩效考核等;对于普通员工,可以在网上查看本月薪资明细、累计福利、内部股票价值、内部招聘信息、各种人事政策、个人考勤休假情况、注册内部培训课程等。自助服务的提供,使得人力资源管理从以前的相对封闭变得开放,滞后管理变成超前管理,这些好处无疑可以改善人力资源部门对企业最高决策者以及全体员工的服务质量,并使得企业全体人员都能参与到人力资源的管理活动中来。信息技术在人力资源管理中的应用,可以提高工作效率,优化业务流程,改善服务质量,提供基于信息的决策支持。①

10.2.2 信息技术在会展人力资源管理中的应用

(1) 会展人力资源管理信息化解决方案的特点

完善的会展人力资源管理信息化解决方案应是对人力资源管理的所有领域提供最佳支持的系统,这些领域涵盖从人力资源计划、人才招聘到人事管理、薪资/福利管理以及员工的培训与发展管理等各个方面,并提供各种查询统计功能与报表输出功能,能动态直观地反映企业人力资源的状况,为人力资源管理提供高效的决策支持。作为会展人力资源管理系统功能扩展而提供的项目经理自助服务与员工自助服务功能,将使得企业所有人员都可以从人力资源管理系统中受益。

完善的会展人力资源管理解决方案,须在报表设计与数据转换接口上提供强有力的支持工具。报表是人力资源管理系统的主要输出形式,但不同企业对报表格式及显示数据项的要求存在差别,这就需要会展人力资源管理系统在提供大量基础报表的同时,还应提供灵活报表的设计工具,使用户能够在需要时自己制作新的报表或对已有报表进行修改。在实际工作中,会展项目人力资源管

① 参见申刚正:《信息技术在人力资源管理中的应用》,http://www.chinahrd.net/zhi_sk/jt_page.asp? articleid=73871,2009年8月10日访问。

理往往与其他业务管理存在着各种联系，这使得会展人力资源管理系统在运行时，往往还需要与其他应用系统进行数据的交换，如把薪资计算的结果导出到财务系统中去作进一步处理等。这就要求人力资源管理系统能提供在复杂应用环境下数据集成的工具，即所谓数据转换接口，以确保系统正常运转。

（2）信息技术在会展人力资源管理中的应用

会展人力资源管理信息化建设的目标可归结为：通过信息技术手段，解决人力资源管理中面临的现实问题，获得切实的收益。要实现这一目标需重视以下两个环节：

① 认清人力资源管理现状，明确要通过信息技术解决的管理问题

这个环节有三项工作：一是业务现状诊断与流程梳理/优化。业务现状诊断的作用是运用管理思想、工具、方法对企业管理现状进行调研分析，从发现问题，分析问题，并提出解决方案。流程梳理/优化则是根据诊断的结果，充分考虑信息系统能够提供的支持，对人力资源管理业务流程进行梳理或优化设计，设计人力资源管理在信息系统支持下的运作和管理模式。二是信息技术规划。信息技术规划的目的在于架设管理和信息技术之间的桥梁，人力资源管理的业务战略、管理问题、业务流程落实到企业的信息技术战略和软件系统规划上来。三是系统需求分析。系统需求分析的作用在于将现状诊断和流程优化、IT 规划的工作继续向前推进，将管理问题的解决与信息技术系统紧密结合起来，从业务出发提出对网络、硬件、软件系统功能层面的需求，为信息技术项目建设提供清晰明确的目标。

② 加强复合型信息化人才队伍建设

会展公司拥有一支信息化建设队伍是会展人力资源管理信息化成功的根本保证，会展公司的领导者需要通过管理和激励制度、职业生涯规划等多方面的手段保证这支队伍的稳定。应围绕会展项目人力资源管理目标和任务进行组织设计和人力资源保障，明确相应的职责；必须通过培训、实践等多种手段培养技术人员的业务知识、项目管理能力，提高业务人员对信息技术和信息系统的理解，使之成为熟悉人力资源、技术、项目管理的复合型人才。此外，还要做好信息化组织结构和制度建设两方面的工作。工作内容主要包括：一是人力资源管理 IT 管理战略的确定；二是人力资源管理 IT 管理部门的设置和权力责任的明确；三是人力资源管理信息化中 IT 部门、业务部门职责关系的明晰；四是人力资源管理信息化制度和流程的规范；五是人力资源管理信息化绩效考核体系的建立等。

附录一

2010年上海世博会与区域旅游业的联动发展

2010年在上海举办的世界博览会将给长三角旅游产业的发展带来空前的机遇。历史经验表明,大型博览会最直接的受益者之一是举办地区的旅游产业。在长三角现有的旅游资源和旅游产品基础上,科学地选择旅游精品并进行重点建设,打造出具有代表性和吸引力的旅游精品线路,并使之与世博会对接且联动起来,将可充分发挥世博会强大的辐射作用,在满足旅游市场需求的同时,显著提升上海世博会给长三角带来的区域经济效益和社会效益。

一、长三角区域旅游精品建设基本思路

1. 长三角区域旅游精品建设范围的界定

长三角旅游资源丰富,无论是自然景观还是人文景观均有自己的特色,已形成江苏园林游、浙江山水游和上海都市游的互补格局。我国在2007年5月之前把旅游区(点)质量等级从高到低划分为四级,依次为AAAA、AAA、AA、A级旅游区(点)。4A级景区依照《旅游景区质量等级的划分与评定》国家标准与《旅游景区质量等级评定管理办法》,由全国旅游景区质量等级评定委员会评定。四个级别景区依据景区(点)旅游交通、游览、旅游安全、卫生、通信、旅游购物、综合管理、接待游客数、旅游资源与环境保护、旅游资源品位十个方面的数据划分与评定。

最新的5A级景区是从4A级旅游景区中产生的。5A级旅游景区由全国旅游景区质量等级评定委员会组织评定。建设国家5A级旅游景区主要围绕服务质量与环境质量、景观质量两项内容开展。5A级景区标准更注重景区的人性化和细节化。以服务质量和环境质量评分细则看,考核内容共分八项,包括旅游交通、游览安全、旅游购物、景区卫生、邮电服务、经营管理、游客满意率、资源和环境保护。

江、浙、沪三省市国家A级以上景区如附表1-1所示:

附表1-1　长三角三省市国家A级以上景区统计表(截至2007年6月)

	5A	4A	3A	2A	1A	合计
上海	2	15	1	0	0	18
浙江	3	61	36	78	7	185
江苏	4	62	32	13	0	111
合计	9	138	69	91	7	314

资料来源:中国景区管理网相关数据整理。

考虑到世博会国内外观众各个层面的需求，注重突出与世博会的联动性，使得标准不失一般性，又能照顾到不同文化层次与偏好的旅游参观者，总的指导思想是：使得精品确实是精品，而又不遗漏那些目前知名度不高，但潜力大的特色景点景区。

长三角旅游精品建设范围确定如下：一是长三角5A风景区。在2007年5月新公布的国家66个5A风景区包括：上海的东方明珠广播电视塔和野生动物园两处；江苏的南京市钟山风景名胜区——中山陵园风景区、中央电视台无锡影视基地三国水浒景区、苏州市拙政园、苏州市周庄古镇景区四处；浙江的杭州市西湖风景名胜区、温州市雁荡山风景名胜区、舟山市普陀山风景名胜区三处。上述5A级风景区是我国目前最高级别的风景区，知名度高，社会声誉好，得到普遍认可，可直接进入精品行列。二是长三角区域优秀旅游城市。目前，两省一市共有48个优秀旅游城市（包括县级市），其中江苏的优秀旅游城市个数已经达到24个，浙江也达到了23个，上海市整体作为1个。48个优秀旅游城市中具有3A及其以上景区的数量有200多个。其中4A级风景区中，江苏有62个，上海有15个，浙江有61个。三是考虑部分3A、2A甚至尚未评级的在建特色项目（如崇明生态城），从中选取精品，从而在基本上做到不遗漏。

基于长三角区域旅游景区（点）的有效组合，目前长三角区域的旅游线路呈现多样化特征。从目前旅游线路看，可将长三角现有旅游线路分为水上娱乐游、水乡旅游、佛教文化游、山川古镇游等。总的来说，种类比较齐全，适合作为长三角重点发展与推广的精品线路应具有发展较为成熟，景点设置合理、交通方便、住宿能力大、知晓度广等特点，同时应有长三角地区具有代表性的旅游城市及4A以上景区作为支撑点。由于依托于主要城市，这些旅游线路通常具备良好的旅游基础设施，比如交通方便，住宿条件优良。此外，更由于主要城市文化渊源深远，使得城市中优秀的旅游景点较为集中。热门精品旅游线路典范可以上海—苏州—杭州二日游为例，此三地均有五星级酒店供客人入住，其他星级酒店档次也普遍较高，而酒店充足的床位数也提供了对在世博高峰时期的旅客住宿需求的满足能力。此外，从世博举办地上海到苏州和杭州的交通都十分方便，分别有动车组、飞机、汽车等交通方式可以选择，交通距离短而且均为直达。在苏州—杭州二日游的线路设计中，整条旅游线路覆盖景点包括寒山寺、狮子林、北寺塔、怡园、姑苏水上游、虎丘和拙政园，西湖、岳王庙、黄龙洞、灵隐寺（飞来峰）、宋城等，不难看出这条线路景点质量很高，内涵丰富，且具有相当的知名度。除了这条已经存在的线路设计外，苏杭两城丰富的景点含量还给上海—苏州—杭州二日游提供了足够多的变化可能。而在饮食方面，杭州有着属于全国八大菜系之一的浙菜，名菜如西湖醋鱼等不胜枚举，苏州也有松鼠鱼等佳肴；在购物方面，杭州有藕粉、茶叶，苏州有丰富的手工艺品之类的特产，两地同时也有众多的商场和市场，能满足不同消费者群体的购物需求；在娱乐方面，茶馆与酒吧构成了苏杭两地共同的休闲气氛。

苏州、杭州这样依托于著名旅游城市的游览路线是长三角的经典路线，也是名副其实的“旅游精品”。经过分析和遴选，并加以归总和整合，以下为长三角区域代表性旅游产品：

(1) 部分热门旅游线路(见附表1-2)

附表1-2 目前长三角区域热门旅游线路

苏州、杭州游	游览寒山寺景区(寒山寺、枫桥景区)、狮子林、北寺塔、怡园、姑苏水上游、虎丘和拙政园，住苏州；次日游览西湖、岳王庙、黄龙洞、灵隐寺(飞来峰)、宋城
苏州、南京游	游览北寺塔、狮子林、怡园、藕园、苏州水上游、寒山寺枫桥景区、远观虎丘，结束后乘车至南京，住南京；次日游览中山陵、雨花台、朝天宫、夫子庙、瞻园
杭州西湖、灵山	游南宋清河坊古街，午餐后乘船游西湖，观雷峰塔，游苏堤春晓，花港观鱼，游新西湖杨公堤，品龙井茶，游灵隐飞来峰；次日游灵山风景区，观钱塘江大桥六和塔外景和丝绸表演，品杭白菊。
杭州、绍兴游	游西湖、岳王庙、苏堤春晓(或虎跑)、黄龙洞、灵隐寺、宋城，品龙井茶，观丝绸表演，住杭州；次日从杭州出发至绍兴，游鲁迅故里(鲁迅故居、三味书屋、朱家台门)、咸亨酒店、沈园、东湖、兰亭
无锡、杭州游	游蠡园、唐城，太湖水上游览三国城、水浒城、太湖鼋头渚，旅游结束后乘车往杭州市；次日游西湖、岳王庙、虎跑、黄龙洞、灵隐寺(飞来峰)、宋城
千岛湖、桐庐游	游桐庐富春江小三峡、天龙九瀑瀑布群、圆通禅寺、垂云通天河；次日游淳安千岛湖密山岛、密山大佛，船游东南湖区三小时左右欣赏湖光山色，休息品茶。
无锡太湖三国城、水浒城、灵山大佛	游国家首批5A级风景区三国城、水浒城、北宋皇宫景区、高太尉府邸、清明上河图、大相国寺，访水泊梁山景区；次日游88米高的灵山大佛风景区、蠡湖欧洲城中央公园

(2) 特色旅游线路

除了热门的旅游线路外，针对不同的旅游细分市场，长三角具有众多针对个性化旅游需求的特色线路：① 水乡古镇游，包括朱家角、七宝古镇、周庄、同里、角直、乌镇、西塘、南浔。长三角地区素来以江南水乡古镇文明遐迩，因此古镇旅游是首推的精品旅游线路。目前，上海地区附近有十多处著名的古镇，如上海境内的朱家角、七宝古镇，江苏的周庄、同里、角直、木渎等，浙江的乌镇、西塘、南浔等。每个古镇都各有特点，风味不同。而且古镇大多离上海较近，交通方便，尤其适合短期来访的外国游客。② 都市文化游，包括古都南京、苏州园林、扬州、镇江、绍兴。长三角拥有诸多历史文化名城，如六朝古都南京城内，聚集了大量的文化遗迹，如中山陵、明孝陵、夫子庙等。又如，享誉中外的苏州园林，包括拙政园、狮子林、留园、沧浪亭等。③ 山水风光游，包括千岛湖、雁荡山、西湖风景名胜区。长三角拥有丰富的自然资源，尤其是浙江省，如著名的西湖景区、千岛湖景区、雁荡山景区。除此之外，还有瑶琳仙境、仙居、浙西大峡谷、莫干山、天目山、楠溪江、天目湖等大量山水风光旅游资源。④ 佛教文化游，包括普陀山。中国的佛文化一直凭借其特色吸引着海内外的游客，普陀山就是佛文化的一个重要旅游胜地，是我国四大佛教名山之一。此外，杭州的灵隐寺、天台山的国清寺等都是著名的佛教旅游目的地。

（3）上海都市旅游线路

① 上海经典旅游线路

上海现代都市旅游已经有成熟的若干旅游线路，如上海的东方明珠电视塔、老城隍庙、南京路步行街、外滩万国建筑博览、浦江游览等都是上海的必游旅游线路。

② 上海乡村旅游

乡村旅游是农业和旅游业融合的产物。目前，上海已经拥有多个农业旅游示范点，如浦东的孙桥现代农业园，金山的中国村农家乐、农民画村，崇明的东平森林公园、前卫生态村等。上海乡村游目前已有十多条精品线路：

一是金山观海踏青游：金山规划展示馆、金山海滩、施普桃园；

二是金山古镇文化游：枫泾古镇、金山农民画村；

三是奉贤生态休闲游：奉贤海滩、申隆生态园、奉城万佛阁。

③ 上海工业旅游

工业旅游以科技含量与企业文化为亮点，在观光休闲的同时，满足游客的好奇心和求知欲，使游客通过旅游获知许多从未涉及的工业知识和信息，对不同行业、不同区域和不同年龄段的旅游者都具有较强的吸引力。上海拥有丰富的工业旅游资源，目前已建立了较为完善的工业旅游产品体系，如上海洋山深水港、东海大桥等新的景点，还有宝钢集团的钢铁之旅、磁悬浮、F1 赛车场、安亭国际汽车城、大众汽车有限公司、浦东张江高科技园区、青浦工业园区等。

2. 长三角旅游精品建设的思路

（1）以形成“品牌集聚”效应为目标，在整合现有旅游资源的基础上对旅游精品进行集群式规划与建设。

首先以苏州为例：作为全国旅游改革试点城市的苏州，长期以来以“顶端意识”经营品牌旅游业，全方位开拓旅游市场，从“精致旅游”和“城市旅游”的角度逐步形成“品牌走廊”。随着苏州张家港、太仓以高分入围“中国优秀旅游城市”，苏州和所辖县（市）均已成为中国优秀旅游城市，形成了一个国家级的“品牌城市群”。在构筑硬资源品牌的同时，苏州十分注重软资源的品牌打造和培育，着眼于发挥群体品牌效应，强化区域间的错位发展，利用品牌优势，围绕“城市即旅游,旅游即城市”的发展理念,把苏州打造成以观光游为基础、休闲度假为重点、特色旅游为补充的世界一流品牌旅游城市。再以杭州市西湖风景名胜区为例:不满足所拥有的“断桥残雪”等西湖十景,还新建“云栖竹径”等新西湖十景,再加上周边其他一些景点,突显聚集性特点。杭州市所辖区县也有很多在国内外知名度很高的风景区(点),如千岛湖、富春江大明山等。以杭州为中心,附近可达绍兴、湖州、宁波、金华、衢州等地。杭州于2006年通过举办世界休闲博览会,提出了“东方休闲之都”的口号。由于充分展现其优美的自然景观和浓郁的人文底蕴,杭州越来越成为国内外旅游休闲人士的首选地。

上述苏州市与杭州市西湖风景名胜区的建设经验对长三角旅游精品的建设有着重大的借鉴和参考价值。长三角旅游精品建设的目标应注重激发一系列和谐效应——地方品牌效应、产业聚集效应、经济吸引效应、文化扩散效应、市场开放效应、环境促进效应。

(2) 以方便游客为宗旨,在长三角优秀旅游城市和3A级以上景区大力建设旅游集散中心、旅游接待服务中心,以及旅游超市等旅游服务场所,为国内外游客提供与国际接轨的全方位服务,特别是显著提升信息服务水平。

长三角所有优秀旅游城市均应建立一个以上旅游集散中心,三个以上旅游接待服务中心及旅游超市。A级以上景区均应设有旅游接待服务中心,3A级以上景区的旅游接待服务中心应有一定规模,可全面提供旅游信息服务。旅游集散中心、旅游接待服务中心、旅游超市等旅游服务场所的运营要注重有利于长三角的旅游精品建设与世博会的联动机制的形成,实现对客源的吸引和分流;让赴沪参观世博会的游客可以方便地去周边地区旅游,向位于长三角及周边城市的游客提供了解世博会的窗口,形成长三角旅游产业与世博会的良好互动;使得世博会期间长三角旅游精品资源可以得到充分的展现和利用,也使得出席世博会的参观者得到很好的旅游服务。

这里分别对旅游接待服务中心与旅游超市的功能作用、服务形式与内容作一简述。

① 旅游接待服务中心

旅游接待服务中心功能主要包括:一是建立咨询区。在咨询区可设立多个资讯窗口,每个资讯窗口配备咨询人员和数据库,顾客在这里可以获得所有需要的信息,同时也能够在这里预定饭店房间、机票、车票。二是建立旅游商品、纪念品、土特产商品展销区。三是建立旅游资源展示、旅游新闻发布区,如建立城市或景点的模型,将其特色标志展示给旅游人员,方便其对于城市、景区、景点有一个总体的了解,使其获得目的地的大体概念。四是建立旅行社合作办公区。方便旅游者订购机票、订购酒店,同时也可以为旅客提供导游服务等。五是建立餐饮住宿、洗浴娱乐区。简易的住宿、餐饮、洗浴、娱乐,能够使游客获得一个舒适的小憩之处。可将各种服务云集在活动中心，让旅游者选择。接待中心建设运营须注意以下几点：第一，拥有充沛的咨询人员，分布在各个窗口，随时准备为游客提供各种旅游信息方面的咨询。信息既包括旅游线路的设计、旅游景区的详细介绍，也要包括如何为客户选择合理的机票、车票、火车票，以及订购酒店住宿。第二，信息中心要有一个强大的后台建设。为了使游客在信息中心不仅能够得到路线设计、景区介绍，同时也能够定到车票、机票以及酒店等，信息中心的背后必须有强有力的旅行社、酒店行业作支撑，接待中心的后台和酒店、景点、旅行社必须作为一个整体，彼此联系，为旅客提供最便捷到位、简单易操作的服务，同时互惠互利，增加彼此的业绩。第三，语音咨询系统建设。将所有的景区、景点的资料，酒店的资料，路线的资料等都输入到计算机服务器中，形成一个广泛的数据库网络；将数据库资料放在网上，同时也公布一个电话号码，这样游客可以如通过114查询系统一样，通过电话就可以查询到所有线路、景点介绍、景区介绍、酒店介绍、交通情况等吃行游、住购娱等信息，解决所有旅游途中可能会遇到的问题。一个旅游方面的数据库查询系统必将为游客带来极大的方便，显著提高长三角区域旅游信息服务水平。第四，建立地图集、景区手册、光盘的发送区。有偿或无偿发送长三角地区的地图集、景区(点)手册、地图，包括宣传景区及世博会的光盘等。第五，接待中心可以提供租车业务。信息中心可以和当地的租车业务挂钩，为顾客提供租车服务。

② 旅游超市

利用旅游超市的集团化性质，整合对外宣传促销资源，丰富促销手段和内容，使得游客能够在超市里对于长三角各种旅游产品、景点以及交通、住宿都有一个清楚的概念；利用旅游超市的凝聚性，针对目标市场整合旅游产品，如长三角水乡游、长三角文化游、山水游、古镇游等，形成一流的产品、一流的路线、一流的宣传和一流的服务，互促共进，增强对各国各地游客的吸引力；利用旅游超市的规范化性质，治理整顿长三角旅游市场，规范旅游市场竞争秩序，防止恶性竞争和违规操作，增强创新能力，提高旅游行业处理临时事件的能力，增强国际竞争能力，促使国际旅行社的组团能力、接待水平和经营管理尽快达到国际公认的水准；利用旅游超市资源的集中性，打造旅游信息中心。

(3) 在餐饮、住宿、景区接待、导游等环节全面强化旅游精品建设的内涵，以旅游业服务人员素质提升和标准化建设为着眼点，提高游客的满意度。

① 餐饮服务建设

餐饮企业的优质服务是保障世博会成功举办的要素之一。长三角地区的餐饮业应该基于两个准则进行建设：一是解决当前存在的种种问题；二是面向未来明确与2010年世博会主题相契合的发展方向。现阶段餐饮业存在的主要问题有：菜单标价不明；隐含收费；卫生缺乏保障；短斤少两之类的欺诈行为等。如何解决这些问题以提高世博期间的游客的餐饮质量，是当务之急。长三角各旅游景点普遍作为卖点的各种小吃，其卫生条件应当受到更加严格的审查和监督；应杜绝街边小摊贩的无照经营，提供小吃业主一定的创业优惠条件，同时加强卫生监督，这样才能最大限度地防范食品安全问题，避免“卖点”变“缺点”的尴尬局面。解决收费不明码标价，隐蔽收取服务费、茶水费等长期存在的恶习，一方面需要长三角区域餐饮管理机构和行业协会出台统一的标价和收费规范，另一方面也应大力提高餐饮经营者维护行业与地区形象的自觉性。在明确与 2010 年世博会主题相契合的发展方向方面，上海餐饮协会负责人曾指出，世博餐饮的主题是“绿色、健康、安全”。上海如此，整个长三角区域餐饮业同样应该贯彻体现这一主题，应当在用料、加工、包装、就餐环境、垃圾处理等各个环节不断改进。值得指出的是，上海于 2007 年 12 月举行了餐博会，其主题与 2010 年世博会主题相吻合，定为“餐饮让生活更美好”；会展期间还开展了“长三角 16 个城市餐饮协会迎奥运商务套餐烹饪技术大赛”等活动，加强了长三角地区餐饮烹调技术和理念的交流，取得了良好的效果。这对促进长三角地区餐饮业整体水平的提升有实际意义，未来应该经常举办类似活动。

② 住宿服务水平的提升

长三角地区旅游饭店的数量、酒店的密集度相当高，据统计，上海、江苏、浙江拥有的旅游饭店数量分别为 317、1096 和 799 家，还不包括如家、汉庭、莫泰 168、锦江之星等经济型饭店，可以说基本能够满足各种层次、各种要求的旅客的临时居住需要。旅游饭店产品质量的好坏，对于旅游者的直观感受来说，有着决定其旅途是否满意、是否有温馨回味的重要作用。

旅游饭店的产品质量是指饭店产品或服务的实用性，就是饭店产品适合顾客需求的程度。饭店产品质量包括两方面：一是硬件方面。第一，饭店的设备和设施。由于其性能、效率直接影响饭店产品的质量，因此要求管理者对这些设施进行定期检查和不定期检查，保证酒店的设施处在理想的运营状态下。第二，原料与用品。饭店产品质量与产品原材料和用品质量紧密相关。例如，餐饮原料品种、新鲜度、规格等都是影响菜式质量的关键因素，而客房用品安全性和实用性会直接影响服务质量，因此酒店应严格选择原材料的来源，对原材料加以审慎的控制和监督。第三，饭店环境。饭店产品质量受饭店坐落环境、生产环境和服务环境的影响，要用心营造一种舒适的氛围，如多放置绿化产品等。二是软件方面。影响饭店产品的主要因素包括职工素质，包括职工的工作态度、工作意识、责任心等等；技术与工艺，饭店产品质量受生产工艺、服务规程和操作规范等因素影响，提供的饭店产品必须遵守饭店纪律、服务规程和操作规范（工艺）。为了保证饭店产品质量，饭店必须规范各项服务的质量标准和工作程序。例如，规范入住登记服务程序、电话问询服务及菜肴初加工工艺流程。为确保饭店产品质量,饭店必须进行定期或不定期的检测,以保证旅游饭店的服务质量。

③ 景区接待、导游等环节人员素质建设

旅游景区服务质量是影响旅游者感受的主要因素。首先,从游览接待方面来讲,服务人员必须配备齐全,业务熟练,服务热情;各种引导标识,包括导游全景图、导览图、标识牌、景物介绍牌等,造型既要有特色,也要与景观相协调;景区服务人员必须持证上岗,人数和语种能满足游客数的需要;服务人员必须热心助人,善于和人们沟通,乐于为游客服务和无私奉献,有一定解决突发问题的能力;同时,景区服务人员必须掌握景区的信息、景区周边交通的信息,了解景区的特色、景区的食品供应等状况。其次,导游应该具备高中以上文化,持证上岗,导游讲解词必须科学、准确和生动;同时必须建立一个导游的旅客反馈系统,使得游客对于好的导游能够给予表彰,不满意的游客也可以投诉有门。最后,重视标准化建设。2007年9月起,北京市正式公布《旅游景区服务质量标准》,该标准是对北京市旅游行业的指导规范,对于长三角的旅游精品建设也有一定的借鉴意义。这里特别指出,在世博会之前,长三角区域须统一旅游信息服务标准体系,使导游图、标示牌、景点介绍等公共服务信息运用统一的格式、样式与图案等,方便游客快捷清晰地获得所需要的信息。同时,应完善残疾人的无障碍通道的建设。无障碍通道包括:残疾人无障碍通道(畅通的盲道、台阶旁专供轮椅上下的斜坡)、残疾人士专用的升降电梯、无障碍洗手间(带扶手和轮椅可通过的蹲位)。在各个城市的银行、景区、展览馆等地方都应建立残疾人无障碍通道。另外,应完善对导游的投诉机制。每个导游都应该拥有自己的名片,并印上导游所属旅行社、工作年限,当然还有导游的手机号码及当地投诉中心的号码。这样既方便了游客在旅行中遇到问题可以在第一时间内找到导游,同时在游客权益遭到不合理侵犯时也能够得到最快捷的保护;即使在旅行中因为种种原因导致游客没有能够投诉成功,游客返回之后也可以在家乡按照名片上的电话对导游进行异地投诉。

④ 长三角区域旅游活动危机管理系统的建设

建设长三角区域旅游活动危机管理系统,建立危机预防、危机处理机构及制订危机预防、危机处理预案,对确保世博会期间长三角区域游客旅游活动安全,保证世博会的顺利运行具有重大意义。两省一市须分级设立危机管理指挥中心。指挥中心是安全系统的主要组成部分。在景区或展览场馆内设立指挥中心,指挥中心指挥整个安全系统的运营。保安可以向指挥台汇报情况,景区工作人员应及时向指挥中心汇报景区拥挤程度等,同时接受上级的命令,处理部分突发事件。指挥中心应24小时配备值勤人员,在旅游景区至少保证在有游客的时候一定有人值班。各个景区至少设立一个急救或医疗中心。

(4) 西游记主题公园建设。

作为中国最大的旅游城市之一,上海每年接待国内外游客约一千万人次。上海虽然有东方明珠、外滩、城隍庙、豫园、金茂大厦等标志性建筑和特色景点,可真正能够吸引游客,让他们驻足并感受中国传统文化的景区可以说几乎没有。西游记主题公园的建设创意是以中国特有的文化内容为主体,以现代科技和文化手段为表现,以市场创新为导向的现代人工景区,应使之成为集诸多娱乐内容、休闲要素和服务接待设施于一体,具有中国特色,可与迪斯尼乐园媲美的世界著名旅游产品。

借世博会的东风,推出"西游记主题公园",一方面可以为主体公园宣传造势,让更多的游客了解和感受中国传统文化的博大精深,同时在世博会结束之后,"西游记主题公园"能够作为上海的一个标志性景观,继续吸引来自国内外的游客,品味中国文化、现代科技与娱乐相结合的中国最大的主题公园精品。

由于崇明岛定位为生态岛,并且目前预留的空地很大,整个岛屿没有任何污染企业,非常适合西游记这样的大型主题公园建设,建议将主题公园建在该岛。

二、长三角区域旅游精品建设和世博会联动机制与途径

提升长三角区域旅游合作水平,是推进长江三角洲区域旅游精品建设,并形成与世博会联动机制的前提。

1. 长三角区域旅游合作潜力简析

长江三角洲区域近年来旅游产业发展迅速,其中江浙沪旅游产业2006年主要统计数据见附图1-1、1-2、1-3、1-4所示:

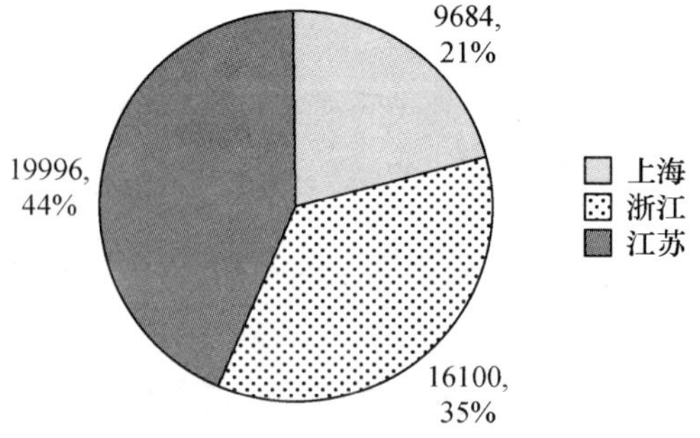

附图1-1 三省市国内旅游人数比较

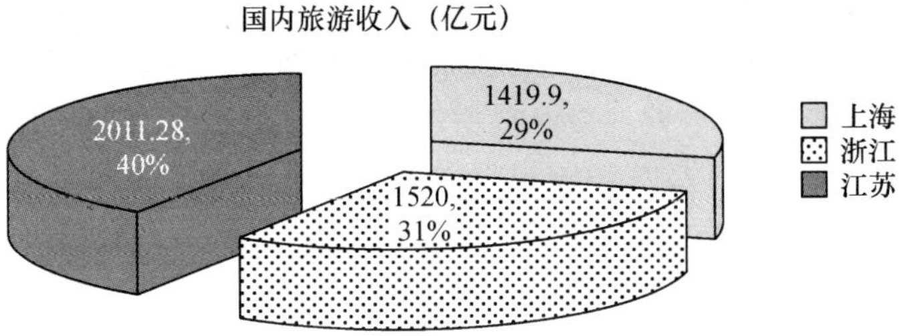

附图 1-2　三省市国内旅游收入比较

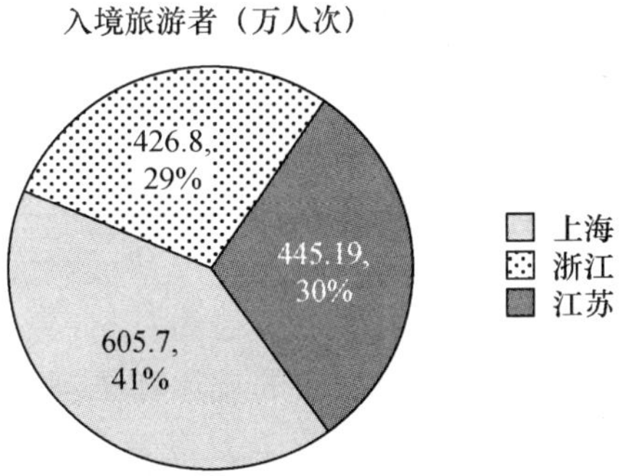

附图 1-3　三省市入境旅游人数比较

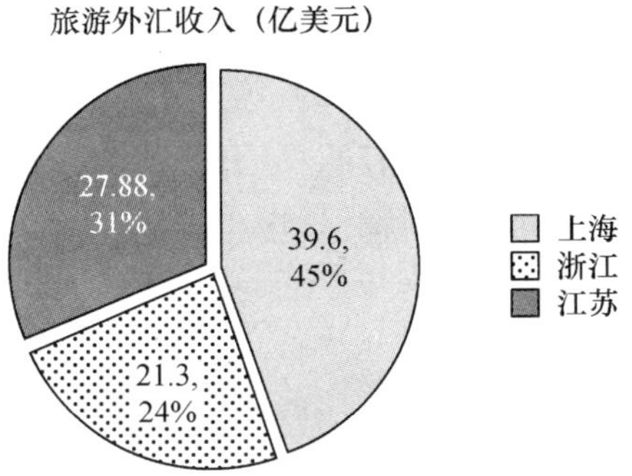

附图 1-4　三省市入境旅游收入比较

优越的区位环境和资源优势、发达的经济社会背景和巨大的消费能力，为长三角实现由单纯的观光旅游向多层次、多领域的旅游产业升级，向关联性更强、附加值更高的休闲度假旅游产业过渡创造了有利的要素基础和环境支撑。长三角区域旅游合作发展的基础要素与内外部环境已基本具备并具有巨大的发展潜力。首先，在区位交通条件方面，长三角地区海陆空交通发达便捷，是我国交通网络最为密集的区域之一，在整个交通配置中基本上形成以上海为中心，以南京、杭州和宁波为三翼，以区内交通干线为主轴，以高速公路带动整体和沿海地区的立体交通网，许多著名景区多分布在交通干线上，统一有序的交通大网络具备了维持长三角旅游区繁荣发展的承载能力。其次，由于长三角城市规模化发展和空间拓展潜力的支撑，长三角地区旅游产业综合实力强，组织化程度高，具有要素集聚优势和产业集群优势。目前，长三角区域已经成为国际第六大城市群，城市群发展对周边地区产生的强大辐射力将促进旅游要素的整合和地区联动，而且通过在区域旅游产业中发挥集聚、辐射、服务和带动作用，促进区域旅游产业的整体发展。在市场需求和机会方面，从长三角区域看，人均闲暇消费连年增长，在旅游消费方面增长强劲。尤其是 2010 年上海世博会及相关项目的启动，不仅极大地促进着当地城市旅游业发展并催生着新兴旅游产业的发展和旅游产业的结构升级，而且对长三角区域旅游合作产生巨大的推动力。

2. 加强长三角区域旅游合作的指导思想与举措

区域旅游合作的目的在于增强区域旅游整体竞争力，而整体竞争力则主要来源于旅游生产要素竞争优势、旅游市场和需求的开发、与支持性产业及其配套环境相关的建设、区域旅游企业发展战略与产业结构的优化升级等竞争力体系。因此，长三角区域旅游合作的指导思想可表述为：以自身要素优势和环境特色为指导，深入研究区域旅游一体化形成发展的规律和机理，正确选择适合产业发展和产业结构的目标模式，推进区域旅游竞争力提升和长三角旅游区的一体化发展。强化长三角区域旅游合作的途径主要有：

（1）多层次、多方位建立并完善长三角区域旅游联动领导组织架构，加强政府层面、旅游管理部门和世博会组委会的沟通互动。

目前，长三角区域旅游合作已经启动，已着手建立无障碍旅游圈。但当前长三角地区旅游合作中还存在发展协作程度不深、协作盲目性大、没有形成优质的产品组合和高效的产业协同发展机制、范围不够广泛、目标模糊等问题。在长三角区域旅游精品建设与世博会联动过程中，政府具有不可替代的促进作用。旅游业的联动首先需要两省一市各级政府部门的密切合作，建立并完善长三角区域旅游联动领导组织机构势在必行。当前首先要建立一个由长三角各省市旅游委（局）牵头的旅游管理组织机构，譬如“长三角区域旅游协调委员会”，负责统一制订区域旅游规划，协调和组织各省市旅游事务，统一各种旅游标准、法规、制度、组织机构及其运行方式等，进而突破行政边界的限制，形成统一的、能被各级政府所共同接受的旅游产业布局规划；制定有助于提高旅游业布局合理化的制度和政策；建立由各级政府所共同授权的权威管理组织体系，对长三角的旅游联动统一进行规划协调和管理，保障各省市旅游机构之间目标一致和利益协调，从而不断强化政府层面、旅游管理部门和世博会组委会的沟通互动，从而实现借助世博会的推动，构建长三角区域大旅游圈，实现旅游资源的共享、旅游产品的共同开发、旅游市场的共同繁荣。与此同时，行业协会、民间团体等非政府组织也是实现长三角旅游产业互动的一种补充。建议成立长三角区域旅游企业协会，为其注册企业会员提供信息互通、沟通与合作的平台，实现利益共享。例如，经常性或定期举办推进长三角区域旅游行业发展的论坛、部门对话会、区域旅游合作问题协商会，举办区域旅游交易年会、项目联合推荐会、资金筹措交流会等，建立品牌共同拓展、政策法规协调对接机制，实现并完善长三角“无障碍旅游”。

（2）尽早着手制订两省一市的统一旅游总体规划，真正实现整个区域统一规划、统一标准、统一制度、统一规范和统一运作方式。

两省一市要达到区域旅游联动，长三角区域旅游事务协调组织非常有必要对各省市原独立制订的旅游规划进行调整。规划的调整目标是，置于区域旅游合作的大背景下，实现区域资源整合优化目的。就目前看，长三角区域旅游资源的整合迫切需要尽快制订长三角区域的整体旅游规划。通过区域整体旅游规划对区内旅游资源进行整合，作出总体、统筹、系统的布局设计，在此基础上提出区内各地旅游发展的重点和特色等。这里要强调的是，这种整合不应局限于行政区划，要力求遵循求同存异的原则，注意产品的差异性，以市场为导向，在作深入的市场细分的基础上，开发出多层次、全方位的旅游产品。

（3）突破观念障碍，整合营销资源，在国内外旅游会展市场上展现两省一市的整体营销形象。

要以营造整体竞争优势和持续竞争优势为主。要特别注意城市之间共同开拓市场调研、制订促销宣传方案；培育共同市场，占领老市场更多份额，开拓新市场，用同一品牌、同一个展台，塑同一个形象。城市之间互为客源地和目的地，相互宣传对方；启动“长三角之旅”的推广介绍，共同与海内外知名旅游中间商，如国内的春秋和锦江、英国GTA、美国运通旅游公司、日本JIT、新加坡大通等大型旅行社合作，树立鲜明特色，共同发展。推行长三角两省一市的旅游产品与世博会整体形象营销，打出长三角区域品牌。长三角旅游市场拓展首先要在客源地进行整体形象营销，提高各客源地居民对长三角的认知，并使之深入人心；要充分发挥区域旅游的整体优势，联合推销区域旅游整体形象，共同做大区域旅游市场。与世博会联动方面，在世博会官方网站上独辟长三角区域旅游板块，宣传长三角品牌，打出长三角旅游精品。在世博会期间，长三角旅游产品也应单独作为一个主题重点宣传，推销长三角旅游精品线路；营销模式上可采取旅游超市的模式，为每一位游客量身定做旅游线路或旅游产品菜单，游客可自由组合旅游景点，自选交通工具，自主安排行程，自选旅馆，真正做到一切工作以顾客的需要为出发点。

（4）切实贯彻科学发展观，形成符合旅游规律的区域旅游合作态势。

首先，发展旅游，要加强对环境的保护，进一步促进环境的提升和改善。这主要体现在良好的自然环境、友善的社会环境、特色浓郁的人文环境，必须要按照以人为本的理念，使旅游要素的配置和谐并进，以充分发挥长三角区域旅游产业优势。其次，在总体思路上，要强化科学规划，通过设计战略框架结构，优化产业产品结构和系统布局。强化对高附加值产业产品的开发以及新技术、新手段的应用，尤其是要通过旅游信息系统（TIS），加强区际间协作和共同发展，走“大发展、大联合”的集约化规模经营。合作领域应包括吸收投资、学习对方先进的管理经验、吸引人才、旅游信息的交流以及共享客源和共同投资开发等各种合作形式，特别是要加强信息系统网络建设，包括在主要城市建立统计资料交换网络，产品信息、市场信息和设施信息发布平台及其应对机制等。最后，发展旅游，应该从游客的角度考虑，把资源整合做到位。在努力挖掘传统文化，努力整合文化资源的同时，创造新的文化，弘扬新的文化。创造地方和企业的核心竞争力，尤其要注重细节，使旅游精品资源的综合服务水平尽快达到国际水平。同时，提升员工思想素质和服务技能，从而促使旅游产品开发精品化，显著提高游客消费满意度。长三角旅游行业应创造诚信文化，降低运行成本。

（5）把握市场需求趋势，推动旅游产品的创新与发展，延伸长三角旅游产业服务链，为参观者或游客在上海与江浙地区的旅游、商贸、会展、购物、娱乐、休闲提供一切方便，延长其逗留时间。

目前，旅游资源与产品的开发呈现科技含量、文化内涵不断提高，参与程度、娱乐性强等发展特征。从上海、杭州等城市的旅游发展趋势看，旅游者也逐渐走出纯粹游山玩水的观光旅游阶段。长三角旅游精品建设过程中，要适应市场需求的变化，改变目前以观赏型景观为主的现状，有效地调整和优化旅游产品结构。休闲度假和商务会议在长三角有着巨大的市场空间，因此区内各优秀旅游城市应在产品开发上各有侧重，建设涵盖商务会议旅游、休闲度假旅游、文化宗教旅游、生态观光游览、保健疗养旅游以及主题游乐运动型旅游的完整的旅游产品体系。另外，还要深化旅游产品项目的创新性和主题性开发。除了可以利用已有的自然与人文景观以外，更要注重开发新的旅游项目，注入新的文化内涵、新的科技含量，科学合理开发若干具有地方性特色的商贸市场旅游项目、工农业旅游项目和主题旅游项目。

（6）加快区域旅游信息化和全球化进程。

随着信息化与全球化进程的加快，传统的旅游产品开发与旅游方式正面临着全新的变革和竞争压力，但同时也创造了更多的市场机会和更多更新的需求。因此，为增强长三角区域旅游业国际竞争力，必须积极建设数字化旅游城市，积极发展旅游信息系统和电子商务战略；应提升旅游产业应用网络技术的水平，加强现代信息技术与传统旅游产业资源的融合趋势；同时，还必须加强各城市主要旅游网站之间以及实际旅游代理商（如旅行社与航空公司等）之间的品牌合作，尤其是要加强与国外众多品牌旅游企业的合作等；积极研究国外旅游发展趋势和需求变动，依托区域主要城市而建立的旅游信息系统应在中远期进入全球销售系统，拓展全球旅游客源市场。

三、长三角区域旅游精品建设与世博会联动对策

1. 旅游服务中心等设施建设的建议

在世博会园区及长三角区域各大旅游城市及主要景点景区大力建设标志统一的旅游集散中心、咨询服务中心以及旅游超市，实现旅游精品、餐饮、住宿、交通、购物、娱乐金融等信息与世博会展览信息的直观对接，为世博会观众掌握长三角旅游精品信息与长三角区域游客了解世博会动态提供尽可能的便利条件。一是在世博会园区内或主要入口附近建设若干旅游超市，充分提供长三角区域各大旅游城市及主要景点景区信息，放置一些免费的景点宣传手册，供游客免费索取；开放一些终端系统，供游客查询；提供各种交通工具的票务购买和预定服务；依托旅游超市，建立"世博会旅游服务协调服务中心"；依托长三角众多的知名高校，建立"高校翻译服务联盟"。二是强化上海现有的旅游服务咨询中心的功能，在上海主要路口、火车站、汽车站、机场等地建立旅游服务点，提升服务功能与水平。三是根据世博会的要求增强各个旅游点的吸引力，建立与完善城市或景区游客接待中心；规范景区景点交通指示牌，使用电子导游牌（使用多国语言，以方便外国游客）。四是参考奥运会企业合作模式，建立"世博会推荐景点"项目，让景点利用世博会作自我宣传，同时达到宣传世博会的目的；对参加世博会的游客进行细分，推荐不同种类的旅游产品，如江南水乡游、佛教圣地游（发展上海至舟山的水上游项目，将普陀山佛教旅游和海岛旅游结合）等。值得指出的是，在旅游精品建设过程中，除了要做好与世博会的联动外，精品点要保持或提高自身的吸引力，为旅游者提供更加专业化、人性化的服务。旅游精品的基础建设要以人为本，以环境保护为先，满足世博会游客的需求，参考国内外的经验制订适合自身发展的中短期建设和长期规划。

2. 长三角交通设施的完善

不断改善上海市区及长三角的交通设施建设，在交通方面实现长三角旅游的便捷、安全和舒适。一是建立长三角各景点直达世博会的旅游干线，利用城际轨道交通分散游客住宿，将长三角捆绑在一起，资源共享、信息共享、市场共享、人才共享、利益共享。二是形成沿江和长三角地区一体化的快速交通体系。开通省际、城际、景区与景区之间的无缝对接交通网络，实现从景区到景区无须换乘的强大交通网。三是实现区域交通一卡通，取消公路收费站，开启汽车异地租赁业务，同时延长上海落地签证时间，方便游客游览上海后，还可以有时间到江苏、浙江旅游。四是实行统一标准的路标、指示牌，合理设置指示内容及安放地点，方便游客无须问路，即在各个景区游览。

在加快建立城际快速交通系统的同时，重视对各类车辆信息系统的研究和

建立,提高运行效能,包括建立商用车运行管理系统、路线导引系统、车辆安全控制系统、公交优先运行系统、突发事件检测系统和电子收费系统;要依托上海北外滩客运中心建设,大力发展游轮业;还可为一些高端游客提供方便的租车服务,可以让他们住到郊区或者驾车在长三角旅游。

3. 长三角须统一区域旅游人才培训机制和标准

长三角应建立统一的区域旅游人才培训机制和机构,取消区域内国内旅游地陪制,建立旅游救助中心和志愿者服务中心,不仅为各省市、各景区、各旅游服务机构培养各类旅游人才,如多语种导游、高素质导游、宾馆饭店服务员、景区管理员等旅游专项人才,更随时随地提供标准化医疗救助服务和志愿者服务。

4. 世博会旅游信息系统的建立和完善

完善世博会网站旅游信息服务咨询服务功能,通过界面友好、功能强大、实用快捷的旅游信息咨询网络系统,为游客随时提供各省市、各景区最新的旅游动态、旅游产品、住宿信息、游览交通资讯及价格查询、在线咨询、投诉等功能;开设114类咨询电话联网,以消除旅游者的旅游咨询及投诉的时空障碍。德国汉诺威世博会在153天的展期内,仅吸引了全世界1800万人前往参观,与其预测人数4000万人相差甚远,其主要原因之一在于世博会股份有限公司忽视了旅游业的参与,没有把展览活动同周围的旅游景点结合起来进行促销。汉诺威世博会旅游与票务处负责人说:"汉诺威世博会从一开始就只把精力集中在办展上,而没有考虑如何同旅游结合,没有考虑如何吸引旅游者,没有把宣传、促销和招徕旅游者放到一定的重要位置上,没有用大型广告把周围的景点结合在一起向世界展示。"汉诺威世博会的前车之鉴提示我们,必须将筹备世博会与促进长三角旅游活动结合起来,这是成功举办一届高质量世博会的重要保证。除前文所指出的在长三角设立标志统一的旅游集散中心、咨询服务中心、旅游超市之外,运用现代网络技术,建立强有力的信息系统的支持,将旅游产品展现给潜在的游客,并进一步转化成旅游行动也是非常有必要的。

5. 世博会旅游信息系统设计思路

世博会旅游信息系统的核心是以互联网为基础的信息系统,也是IT领域特指的信息系统。随着网络和信息技术的发展,现在很多旅游者都有在出行前上网查询目的地信息的习惯,所以我们在这里重点从网络方面谈世博会的信息系统的建设。

目前,还没有专门的世博会旅游网站,在世博会的官方网页上也很难找到关于长三角地区的旅游信息。长三角地区已经有些颇有影响的网络,如上海、江苏、浙江的旅游政务网,以及各大旅行社的网络。但是对于国外客户和一些国内客户来说,有一个权威的官方信息源,会增加网络使用者的认知力。我们通过对现实资源的分析,并从行为学的观点出发,得出了世博会旅游信息系统框架图,如附图1-5所示。

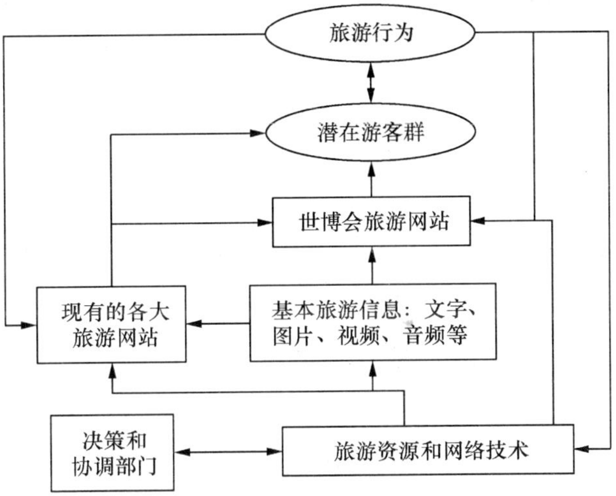

附图1-5 世博会旅游信息系统框架图

世博会旅游信息系统（基于互联网）中的信息传递是动态的、全局性的、多渠道的。它可以根据不同要素的变化自我调整，实现系统的自学习功能。

一次完整的信息循环是从基础资源信息的收集开始的，通过对这些信息的技术处理，得到计算机可以存储的数据。利用合适的数据库（DB）和与之配套的数据库管理系统（DBMS），将处理后的数据存储，并通过不同的网络（Internet/Intranet）传播。潜在网络用户查询关注的旅游信息，对这些信息作出感知和评价，从而激发或抑制旅游欲望，并作出进一步的选择。如果潜在的客户成为现实的客户，通过对旅游产品的体验，会将体验信息反馈到自身影响圈，对他们的信息评价给出正面或负面的影响；游客同时也将自身的体验通过各种途径，如论坛，发布到网络当中。决策部门收集这方面的信息，对景点建设提出意见和建议。改善后的资源信息将再次进入下一个周期，进行动态的循环。

世博会旅游信息系统（基于互联网）是对资源的整合。应在世博会网站的首页开辟旅游板块，并链接现有的各大旅游网站，实现信息共享。网络经过多年的发展，技术已经相对成熟，网站建设已经不是瓶颈，建设一个独立的世博会旅游网站也是可行的。

正规的软件开发都是模块化设计，整个系统是各个模块的封装，模块之间的要求具有明显的高内聚、低耦合特征，进而使整个系统的体系构架变得更加有延展性。所以主要功能模块设计好后，是建设独立的世博会旅游网站还是将功能模块嵌入到现有的世博会官方网站中去，不是一个技术问题，而是一种选择。我们建议将功能模块嵌入到现有的世博会官方网站中去，但是为了说明的方便，以下在介绍世博会旅游信息系统时，是将其作为一个独立的网站描述的。

6. 世博会旅游网站的结构

我们从建设独立网站的思路出发，利用现有的成熟技术和根据世博会的要求，设计出一个世博会旅游网站功能结构图，如附图 1-6 所示：

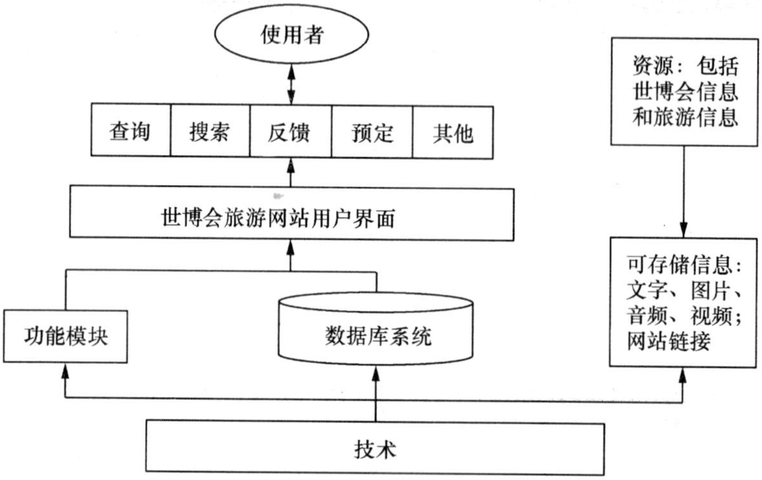

附图 1-6　世博会旅游网站结构图

建设和维护这个网站，主要有两方面的工作：一是信息的收集和处理，包括资源信息和使用者的反馈信息，必须要做到及时、准确和优化；二是功能模块的设计，包括前台的查询、搜索、反馈、预定等，也包括后台的数据库管理，信息发布、更改和删除，以及系统升级等。

这里我们特别建议的一项功能是旅游专家系统，就是利用人工智能（AI）技术，将专家的知识作为信息存储，通过规则库调用以满足用户的需要。旅游专家系统业务流程如附图 1-7 所示：

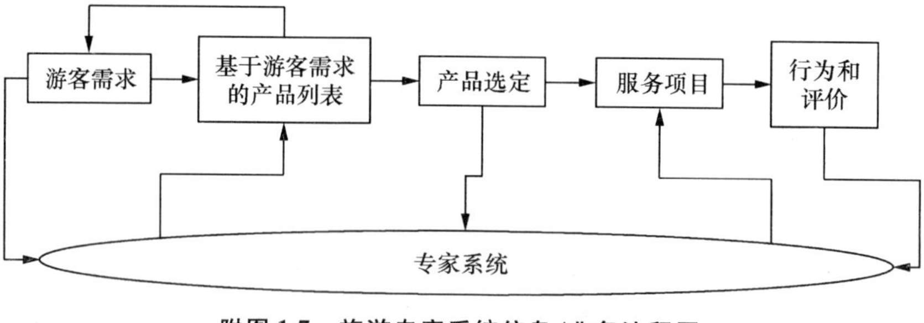

附图 1-7　旅游专家系统信息/业务流程图

用户使用专家系统是交互的，可以改变自己的需求，直至从专家系统中找到满意的旅游产品。

专家系统则负责为客户提供不同的旅游产品，并在用户选定产品后，为客户提供包括旅行起始时间、票务（包括来回交通和景区门票）、旅游线路、住宿等一条龙服务，并将其通过邮递部门寄送到游客手中。在旅游后，专家系统还可以根据游客反馈的信息，不断地完善知识库和规则库，以提供更加合理的旅游方案。

这种专家系统不仅可以在网络上实现，还可以通过固定电话、手机等方式实现，让更多的游客享受到这种专家的建议。

当然，专家系统仍需要管理和维护人员的参与，以实现系统的正常运行，并满足游客的特殊需求。另外，鉴于我国劳动力资源的丰富，我们建议配置适当数量的旅游服务人员。这些旅游服务人员不需要太高的文化程度和特殊的技能，只要经过培训后可以提供基本的服务和操作机器即可。真正的专家对于旅游咨询也是必要的，可以通过与相关的企业和组织联合实现知识的共享。

世博会旅游信息系统（基于互联网），其核心就是世博会旅游网站，主要的功能包括：信息发布，包括世博会和长三角旅游的各项政策、活动安排、旅游产品等；信息查询，使用者可以查询到自己想要并能够得到的本站信息；信息搜索，为用户需求的信息提供匹配资料，包括本站和其他网站；用户管理，不同的用户有不同的权限，对用户数据库深挖；资料下载，包括世博会和长三角旅游的资源、营销、统计、研究等；反馈论坛，给游客发表旅行感受的渠道；票务预定，包括交通、住宿、景区门票等；产品服务，联合旅行社，提供个性化旅游产品或服务；资源链接，在保证效率的基础上，增强信息源的容量；多国语言，提供简/繁体中文、英文、日文、韩文等多国语言版本。

以上功能列表只是简要描述了世博会旅游网站为用户提供的项目。在具体的网站设计中，在这些基本功能基础上，再衍生出一些附加功能，可以实现世博会与旅游相互认知和促进。

以上对世博会旅游信息系统功能进行了分析，讨论了旅游专家系统在世博会旅游营销和服务中的运用。同时，鉴于世博会的重大影响，应该保证世博会旅游信息系统在受到黑客攻击和系统升级时，用户仍然可以访问使用。根据计算机的拓扑结构，结合网络传输的效率，我们建议设立数台异地服务器和备份服务器，以确保网络的安全和服务的正常进行。

四、长三角旅游产业发挥上海世博会后“黄金效应”的策略

1. 往届世博会“黄金效应”的启示

世博会是一种品牌，是无形的资产。成功的世博会应该是对有形资产（如世博会的场馆）和无形资产（如品牌）的永续利用。许多旧日博览会的主要建筑物与纪念碑如今依然存在。这些世博会的旅游资源在会展结束后对旅游业发展还有很强的后续效应。其中，1876年费城博览会的纪念大厦、1880年墨尔本的

皇家展览大楼、1889年巴黎的埃菲尔铁塔，这些建筑物在使用百年之后，仍然发挥着巨大的效用；再如，1893年芝加哥的美术宫（现为科学与工业博物馆）、1900年巴黎的皇宫、1904年圣路易斯的艺术宫、1915年旧金山的美术宫（1966年重建）、1929年巴塞罗那的民族宫、1937年巴黎的夏洛特宫、1958年布鲁塞尔的原子塔等。

1962年西雅图世博会是后续利用最好的范例。西雅图中心是一个大型的综合性城区，现在已被视为美国西北太平洋沿岸首屈一指的聚集地，经常举办一些大型活动，如重大体育赛事、歌剧、芭蕾、摇滚音乐和其他一些社会与休闲聚会。这里设施完备，有太空针（Space Needle）、大型露天运动场、运动和休闲设施、歌剧院、跑马场、科学中心、广场和绿地。它们通过单轨铁路与市中心相连。

1967年蒙特切尔世博会专门建造的著名的"古竞技场"（La Ronde）娱乐区，现在依然是一个顶级的娱乐公园，位于同一岛屿上的消遣区（绿色区）如今还在继续发挥作用，首创的（即使到现在依然是独创）"生境"综合住宅群也还在使用中，从前的一些展馆依然存在，美国的展馆（伯明斯特·富勒设计的测地线圆球顶建筑）目前用做环境展览，法国展馆曾是个博物馆，现在则成了赌场。

1970年大阪世博会结束后场馆建筑也被拆除，原址上重建了一个公园，世博会期间的管理大楼成了纪念展览馆，该地块还重建了一个美丽的日式花园和一个重要的博物馆。1984年新奥尔良世博会虽然被认为是最失败的，但是世博会留下的许多优良建筑，仍然使旅游业得到了发展，并带动其他产业的发展。现在即使是在淡季，新奥尔良的宾馆住房率也比过去增加15%—20%。

1988年布里斯班世博会所建的布里斯班南岸文化/娱乐公园内建有漂亮的休闲和生活设施、会议中心和主题博物馆区，它们俯瞰整个城市，并且展馆两端都配有相关文化/博物馆设施。

1992年塞维利亚世博会分为两个展区：一个是国际展区所在的研究与开发公园（现在还保留许多展馆），另一个是本国展览所在的主题/娱乐公园。这两个展区的后续使用在早期都取得了有限的成功，塞维利亚的西班牙广场、世博会场地改建的魔幻岛，现在仍在被利用，吸引了众多游客。

上述世博会承办国的经验，对于上海世博会激发"黄金效应"有着重要的借鉴价值。世博会的建筑及城市规划应充分考虑世博会后的效应，使其旅游业带来源源不断的后续效应。

2. 长三角旅游产业发挥上海世博会后"黄金效应"的策略

上海2010年世博会成功与否，场馆及基础设施的后续利用问题是一个重要的衡量指标。规划中的世博园区位于南浦大桥和卢浦大桥之间的滨江地带，横跨浦东、黄浦、卢湾三区。被划为世博园区用地之前，该地区主要为城市重工业区和老式居民住宅,属于城市中心区域边缘。随着世博会的建设,各种配套设施都会大为改善,以满足世博会期间七千多万人次的参观客需要,但在世博会结束以后,人流必将大幅下降,所以规划时要考虑这些设施的后期配置与利用问题,以使闲置率降低,更好地为城市居民服务。

如何使资源闲置率达到最低,如何更好地发挥世博会的长期效应,使世博会成为上海乃至长三角地区开始新一轮经济发展的契机,策略建议如下:

(1) 强化城市总体规划对世博会的战略指导作用,合理规划世博园区

必须将世博场馆的建设和城市、区域的长远发展加以统筹考虑,在服从于城市总体规划和该区域规划的前提下将世博场馆的布局安排得更加科学,使其既能满足世博会举办期间的功能需求,给世博会会展期间的参观者和会后的城市居民及游客带来城市生活的乐趣,如便捷舒适的日常生活以及便利的交通和通信等,又能创造性地诠释和生动展现"城市,让生活更美好"的主题,体现对大自然的尊重和可持续发展的要求,把自然融入城市生活,把世博会融入城市本身。着眼于长远,科学规划和建设世博场馆设施。按照"永久与临时并举、按需确定、科学规划、合理布局"的原则,规划建设各类世博设施,应本着尽量少建永久性场馆的宗旨,若建,必须建的是精品,是标志性建筑。加强城市总体经济效益和投入产出水平的总体平衡。对一些属于单纯展览性质的国家馆和企业馆亦多采用临时性的建筑,在撤馆之后,通过拆除、搬迁或改造,扩大城市发展空间,建设大型公共设施。上海世博会的后续利用与开发应与上海未来几十年的城市总体规划相协调,即建成"四个中心"的国际化大都市,还应体现综合性、多元化、可延展性等特点。上海世博会部分展览建筑将成为"城市会展景观",与上海"会展旅游"协调发展。

(2) 世博园区规划建设应与上海旅游产业的长远规划相结合,旅游规划部门应高水平参与其中

经典的世博旅游资源(如上海世博园),结合传统旅游资源(如外滩、东方明珠),共同打造新的旅游产品,做到对世博会设施综合、永续利用。这都需要上海旅游产业的长远规划和高水平参与。如何形成"后世博效应",旅游业将起到重大的作用,主要体现在旅游城市地位显著提高。举办世博会对于改善城市的形象发挥着积极的作用,旅游业规模扩大,就业机会增加。世博会对旅游业的发展产生强大的推动作用,这种积淀效应必须充分地表现出来。

(3) 将世博会期间场馆需求及其后续利用作为一个区域性的整体项目加以开发

2010年上海世博会将会为我们留下宝贵的资源,它们可分为有形和无形资源,前者包括世博会期间使用的场馆、基础设施、酒店、餐饮设施等;后者包括旅游资源、城市精神风貌、城市影响力提升等。建议成立专门的世博会综合开发机

构，以超越行政区划对区域内资源利用、经营性场馆建设、基础设施建设实行综合管理，实施统一规划与开发管理，强化综合控制力。把区域内的资源、旅游产业和相关基础设施有机整合，统一实施开发。

（4）交通设施

到达世博园区的地铁将陆续建成，相应的公交线路也会增加，在会后都可以将它们纳入上海城市交通体系。由于世博园区今后会成为上海的核心区之一，在园区内构成多模式现代复合交通服务体系，实现多条地铁的换乘，这样可以有效缓解现在人民广场的高负荷地铁运量；同时，安排到达周边省市的长途客车，主要用来驳运参观世博园区的游客，到世博园参加会展及会议人士以及参观完世博后到周边著名旅游城市的游客；另外，也应安排直达浦东机场的专车，以方便国外游客和商务人士从机场直抵世博园区。世博期间使用的“水上巴士”可以作为旅游项目保留，以供游客观赏美丽的浦江两岸风景，届时可将之与外滩现有的浦江旅游资源进行整合与互补，同时它也可作为浦东与浦西园区之间的交通工具。

（5）宾馆、酒店、餐饮设施

规划时既要考虑满足世博会期间每日最高峰人流 80 万人次的需求，又要减少世博会结束后人流量急剧下降，设施大量闲置的情况。大阪世博会在这方面的经验值得借鉴：安排参观世博会的游客到日本当地的居民家借宿，以减少酒店宾馆的压力，这样做既充分利用了资源，又可以借此让外国游客更深切地感受当地文化，提升城市乃至国家的形象，这样就形成了未来的旅游资源。在 2007 年上海特奥会举办期间，组委会招募了一些社区家庭接待特奥运动员，取得了良好效果。世博接待家庭可以侧重园区周边的成熟社区，特别是有外籍友人居住的社区。也可以通过将游客吸引到长三角地区城市旅游观光缓解上海的压力，或利用大中院校的空余宿舍作为人流激增时备用。

（6）场馆

对不同场馆实行不同的处置方式：中国馆作为园区的象征性建筑长期保留，世博会后可作为国际性会展与博览场地。国家馆虽然按照惯例应予拆除，但对于一些极富特色，体现较高文化价值的国家馆可适当保留，作为中小学生的科普文化教育基地，组织他们参观学习，使他们更好地了解世博会，了解世界文化。演艺中心可作为市民享受高雅艺术的新去处。专题馆在世博会后可作为相应的博物馆、民俗展示馆等，以丰富市民的文化生活。位于浦西的企业馆则可以吸引世界 500 强中的服务类、消费品类、物流类企业入驻，实行优惠政策鼓励他们在此设立研究中心或地区总部，使之成为理想的投资地，从而与外高桥保税区、陆家嘴金融贸易区、张江高科园区等一起形成上海的几大核心工商业区域。

世博村可延续“城市最佳实践区”的理念，建成示范性滨江生态居住社区，以充分体现“城市，让生活更美好”的主题，提供给世博园区开会交流人士住宿，或者对外出售。对一些临时性场馆，在规划时应选用易拆卸、低污染、可循环利用的材料，拆除后的空地可建设“世博公园”、“世博广场”等大型休闲娱乐场地。沿黄浦江的大片绿地可向公众开放，作为公共绿地，如周围配套若干娱乐休闲设施，成为上海市民可以享用的公共休闲娱乐设施。

会后的世博园区作为上海的象征之一，将成为国际交流中心和城市公共活动中心，一些国际性的活动，如上海旅游节、艺术节、电影节、APEC、上海合作组织会议等都可利用世博园区良好的配套设施和文化氛围在园区内举行。

(7) 充分发挥旅游精品资源的作用

据估计，世博期间约有七千多万人次前来参观，其中约有30%将同时前往长江三角洲地区游玩，所以要将长江三角洲地区的旅游资源整合起来，两省一市通力协作，优势互补，这样可以在游客心目中留下理想旅游目的地的良好印象，从而使他们会在世博会结束后再次来到上海及周边旅游，形成具有长期价值的旅游精品资源。

推广和宣传世博会旅游应从以下几方面进行：① 加强对世博游客的旅游宣传。世博园区内已有“旅游超市”或“旅游咨询中心”，应继续发挥作用，提供上海及周边城市的旅游景点与文化特色信息咨询，播放各旅游景点的宣传片，向游客推荐各种风格的旅游线路以满足不同人群的旅游需要，如上海都市风情游、水乡民俗游、苏州古代园林游、杭州西湖山水游、南京古城风貌游等。② 对于不同群体宣传侧重点不同，如对于家庭型游客可侧重推荐轻松温馨的旅游路线，安排的住宿应价格合理；对于商务型游客则可根据他们的具体业务需要推荐商务游路线。③ 在世博会期间可以对前来旅游参观的人进行问卷调查，了解他们对于上海以及周边城市景点、服务等的看法与意见，并把意见结果作为世博会后再开发与调整旅游资源的依据之一。④ 世博期间及会后须注重多渠道、多方位向海内外宾客展示上海的城市精神与文化，让游客更全面地了解上海，使上海成为他们心目中理想旅游目的地和居住城市，而不仅仅是世博会举办地。

由于世博会后世博园区的一大功能是会展，所以“会展旅游”将会成为一大热点，游客中很大一部分将是商务人士，而商务旅游资源具有重复性高、计划性强、消费能力强等特点，所以如果能将他们吸引到旅游市场中，那么旅游业将会获得新的发展契机，这就需要上海与周边城市进行旅游产品的组合，深层次开发，完善配套服务设施，使之更符合商务人士的需求。

此外，可以利用世博会的后续影响力，设立“世博游”旅游项目，主要目标人群为国内游客，游客可以参观世博园区，了解世博会历史，感受生态型居住环境。综上所述，世博会是一个向世界展示上海的发展、独特文化与城市精神的窗口，它不局限于六个月的会展期间，在今后相当长时间内都将对以上海为龙头的长三角区域产生深远影响。在世博会筹备规划阶段，应考虑如何对世博会资源进行有效的后续利用，应准确估计，按需建造，最终使世博园区填补上海城市功能空缺，融入上海的整体布局，为长三角乃至全国的发展服务。

附录二

新中国成立六十周年:中国会展业的六件大事

新中国六十华诞来临,每一位中国会展工作者都为之兴奋与自豪。当今的中国会展业已经是全世界会展业中举足轻重的力量。在全球性金融危机和经济衰退中,中国会展业借助中国经济的良好表现,取得了引人注目的成绩。当我们庆祝建国六十周年的时候,自然要回首过去,展望未来。本篇就以六十年来中国会展业发展过程中的六件大事,串联起这不平凡的历程。

一、1952 年 5 月中国贸促会成立,中国展览活动有了实施部门

1949 年 10 月 1 日中华人民共和国成立,新中国面临百废待兴和国内外一系列紧迫的形势。在新中国成立后的三年里,展览会(包括国内展、来华展和出国展)全部由政府部门直接操办。如 1949 年 11 月中央军委在北京故宫午门举办了“中国人民解放军战绩展览会”。

1952 年 2 月,新中国政务院经济委员会副主任李富春访问苏联。苏方提出在中国展示苏联的建设成就。同年,民主德国政府也提出在北京举办“德意志民主共和国工业展览会”。为此,政务院成立了由对外贸易部、重工业部、北京市人民政府组成的“国外来华经济委员会”进行筹备组织工作。

最早的出国展是 1951 年 3 月中国政府组团参加的民主德国莱比锡博览会。同年 5 月又组团参加了捷克斯洛伐克社会主义共和国布拉格博览会。这两个项目都是经过周恩来总理兼外长批准,由外贸部具体组织实施。

正是在上述展览工作基础上,加之我国对外交往的需要,中国国际贸易促进委员会(即中国贸促会)于 1952 年 5 月成立。从此,中国的展览活动就有了组织和实施的部门。上述的“国外来华经济委员会”人员和外贸部组织出展的人员陆续并入中国贸促会的来展部和出展部。

历经五十多年的发展,中国贸促会现已拥有由总会、各地方分会、各行业分会组成的完整组织体系及其掌控的一批会展项目;拥有大型展览中心、综合性展览集团和会展配套服务企业;拥有一批加入国际展览联盟(UFI)的品牌展会;拥有国际性、专业性、权威性很高的“中国会展经济国际合作论坛(CEFCO)”。目前,中国贸促会已成为我国会展业的重要力量。

二、1955 年 10 月举办苏联建设成就展览会，全国建设四大展馆

正是为举办上述的“苏联展览会”，国家决定在北京、上海、广州、武汉四城市建设“苏联展览馆”。这是我国正式兴建的专门为展览活动而设计的大型建筑物，在当时具有很高的水平。

1954 年 10 月，在北京新落成的苏联展览馆举办了“苏联经济及文化建设成就展览会”；1955 年 4 月和 1956 年 10 月，我国又相继举办了“捷克斯洛伐克十年社会主义建设成就展览会”和“日本商品展览会”；1955 年 5 月还举办了“匈牙利纺织试验仪器展览会”，这是新中国接待的第一个专业展。1958 年，根据周恩来总理的意见，“苏联展览馆”更名为“北京展览馆”。现在的北京展览馆经过不断改造与扩建，成为北京市举办大型政府主导型展会的主要场所，从中华人民共和国国庆十周年展览会到六十周年展览会都在此举办。此外，20 世纪 80 年代的一批专业展览会和各种成就展、汇报展等也大都在此举办。

同样，上海的原“中苏友好大厦”（展览馆）现为上海展览中心，也一直是上海主要展览场地和上海市“两会”的会址。

广州的“中苏友好大厦”（展览馆）在 1955 年举办了“苏联经济及文化建设成就展览会”，它还曾是 1957 年的首届和第 2 届中国出口商品交易会（“广交会”）会址。1974 年，在此基础上扩建广交会流花展馆。

武汉的“中苏友好宫”（展览馆）也在 1955 年举办了“苏联经济及文化建设成就展览会”，并在后来改为“武汉展览馆”。1995 年后，在此重新建起“武汉国际展览中心”。

三、1957 年 4 月首届中国出口商品交易会（广交会）正式开办

1955 年在广州先是由广东省人民政府组织了向港澳出口的产品展览会。1956 年 11 月，经国务院批准，由外贸部和广东省人民政府共同主办“中国出口商品展览会”（注：当时还没有称为“出口交易会”）。1957 年 3 月，经国务院批准，“中国出口商品陈列馆”在广州正式设立。其后于同年 4 月，首届中国出口商品交易会（广交会）才在广州中苏友好大厦正式创办起来。

首届广交会的展馆面积 18000 平方米，参展交易团 13 个，参展商品 12000 余种，来自 19 个国家和地区的客商共 1223 人次到会洽谈，成交 1754 万美元。半年后，第 2 届广交会也在中苏友好大厦举办，成交额已是首届的 4 倍。

1958 年，广交会从原中苏友好大厦移至侨光路展场举办。“文革”期间广交会虽屡受干扰，但并没有中断，继续成为中国对外贸易的主要窗口和中国对外联络的重要渠道。

1974 年广交会选址流花展馆。到 2008 年为止，已有数不清的中国企业从

这里走向全球市场。流花展馆成为中国从计划经济时代迈进市场经济时代的最佳见证者。

自2007年4月第101届起，广交会更名为"中国进出口商品交易会"。2008年春，第103届中国进出口商品交易会在广州琶洲展馆、流花展馆各分两期举行。2008年4月，第104届中国进出口商品交易会整体搬迁到琶洲，并变为一届三期的模式。

广交会至今已经走过五十多个年头，举办了一百多届，成为名副其实的"中国第一展"，在全世界也享有了不起的声誉。尽管受到当前国际金融危机的影响，广交会出口成交遇到一些增长方面的困难，但是广交会还是千方百计迎难而上，努力做好进口展和国内采购工作，依然保持了旺盛的活力。

四、2000年10月国务院发展研究中心会议提出了会展经济概念

到20世纪90年代中后期，全国展览会的数量有了较大的增长。特别是大量政府主导型展会的出现，加快了展览业的形成和发展。于是，"会展经济"一词就应运而生了。

据大连会展办介绍，1996年时任大连市长的薄熙来在谈到大连要多办展览会并准备建设展览馆的时候，曾经提到过"展览经济"等词语。后有资料表明，2000年10月国务院发展研究中心市场研究所在浙江台州举办研讨会（当时台州路桥举办商品展销会并准备建设商品批发市场），副所长任兴洲女士正式提出了"会展经济"的概念。其后，湖北大学旅游学院院长马勇教授和重庆海钠会展研究所所长应丽君女士在编写的《会展发展新理念》（论文集）中也收集到《中国会展经济发展解读》等涉及会展经济概念的文章。

提出会展经济概念是中国会展业发展的重要里程碑。从此，在会展经济的范畴里，就有了会展产业、会展行业、会展企业等一系列的提法。中国会展业成为经济发展的一部分，并越来越显示出重要作用。

五、2002年国家统计局在国民经济分类表中设立会展服务行业

从2002年起，国家统计局在《国民经济行业分类表》商业服务业大类中，增加了"会议及展览服务业"这一小类，其行业编码为L7491。这表明，国家开始正式承认会展产业的存在。实际上，2001年11月，在我国加入世贸组织的协议"附件九"当中，已经把会展业作为服务业承诺对外全面开放了。

有了会展行业的正式编码，会展经济就进一步从学者和会展从业者的宣传中进入了国家认可的整个国民经济的分类范围。这对于中国会展经济的发展具有重要意义。

六、2006 年 2 月经国家批准，中国会展经济研究会成立

中国会展经济研究会，英文名称“China Convention & Event Society”，缩写“CCES”，是经国务院领导批准，在民政部注册的全国性会展经济社团组织。

成立中国会展经济研究会是为了进一步研究会展经济的理论和实际问题，为促进我国会展经济发展作出贡献。

众所周知，国家对成立社团组织特别是全国性组织一直持慎重态度。所以，中国会展经济研究会的成立表明国家对于会展经济的高度重视和大力支持。特别是在当前全国性的会展行业协会迟迟没有建立起来的时候，中国会展经济研究会的成立起到了促进行业发展的作用。

中国会展经济研究会现有近四百名会员，遍及全国各主要会展城市，下设16 个专业工作委员会。近年来，研究会的工作内容丰富，取得的成绩显著，得到了业界的大力支持和充分肯定。

资料来源：陈泽炎：《建国六十周年：中国会展业的六件大事》，http://www.expo-window.com/wenhua/html/? 791.html，2009 年 11 月 20 日访问。

参考文献

1. ［美］乔・戈德布拉特:《国际性大型活动管理》,陈加丰、王新译,机械工业出版社 2003 年版。
2. ［美］JeAnna Abbott、Agnes DeFranco、王向宁:《会展管理》,清华大学出版社 2004 年版。
3. ［美］巴利・西斯坎德:《会展营销全攻略》,郑睿译,上海交通大学出版社 2005 年版。
4. 许成绩主编:《现代项目管理教程》,中国宇航出版社 2003 年版。
5. ［澳］约翰・艾伦等:《大型活动项目管理》,王增东、杨磊译,机械工业出版社 2002 年版。
6. ［美］米尔顿・T. 阿斯道夫、詹姆斯・R. 阿比:《会展管理与服务》,宿荣江主译,中国旅游出版社 2002 年版。
7. 华谦生:《会展策划与营销》,广东经济出版社 2004 年版。
8. ［美］伦纳德・纳德勒、泽西・纳德勒:《成功的会议管理:从策划到评估》,刘祥亚、周晶译,机械工业出版社 2003 年版。
9.《管理研讨论文集》,载《中国工程院工程科技论坛》2002 年 10 月。
10. 王磊编著:《管理沟通》,石油工业出版社 2001 年版。
11. 欧阳洁:《决策管理——理论、方法、技巧与应用》,中山大学出版社 2003 年版。
12. ［美］弗雷德・鲁森斯:《组织行为学》,王垒等译校,人民邮电出版社 2003 年版。
13. ［英］罗伯特・巴特里克:《项目过程测评与管理》,杨磊、王增东等译,电子工业出版社 2003 年版。

后　记

会展业是我国现代服务业的重要组成部分，其在我国经济发展进程中的作用日趋显著。近二十年来，会展业的迅速发展给城市经济带来了勃勃生机，已成为提升城市形象，增强城市服务功能和促进社会建设的新兴产业。当前，大型化、智能化的场馆相继出现；经营主体壮大，一大批民营展览企业更是从后台走向前台。我国会展业已呈现出专业化、规模化、市场化、国际化和品牌化的发展趋势。推动我国会展业的健康发展需要科学理论的指导，也期待大量会展专业人才的加入。而培养会展专门人才是高校的社会责任。本书是我与柯树人先生合作的成果，旨在推出一本具有理论与实践密切结合特色的实用教材，以满足“会展项目管理”课程的教学需求。

我从2000年从事会展策划与管理课程教学工作，深感将项目管理理论引入会展管理工作过程十分有益，于是从2003年开始编写讲义，为本科生开设“会展项目管理”课程，并为中国国际贸易促进委员会主办的“注册会展经理”培训班讲授该课程，教学相长，收获良多。此后，巧遇台湾圆桌会议公司柯树人总经理（柯总从事会展行业当时已达十多年，具有丰富的实践经验），彼此一见如故，经过数次沟通，我们一致认为，为培养会展业专门管理人才，编写一本具有实用性的《会展项目管理》教材十分有必要，且双方各有所长，具有极大的互补性，便一拍即合，分工明确，利用业余时间开始编写本书。在北京大学出版社编辑的鼓励和热心帮助下，本教材终于面世。这是两岸学者与企业家合作的成果。同时，在2010年上海世博会即将开幕前出版本书也具有特殊的意义。在此谨向为此书的出版提供各种帮助的老师、同行、业内人士表示衷心的谢意！本书在编写过程中参阅了很多相关资料文献等，在此一并致以衷心的谢意！

由于时间与水平所限，本书难免存在一些问题，望学者及业内人士不吝赐教。我们将与时俱进，不断完善。

武邦涛

2009年12月12日